智能网联汽车关键技术及应用丛书

INTELLIGENT
CONNECTED VEHICLE

智能网联汽车高精度定位技术

张 凯 李志恒 著

人民交通出版社股份有限公司
北 京

内 容 提 要

本书是"智能网联汽车关键技术及应用丛书"之一。本书通过分析不同传感器和定位技术的特点及其在应用于智能网联汽车的高精度定位关键技术面临的挑战,为高精度定位技术在智能交通和自动驾驶中的应用提供参考。本书共分九章,内容包括:绪论、导航卫星定位技术、惯性导航定位技术、激光雷达定位技术、机器视觉定位技术、无线定位技术、高精度地图与地图匹配技术、组合定位技术及基于车路协同的高精度定位技术。

本书可供智能交通和自动驾驶领域工程技术人员及管理部门专业人士使用,也可以供高等学校、相关专业本科及以上学生作为教材使用。

图书在版编目(CIP)数据

智能网联汽车高精度定位技术/张凯,李志恒著
. —北京:人民交通出版社股份有限公司,2023.3(2024.12 重印)
ISBN 978-7-114-18411-6

Ⅰ. ①智… Ⅱ. ①张… ②李… Ⅲ. ①汽车—智能通信网—全球定位系统—定位 Ⅳ. ①U463.67

中国版本图书馆 CIP 数据核字(2022)第 252488 号

Zhineng Wanglian Qiche Gaojingdu Dingwei Jishu
书　　名:	智能网联汽车高精度定位技术
著 作 者:	张　凯　李志恒
责任编辑:	翁志新　戴慧莉
责任校对:	刘　芹
责任印制:	刘高彤
出版发行:	人民交通出版社
地　　址:	(100011)北京市朝阳区安定门外外馆斜街 3 号
网　　址:	http://www.ccpcl.com.cn
销售电话:	(010)85285911
总 经 销:	人民交通出版社发行部
经　　销:	各地新华书店
印　　刷:	北京虎彩文化传播有限公司
开　　本:	787×1092　1/16
印　　张:	10.75
字　　数:	273 千
版　　次:	2023 年 3 月　第 1 版
印　　次:	2024 年 12 月　第 2 次印刷
书　　号:	ISBN 978-7-114-18411-6
定　　价:	78.00 元

(有印刷、装订质量问题的图书,由本社负责调换)

智能网联汽车关键技术及应用丛书

编审委员会

（按姓氏拼音排序）

丁能根（北京航空航天大学）

龚建伟（北京理工大学）

谷远利（北京交通大学）

胡旭东（合肥工业大学）

柯南极（国家新能源汽车技术创新中心）

李志恒（清华大学深圳国际研究生院）

廖亚萍（北京航空航天大学）

马育林（安徽工程大学）

潘定海（国家新能源汽车技术创新中心）

谈东奎（合肥工业大学）

王朋成（北京航空航天大学）

王章宇（北京航空航天大学）

吴新开（北京航空航天大学）

余冰雁（中国信息通信研究院）

余贵珍（北京航空航天大学）

张　凯（清华大学深圳国际研究生院）

张启超（中国科学院自动化研究所）

赵冬斌（中国科学院自动化研究所）

周　彬（北京航空航天大学）

朱　波（合肥工业大学）

朱海龙（北京邮电大学）

朱圆恒（中国科学院自动化研究所）

FOREWORD 丛书前言

当今,在以智能化、网联化为重要特征的全球新一轮科技革命和产业变革的推动下,汽车产业已迈入工业4.0时代。智能网联汽车已成为全球汽车产业发展的战略方向。近年来,我国各部委及地方政府通过法规出台和标准制(修)订、开放道路测试、打造创新平台、鼓励示范应用等方式不断推动智能网联汽车行业创新发展。《交通强国建设纲要》《国务院办公厅关于印发新能源汽车产业发展规划(2021—2035)的通知》(国办发[2020]39号)、《关于印发智能汽车创新发展战略的通知》(发改产业[2020]202号)、《工业和信息化部关于印发〈车联网(智能网联汽车)产业发展行动计划〉的通知》(工信部科[2018]283号)以及《节能与新能源汽车技术路线图2.0》等一系列顶层规划文件的发布,明确了我国智能网联汽车的发展方向和路径。智能网联汽车与交通系统、能源体系、城市运行和社会生活紧密结合,是一项集智慧城市、智慧交通和智能服务于一体的国家级重大系统工程,承载了我国经济战略转型、重点突破和构建未来创新型社会的重要使命。

为及时向科研界、产业界及社会公众传播最新的科研成果,进一步促进智能网联汽车行业创新发展,对智能网联汽车领域的前沿与关键技术进行系统性、高质量总结尤为必要。人民交通出版社股份有限公司作为以交通为特色的国家级科技图书出版机构,立足于"服务交通、服务社会"的宗旨,长期与两院院士以及交通和汽车行业知名学者、专家、教授在内的高素质作者队伍开展图书出版与知识服务合作,聚合了行业优质的作者资源,瞄准新一代信息通信技术、人工智能、智能制造等世界科技前沿,与国家新能源汽车技术创新中心合作,策划了本套"智能网联汽车关键技术及应用丛书",目前包括以下9个分册:

(1)《智能网联汽车环境感知技术》;
(2)《智能网联汽车车载网络技术》;
(3)《智能网联汽车无线通信技术》;

(4)《智能网联汽车高精度定位技术》；

(5)《智能网联汽车交通大数据处理与分析技术》；

(6)《智能网联汽车决策控制技术》；

(7)《智能网联汽车信息安全技术》；

(8)《智能网联汽车测试与评价技术》；

(9)《智能网联汽车高级别自动驾驶技术应用》。

本丛书依据智能网联汽车"三横两纵"技术架构[①]进行体系设计，涵盖了智能网联汽车领域一系列关键技术与应用，作为高端学术著作，将充分反映智能网联汽车领域的前沿技术和最新成果。另外，本丛书编审成员均为国内知名科研单位和高等院校的专家学者和一线科研人员，均具有较强的学术造诣和丰富的科研经验，并掌握大量的最新技术资料，将确保本丛书的高学术价值。

希望本丛书的出版能够助推新一代移动通信技术、互联网、大数据、云平台、人工智能等先进技术与汽车产业和交通行业深度融合，为我国相关企业、科研单位和高等院校智能网联汽车相关科研人员、工程技术人员提供强有力的智力支持，进而有效推动我国智能网联汽车产业的高质量发展，助力交通强国和汽车强国建设。

诚望广大读者对本丛书提出宝贵的改进意见和建议，随后我们将持续关注智能网联汽车相关技术的发展，不断修订和完善本丛书。

智能网联汽车关键技术及应用丛书编审委员会
2022 年 7 月

---

① 在智能网联汽车"三横两纵"技术架构中："三横"是指智能网联汽车主要涉及的车辆关键技术、信息交互关键技术和基础支撑关键技术；"两纵"是指支撑智能网联汽车发展的车载平台和基础设施。

PREFACE 前 言

  随着科学技术的不断进步与发展,智能网联汽车技术正逐步走向成熟。作为智能网联汽车关键技术之一,高精度定位技术水平也得到不断的提高。目前,智能网联汽车在港口、景区等特定场景下已经实现商业应用。高精度定位信息包括位置、速度、行驶方向等,是实现安全通行、自动驾驶、车路协同的基础信息和重要保障。本书基于应用于智能网联汽车的高精度定位关键技术,探讨了不同传感器和定位技术的研究现状及面临的挑战,为高精度定位技术在智能交通和自动驾驶中的应用提供参考。

  自古以来,导航定位就是人类所面临的重要课题。随着价廉、性能高的传感器不断涌现,计算资源日渐丰富,定位领域出现了大量激动人心的新动向。笔者长期从事高精度定位和智能网联汽车研究,结合自身研发经历,致力于将基本理论、基础知识以及当前发展前沿科技展现给读者,这些正是本书的主要内容。

  目前,用于汽车定位的传感器及相应技术主要包括卫星导航、惯性导航系统、车速计、蜂窝网和局域网等无线电定位、激光雷达和视觉、地图匹配和高精度地图以及基于车路协同系统的定位方法。这些定位技术各具特色,卫星导航、惯性导航系统、车速计、地图匹配等使用方便,用户端硬件价格便宜,已经得到广泛的商业应用,然而其误差较大。虽然出现了差分补偿RTK等技术,仍然无法有效降低多路径效应带来的误差。近几年,激光雷达和视觉定位技术不断取得突破,其精度较高,正逐渐实现商业化,是自动驾驶定位系统的核心技术。地图匹配方法可以进一步提升定位精度,已经应用于大部分商业定位系统。基于车路协同系统的定位方法充分利用V2X信息交互以及路端设施的强大支持,理论上其定位精度和可靠性会高于其他方法,正逐渐成为研究热点。为了实现高精度定位,一方面需要不断提高传感器的精度,另一方面任何传感器的精度都是有限的,需要将多传感器进行融合,以提高定位精度。通常使用最优状态估计理论来解决多传感器融合问题,这些是本书的重点内容。

  本著作由清华大学深圳国际研究生院张凯副教授、李志恒副教授共同撰写。张凯副教授长期从事智能网联汽车、高精度定位领域研究,李志恒副教授长期从事智能网联汽车、智慧交通领域研究。由于高精度定位技术涉及面广,作者编写时间有限,书中难免有疏漏和不足之处,恳请各位同行和广大读者批评指正。

本书的完成是集体智慧的结晶,除作者张凯、李志恒外,其指导的研究生廖晋立、刘瑜平、罗赵彤、郑钊宇、李镇洋、高丽、周翔、陈文硕、于顺顺等在本书撰写过程中也做了大量工作,在此表示衷心感谢!书中参阅了大量的国内外文献,引述文献已尽量予以标注,但难免存在疏漏,在此对各文献作者一并致谢!

作　者
2022 年 6 月

CONTENTS 目 录

绪论 001
- 0.1 高精度定位技术 001
- 0.2 定位传感器发展历史 001
- 0.3 状态估计理论发展历史 004

第1章 导航卫星定位技术 005
- 1.1 导航卫星定位技术概述 005
- 1.2 导航卫星定位基本原理 009
- 1.3 差分RTK定位技术 015
- 1.4 多路径效应 016

第2章 惯性导航定位技术 022
- 2.1 惯性导航定位技术概述 022
- 2.2 惯性坐标系 025
- 2.3 惯性器件模型 032
- 2.4 惯性导航原理 044
- 2.5 惯性器件校准 050

第3章 激光雷达定位技术 061
- 3.1 激光雷达定位技术概述 061
- 3.2 激光雷达技术 063
- 3.3 车辆定位与障碍物识别定位 066

第4章 机器视觉定位技术 ··········· 075

4.1 机器视觉定位技术概述 ··········· 075
4.2 传感器模型 ··········· 083
4.3 同时定位与地图构建 ··········· 089
4.4 视觉匹配定位 ··········· 101

第5章 无线定位技术 ··········· 105

5.1 无线定位技术概述 ··········· 105
5.2 射频识别定位 ··········· 106
5.3 超宽带定位 ··········· 108
5.4 微波定位 ··········· 109
5.5 蜂窝网定位 ··········· 109

第6章 高精度地图与地图匹配技术 ··········· 113

6.1 高精度地图定义与发展现状 ··········· 113
6.2 高精度地图的采集和生产 ··········· 114
6.3 地图匹配算法概述 ··········· 116
6.4 基于曲线匹配的地图匹配算法 ··········· 118
6.5 基于隐马尔科夫模型的地图匹配算法 ··········· 120

第7章 组合定位技术 ··········· 123

7.1 组合定位技术概述 ··········· 123
7.2 最优状态估计理论 ··········· 124
7.3 组合定位技术 ··········· 135

第8章 基于车路协同的高精度定位技术 ··········· 146

8.1 基于车路协同的高精度定位技术概述 ··········· 146
8.2 基于车路协同的高精度定位研究实例 ··········· 147
8.3 基于多智能体协同的高精度地图构建 ··········· 151
8.4 基于车路协同的高精度定位发展方向 ··········· 157

参考文献 ··········· 158

绪 论

智能网联汽车是指搭载先进的车载传感器、控制器、执行器等装置，并融合现代通信与网络技术，实现车与人、车、路、云端等的智能信息交换，具备复杂环境感知、智能决策、协同控制等功能，可实现安全、高效、舒适、节能行驶，并最终实现替代人来操作的新一代汽车。

0.1 高精度定位技术

高精度定位信息包括位置、速度、行驶方向等，是实现安全通行、自动驾驶、车路协同的基础信息和重要保障。因此，高精度定位技术也成为智能网联汽车的关键技术之一。

智能交通和自动驾驶主要涉及交通安全、交通效率和信息服务等方面的各种应用，例如，交通安全类业务的碰撞预警、紧急制动预警等，交通效率业务的车速引导、特种车辆优先、路径规划等，信息服务业务包括基于位置的广告和支付、地图下载等。这些应用都不可避免地需要定位信息。

不同的应用场景对定位技术的要求不同。例如，大多数智能交通系统要求车辆定位精度在 10 米级，甚至更低精度也可以满足实用要求，辅助驾驶要求车辆定位精度在米级，而自动驾驶则要求包括分米、厘米甚至毫米级的定位精度。虽然定位精度要求不同，但定位的连续性、可靠性等是保证交通安全的必要条件。不同应用对成本等因素的要求也不同，例如，普通乘用车相比巡检车对成本的控制要严格得多。

不同传感器和定位技术在定位精度、成本、技术难度和成熟度等方面各具特点，单纯采用某一种定位技术，不能满足各种应用场景的不同要求。所以，实际的智能网联汽车定位系统常采用多种传感器进行融合定位。

0.2 定位传感器发展历史

如何进行导航定位自古就是人类所面临的重要难题。

远古时期，人类通过山峦、河流、日月星辰等地理标志确定自身位置。东晋僧人法显在访问印度乘船回国时曾记述："大海弥漫无边，不识东西，唯望日、月、星宿而进。"实际上，我国古人很早就借助仪器进行导航定位，也就是四大发明之一——指南针。司南为其前身，如图 0-1 所示。据《古矿录》记载，最早的指示南北方向的司南出现于战国时期的河北磁山。《鬼谷子·谋篇第十》提到郑国人使用司南指示方向："故郑人之取玉也，载司南之车，为其不惑也。"

司南还不是真正意义上的指南针。经过多方面的实验和研究,古人终于发明了实用的指南针。北宋沈括的《梦溪笔谈》对指南针已有详细记载:"方家以磁石磨针缝,则能指南。"沈括提到的"水浮法"与后来的"水罗盘"(即罗盘针)一脉相承。

图 0-1　司南

明代郑和曾多次率领船队远航,史称"郑和下西洋"。郑和船队采用了多种导航方式,主要有被称为"过洋牵星"的星座观测方法以及使用罗盘测定针路的指南针方法。郑和船队"斫木为盘,书刻干支之字,浮针于水,指向行舟",即水罗盘,如图 0-2 所示。水罗盘上由天干、地支、八卦、五行配合而成,分有 24 个不同方位,再把缝针计算在内,一共 48 个方向,每一方位相当于现代罗盘的 15°,共 360°,已颇为精确。此外,世界上最早的一批海图亦出自郑和船队之手,其中流传至今的有茅元仪《武备志》中收录的《郑和航海图》。欧洲从中国学会使用舵与罗盘,是中西技术交流的重要事件,为大航海时代奠定了基础。

图 0-2　郑和船队所用罗盘

0.2.1　定位方法

航海事业的迅速发展刺激了导航定位仪器的发展,要求导航定位仪器能够快捷准确地指示方位。于是,相继出现了四分仪、六分仪、经纬仪、陀螺罗经、回声测深仪、计程仪。

四分仪可以通过观测太阳来准确测量天顶的高度角,亦可求得夜间北极星的高度角,从而得到纬度。六分仪通过测量两个目标间夹角进而获得经度。陀螺罗经是根据高速旋转的陀螺转子指向性原理而制成的电动机械仪器,不受磁场影响,有较强指北力。回声测深仪是应用声音在水中传播速度基本恒定这一物理特性而制成的一种测量水深的船用水声导航仪器，在特殊情况下，可通过测量水深来辨认船位。计程仪是用来测定航行速度和累计航程的一种导航仪器。在船舶导航定位中，只要有陀螺罗经提供船舶航向、计程仪提供航程，就可以推算船舶位置。

0.2.2 定位系统

从20世纪40年代开始，先后出现了罗兰（LOng RAnge Navigation，LORAN）A/C 导航系统、台卡（Decca）导航系统、奥米伽（Omega）导航系统等多种双曲线无线电定位系统。

双曲线定位系统是由两个部分组成，即设置在岸上的发射台系统和用来接收该系统的船舶定位仪器。根据所发射脉冲信号的不同以及测定时间差的方法不同，双曲线定位系统可分为以下几种。

(1) 脉冲双曲线定位系统，通过测定两个发射台脉冲信号之间的时间差，从而获得船位线，如罗兰 A 系统。

(2) 相位双曲线定位系统，通过测定两个发射台连续波信号之间的相位差，从而获得曲线船位线，如台卡、奥米伽等系统。

(3) 脉冲相位双曲线定位系统，是在测定两个发射台的脉冲信号之间时间差的同时，又测定其信号包络内载频的相位差，从而获得双曲线船位线，如罗兰 C 系统。

0.2.3 发展现状

以上定位方法和导航系统有各自的优点，在当时为船舶提供全天候的航海保障发挥了重要的作用。然而，随着新技术的发展，其已经或正在逐步淡出历史舞台。

目前，用于汽车定位的传感器及相应技术主要包括全球卫星导航系统（Global Navigation Satellite System，GNSS）、惯性导航系统（Inertial Navigation System，INS）、车速计、蜂窝网和局域网等无线电定位、同时定位与地图构建（Simultaneous Localization And Mapping，SLAM）、地图匹配和高精度地图，以及基于车路协同系统的定位方法。

这些定位技术各具特色。其中，GNSS 使用方便，可以直接获得经纬度和速度等信息，用户端硬件便宜，是最常用的定位方法。然而 GNSS 也存在一些局限，例如，在隧道、室内，卫星信号受到屏蔽，因而无法定位；在高楼区域、高架桥附近的多路径误差较大，虽然出现了差分补偿（Real-time Kinematic，RTK）等技术，仍然无法有效降低多路径效应带来的误差。惯性导航器件是定位系统中使用历史最长的传感器，包括加速度计和陀螺仪，用于汽车的惯性导航器件通常是体积小、价格便宜的微电子机械系统（Micro-Electro-Mechanical System，MEMS），但是误差比较大，常和其他传感器协同定位。车速计也类似，虽然累积误差比 MEMS 惯性导航器件小，但是由于缺乏方向信息，通常与其他传感器共同使用进行定位。蜂窝网和局域网等无线电定位精度较低，主要用于确定车辆所处区域。SLAM 精度较高，正逐渐实现商业化应用，是自动驾驶定位系统的重要组成部分。地图匹配方法可以进一步提升定位精度，应用于大部分商业定位系统。基于车路协同系统的定位方法充分利用 V2X 信息交互以及路端设施的支持，理论上其定位精度和可靠性会高于其他方法，随着车路协同技术的发展正逐渐成为研究热点。

0.3 状态估计理论发展历史

为了获得高精度的定位信息,需要不断提高传感器的精度。然而,任何传感器的精度都是有限的,观测噪声不可避免,每个真实传感器的测量值都有不确定性。因此,常需要将多个或多种传感器的测量值进行融合,以最好的方式利用已有的传感器,从而提高定位精度。

定位问题本质上是状态估计问题,即利用包含噪声的一种或多种传感数据对位置、速度、方向等状态进行估计。多传感器融合就是使用多传感器进行状态估计,通常使用最优状态估计理论(Optimal State Estimation)来解决此问题。

状态估计理论最早可追溯至19世纪初谷神星的轨道估计。1801年,意大利科学家皮亚奇发现了谷神星,经过40天的跟踪观测——只占轨道总长的2.4%,谷神星运行至太阳背后,无法继续观测。高斯用最小二乘法预测了谷神星从太阳背后出现的准确位置,9个月后得到观测印证,误差在0.5°以内。1809年,高斯证明了在正态分布误差假设下最小二乘解即最优估计。沿用至今的大部分经典估计方法,都可以追溯到高斯的最小二乘法,包括著名的最优状态估计理论——卡尔曼滤波(Kalman filter)。

1960年,卡尔曼发表了两篇里程碑式的论文,指明了状态估计研究的大部分内容,提出了针对高斯噪声影响下线性系统的状态估计方法,即著名的卡尔曼滤波。卡尔曼滤波的主要优点是把维纳滤波的最优估计理论发展成递推计算,让最优状态估计数学理论真正进入实际应用。卡尔曼滤波的应用非常广泛,其第一个重要应用与定位密不可分,即阿波罗计划的飞船轨道估计。2016年,麻省理工学院(MIT)大卫·敏德尔(David Mindell)教授和弗兰克·莫斯(Frank Moss)教授在《麻省理工学院技术评论》(MIT Technology Review)中发表了纪念卡尔曼的文章《How an Inventor You've Probably Never Heard of Shaped the Modern World》,盛赞道:"卡尔曼最重要的发明是卡尔曼滤波算法,该算法成就了过去50年间的许多基本技术,如把阿波罗号宇航员送上月球的航天计算机系统、把人类送去探索深海和星球的机器人载体,以及几乎所有需要从噪声数据去估算实际状态的项目。有人甚至把包括环绕地球的卫星系统、卫星地面站及各类计算机系统在内的整个GPS系统合称为一个巨大无比的卡尔曼滤波器。"

卡尔曼滤波用正态分布来描述状态量,并假设系统为线性系统,这样在任意时刻状态都服从正态分布,便只需要迭代计算均值和方差两个量便可以完整描述状态。然而,实际系统大多是非线性的,例如在估计汽车的位姿状态时,运动方程和观测方程中很容易出现三角函数,也就成为非线性的,正态分布在这样的非线性系统中的传递结果将不再是高斯分布。为了处理这些系统,扩展卡尔曼滤波(Extended Kalman Filter)、无迹卡尔曼滤波(Uncentered Kalman Filter)、粒子滤波(Particle Filter)等被相继提出。扩展卡尔曼滤波使用一阶泰勒展开进行线性化;无迹卡尔曼滤波选取有限的采样点,将其经过非线性变换,最后加权统计变换后结果的均值和方差,其精度相当于二阶泰勒展开;粒子滤波法通过寻找一组在状态空间传播的随机样本对概率密度函数进行近似,以样本均值代替积分运算,从而获得状态最小方差分布的过程。

第1章
导航卫星定位技术

1.1 导航卫星定位技术概述

全球卫星导航系统(Global Navigation Satellite System,GNSS)是一个能在地球表面或近地空间的任何地点为用户提供全天候的三维坐标、速度以及时间信息的空基无线电导航定位系统。全球卫星导航系统主要包括全球系统、区域系统和星基增强系统。全球系统和区域系统的差别在于它们提供服务的覆盖范围不同,星基增强系统则是利用卫星来实现增强服务的系统。一个独立自主的全球卫星导航系统在提供时间与空间基准、智能化手段以及与位置相关的实时动态信息等方面发挥了关键性作用,对于一个国家的国防、军事、经济发展以及公共安全与服务具有深远的意义,是现代化大国地位、国家综合国力及国际竞争优势的重要标志。

目前,多星座构成的全球卫星导航系统有美国的全球定位系统(Global Positioning System,GPS)、俄罗斯的格洛纳斯卫星导航系统(Global Navigation Satellite System,GLONASS)、中国的北斗卫星导航系统(BeiDou Navigation Satellite system,BDS)和欧洲的伽利略卫星导航系统(Galileo Navigation Satellite System,Galileo),同时,还有日本准天顶卫星系统(Quasi-Zenith Satellite System,QZSS)和印度区域卫星导航系统(Indian Regional Navigational Satellite System,IRNSS)两个区域系统。

1.1.1 全球卫星导航系统的发展

1957年10月4日,苏联成功发射世界上第一颗人造地球卫星。美国霍普金斯大学应用物理实验室的两名学者在接收到该卫星信号后发现卫星和接收机之间形成的运动多普勒频移效应,提出运动多普勒频移效应可以用于卫星导航定位。在他们的建议下,1964年,美国建成了国际上第一个卫星导航系统,即"子午仪"卫星定位系统。"子午仪"由6颗卫星构成星座,是用于海上军用舰艇船舶的定位导航。1967年,"子午仪"系统解密并提供民用。1973年,美国国防部宣布成立GPS计划联合办公室,美国成为世界上第一个探索全球卫星导航系统的国家。1976年,苏联政府颁布相关政府令,开始进行GLONASS的研究工作。中国在20世纪后期开始探索适合我国国情的卫星导航系统发展道路。21世纪初期,欧盟开始探索欧洲全球卫星导航系统,中国在该项目中进行投资。

1.1.1.1 GPS的发展与现代化

(1)GPS的发展。GPS的前身是"子午仪"卫星定位系统,于1958年研制,在1964年正式投入使用。美国海军研究实验室（United States Naval Research Laboratory，NRL）提出使用 12~18 颗卫星组成 10000km 高度的全球定位网计划，并在 1967 年、1969 年、1974 年三年中各发射了一颗试验卫星，对这些卫星进行了原子钟计时系统的初步试验，这成为 GPS 精确定位的基础。同时，美国空军提出名为 621-B 的以每星群 4~5 颗卫星组成 3~4 个星群的计划，该计划以伪随机码为基础传播卫星测距信号，伪随机码的成功应用成为 GPS 取得成功的一个重要基础。GPS 对于海军的计划主要用于为舰船提供低动态二维定位，GPS 对于空军的计划为能提供高动态服务但系统十分复杂。由于研制这两个系统会产生巨大的费用，同时两个计划都旨在提供全球定位服务，因此，美国国防部决定将两个计划合二为一，由卫星导航定位联合计划局领导。

1973 年，美国国防部（United States Department of Defense，DOD）决定成立 GPS 计划联合办公室，由军方联合开发全球测试和测距的导航定位系统。整个系统建设由三个阶段组成：第一阶段（1973—1979 年），系统原理方案可行性验证阶段，除了原理的可行性验证，也包含设备的研制；第二阶段（1979—1983 年），系统实验研究与系统设备研制阶段，该阶段对系统的设备进行实验和研发制作；第三阶段（1983—1988 年），工程发展和完成阶段。

1978 年，美国发射了第一颗 GPS 卫星。在 1978—1979 年，位于加利福尼亚州的范登堡空军基地采用双子座火箭共发射 4 颗试验卫星，这一阶段主要研制了地面接收机及建立地面跟踪网，系统建设取得了令人满意的成果，同时主要实现了 GPS 的方案论证和初步设计工作。1979—1984 年，美国又陆续发射了 7 颗名为"BLOCK Ⅰ"的试验卫星，同时研制了具有各种不同用途的接收机。这一阶段的实验表明，GPS 的定位精度已经远远超过了实际标准，标志着美国 GPS 计划的全面研制和试验取得了初步成果。

1989 年 2 月 4 日，第一颗 GPS 工作卫星成功发射，在这一时期发射的卫星被称作"BLOCK Ⅱ"和"BLOCK ⅡA"。此阶段宣布 GPS 系统正式进入工程建设状态。到 1993 年底，GPS 网建成。这一阶段标志着 GPS 逐步实现了实用组网。

截至 1994 年 3 月 10 日，美国共计完成了 21 颗工作卫星和 3 颗备用卫星的卫星星座配置。1995 年 4 月，美国国防部正式宣布 GPS 已具备完全工作能力。从 1995 年 4 月 27 日宣布 GPS 投入完全工作状态以后，翌年便启动 GPS 现代化计划，对系统进行全面的升级和更新。

（2）GPS 现代化。1999 年 1 月 25 日，美国副总统艾伯特·戈尔以公告形式宣布将投资 4 亿美元启动 GPS 现代化计划，增强 GPS 对全球民用、商业和科研用户的服务能力。2000 年 5 月 1 日，人为降低定位精度的 SA 技术被取消，这标志着 GPS 的现代化进程正式启动，这一措施的实施使定位精度实现了数量级的提高。

GPS 现代化主要包括了三项举措：空间段升级、地面段升级和信号体制升级。

GPS 现代化第一阶段发射了 12 颗改进型的 GPS BLOCK ⅡR 型卫星，在民用和军用通道上信号的发射功率都显著提高；第二阶段发射 6 颗 GPS BLOCK ⅡF 型卫星，在进一步强化发射功率的同时，在原有 L1 和 L2 频率上增加第三民用频率（L5 频道），保证 M 码的全球覆盖；第三阶段发射 GPS BLOCK Ⅲ型卫星，用 20 年的时间完成 GPS Ⅲ计划。

GPS 现代化的核心是增加 L5 频率和民用信号数量与改变制式，实现与其他 GNSS 信号的交互。最后一颗 GPS ⅢF 预计在 2034 年完成发射，这将宣告 GPS 现代化进程的结束。

1.1.1.2 GLONASS 的发展与现代化

GLONASS 最早开发于苏联时期,后由俄罗斯继续实施该计划。1976 年,苏联政府颁布建立 GLONASS 的政府令并成立了相应的科学研究机构进行工程设计,这标志着 GLONASS 的启动。1982 年 10 月 12 日,苏联成功发射第一颗 GLONASS 卫星,1982—1985 年间,发射了 3 颗模拟星和 18 颗原型卫星用作测试,1985 年,GLONASS 开始正式建设,1985—1986 年,6 颗真正的 GLONASS 卫星被发射升空。1996 年实现 24 颗卫星全球组网,GLONASS 宣布进入完全工作状态。

由于苏联解体,GLONASS 进入艰难的维持阶段,到 2000 年初,GLONASS 仅有 7 颗卫星可以正常工作,系统几近崩溃。2001 年 8 月,俄罗斯政府通过 GLONASS 的恢复和现代化计划,计划在 2001—2011 年完成系统的恢复和现代化工作。2001 年 12 月,第一颗现代化卫星 GLONASS-M 成功发射,直到 2012 年 GLONASS 才重新回到 24 颗卫星完全服务的状态。

1.1.1.3 GALILEO 的发展

美国 GPS 在局部战争中发挥的重要作用让欧洲国家意识到全球导航定位的重要性,欧洲各国为了减少对美国 GPS 的依赖,同时也为了在未来的卫星导航定位市场占领一席之地,欧盟决定发展自己的全球卫星定位系统。1999 年初,欧洲正式推出旨在独立于 GPS 和 GLONASS 的全球卫星导航系统。1999 年 2 月 10 日,欧洲委员会在其名为《伽利略(Galileo)——欧洲参与新一代卫星导航服务》的报告中首次提出了"伽利略计划"。2005 年 12 月 27 日,第一颗 GALILEO 试验卫星 GIOV-A 发射升空,2008 年 GIOV-B 成功发射,GALILEO 进入实施论证阶段。随后发射了 4 颗工作卫星,用于验证 GALILEO 空间段和地面段的相关技术。完成在轨验证以后,其他卫星部署进一步展开,GALILEO 目前已经实现全球服务。

1.1.1.4 BDS 的发展与现代化

20 世纪 80 年代,我国提出"双星快速定位系统",开始探索适合我国国情的卫星导航系统发展道路,逐步形成了三步走发展战略:2000 年底,建成北斗一号系统,向中国提供服务;2012 年底,建成北斗二号系统,向亚太地区提供服务;2020 年,建成北斗三号系统,向全球提供服务。

1994 年,启动北斗一号系统工程建设;2000 年,发射 2 颗地球静止轨道卫星,建成系统并投入使用,采用有源定位体制,为中国用户提供定位、授时、广域差分和短报文通信服务;2003 年发射第 3 颗地球静止轨道卫星,进一步增强系统性能。

2004 年,启动北斗二号系统工程建设;2012 年底,完成 14 颗卫星发射组网。北斗二号系统在兼容北斗一号系统技术体制基础上,增加了无源定位体制,为亚太地区用户提供定位、测速、授时和短报文通信服务。

2009 年,启动北斗三号系统建设;2018 年底,完成 19 颗卫星发射组网,完成基本系统建设,向全球提供服务;计划 2020 年底前完成 30 颗卫星发射组网,全面建成北斗三号系统。北斗三号系统继承北斗有源服务和无源服务两种技术体制,能够为全球用户提供基本导航、全球短报文通信、国际搜救服务,中国及周边地区用户还可享有区域短报文通信、星基增强、精密单点定位等服务。实际上,在 2020 年 6 月 23 日,北斗三号最后一颗全球组网卫星在西昌卫星发射中心点火升空,比原计划提前半年全面完成北斗三号全球卫星导航系统星座部署。

2035年,中国将建设完善更加泛在、更加融合、更加智能的综合时空体系,进一步提升时空信息服务能力。

1.1.2 全球卫星导航系统的现状

1.1.2.1 GPS 的现状

GPS 的现代化进程发展并不顺利,直到 2018 年 12 月 23 日,GPS 的在轨卫星才达到 32 颗,工作卫星达到 31 颗。其中,服役超过 10 年的工作卫星达到了 18 颗,包括一颗已经工作 25 年的卫星。GPSⅢ卫星共有 10 颗,计划在 2023 年底前完成发射工作。在此之后,计划发射 22 颗 GPSⅢF 卫星,预计在 2026 年发射第一颗卫星,并计划在 2034 年完成 GPSⅢF 卫星的发射。

GPS 的现代化经历了一个漫长的过程,现代化进程从 1989 年开始,到 2015 年结束。GPS 空间信号的测距性能误差已达到 0.375~0.777m,工作寿命已延长到 15 年,精度相较于 GPSⅡ系列卫星提高了 3 倍,抗干扰能力提高了 8 倍。同时开始进行有效载荷的完全数字化和软件化的相关研究,以实现卫星在轨性能重置和软件更新。

1.1.2.2 GLONASS 的现状

GLONASS 的现代化经历了 M 星、K1 星、K2 星三种型号的发展过程。在保留 FDMA 信号制式的基础上增加了与其他 GNSS 兼容的互操作 CDMA 制式。GLONASS 的现代化进程比较复杂,整体变化比较大。目前,GLONASS 在轨卫星达到 27 颗,工作卫星 24 颗,地面运控组合包括控制中心、单向参考站网络、上行数据链站网和激光测距站网,同时具有 3 个 32m 的天文望远镜、2 个 7m 的天文望远镜、3 个相关器、1 个冷原子光钟频率参考源和 50 个天文与大地测量站构成的网络。

目前,GLONASS 提供 4 种民用服务:精度为 2m 的开放服务;精度为 1m 的改进可靠性和精度的服务;精度为 0.03m 的相对导航服务以及精度为 0.01m 的高精准服务。

1.1.2.3 GALILEO 的现状

GALILEO 的正式工作星座于 2011 年开始部署,截至 2021 年底,入轨工作的卫星达到 30 颗,超过额定星座 24 颗卫星的目标,并完成了 6 个遥测、通信和控制站、5 个上行注入站和 16 个全球传感站网络的建设。

GALILEO 具有 6 个地面核心基础设施:2 个发射和早期轨道测试基地、1 个在轨测试基地、2 个控制中心和 2 个时间与大地测量基地,同时还具有 5 个服务基础设施:2 个公共特许服务和安全检测中心、1 个 GALILEO 搜救数据服务提供中心、1 个 GNSS 服务中心和 1 个 GALILEO 参考中心。

GALILEO 从 2016 年底开始提供初始服务,测试结果表明系统的空间信号测距误差在 0.25~0.54m。在 2021 年底至 2023 年初,GALILEO 计划发射一箭双星 7 次,共计 14 颗后续替补卫星。同时,从 2023 年下半年至 2029 年将部署 GALILEO 第 2 代导航卫星,共计 16 颗卫星。第 2 代卫星将实现从后向兼容向前向兼容的转变,增强自动化运营,增长工作寿命,进一步提高安全性并降低成本和实现接收机最佳化应用,同时,计划强化应急报警服务和启动用户咨询平台。

1.1.2.4 BDS 的现状

BDS 作为 GNSS 中最复杂的系统,是北斗二号区域系统和北斗三号全球系统过渡的组合,是一个融合了地球静止轨道(GEO)、倾斜地球同步轨道(IGSO)、中圆地球轨道(MEO)三种轨道类型的复杂星座,同时,BDS 还提供定位、导航、授时(PNT)和通信服务。2019 年 4 月 23 日发射北斗三号第三颗组网卫星,该卫星也是北斗三号第一颗 IGSO 卫星。

1.2 导航卫星定位基本原理

前文所述展示了世界上典型的几个卫星定位导航系统的发展沿革及现状。在本节中,进一步介绍卫星定位导航的技术原理,并分别讨论几大主流卫星定位系统的技术概况和各自的特征技术。

使用卫星进行定位的想法最初来自美国约翰·霍普金斯大学应用物理实验室,数学家比尔·盖伊与物理学家乔治·威芬巴赫在接收苏联首颗人造地球卫星信号时,发现测量卫星轨道会出现频率偏移。这是由于地球上的测量站与运行中的卫星间的相对运动引起的多普勒频移效应。卫星相对于地面接收机的运动速度是在变化的,两者靠近和远离时,会出现由于频率增大和减小导致的运动多普勒频率变量由正至负的变化。经此启发,该实验室的科技人员提出了卫星导航的多普勒测量方法与概念。根据多普勒测量的结果,人们不仅能够确定卫星的运动速度,而且还可以求出卫星与接收机之间的距离。

这一测量方法虽然是用于测量卫星的运行参数,但是由于运动的相对性,当卫星位置与速度已知时,就可以使用同样的测量算法反推出测量者的位置与速度。根据这一反推算法,使得卫星定位成为可能。这就是使用卫星导航定位的雏形。在这一基本测量算法的指导下,各国逐渐发展出各类具有精度更高、设备更具小型化特征的卫星定位系统。

下面,本书以 GPS、GLONASS 及北斗系统为例,简略地分析其各自的定位技术原理与特点。由于各系统均有涉及军用与保密性,故具体技术细节无法呈现。

1.2.1 GPS 技术简析

GPS 是美国国防部继子午仪卫星导航系统之后,批准陆海空军联合研制的第二代全球导航卫星系统,是世界上第一个具有全能性(陆地、海洋、航空)、全球性、全天候、实时性、高精度的导航定位和授时系统。

作为实现卫星导航定位的硬件设备,GPS 在空间部分拥有 24 颗高度约 20200km,分布在倾角为 55°的 6 个轨道平面内的卫星;在地面监控部分拥有 1 个主控站、3 个注入站和 5 个监测站。定位算法方面,使用基于到达时间估计的三球交会原理(而非第一代卫星定位使用的基于多普勒效应的定位原理),如图 1-1 所示,由此实现了实时动态定位。

基于到达时间估计的三球交会原理是第二代卫星定位技术用于定位目标的基本原理。在定位过程中,卫星与接收器间的位置是由信号时延的精确测量得出的。为了得到时延数值,GPS 的时钟必须要高度同步,卫星上的原子钟保证了时间维度的同步。对于每颗 GPS 卫星,其空间位置与时钟(x_i,y_i,z_i,t_i)是精确已知的,待测物体的空间位置与时钟(x,y,z,t)是未知待测的。任意一颗卫星与待测物的关系可由公式(1-1)表示:

$$C(t-t_i) = \sqrt{\left[(x-x_i)^2+(y-y_i)^2+(z-z_i)^2\right]} \qquad (1\text{-}1)$$

其中，等式左右两侧均表示卫星与物体的距离，左边 C 表示光速，是测量得到的信号时延计算出的距离，右侧表示根据三角原理得到的坐标与距离关系，如图 1-1 所示。

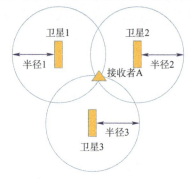

图 1-1　三球交会原理定位三维空间中的物体

定位算法的目标是得到待测物体的坐标信息，即公式(1-1)中的 x、y 与 z。根据方程的可解性判据，对于三个未知数要有至少三个独立的方程才可求解，所以，至少需要三颗卫星（即目标物体可以至少同时接收到三颗卫星的信号）才可以得到定位信息，即根据以下方程解得目标坐标：

$$C(t-t_1) = \sqrt{[(x-x_1)^2 + (y-y_1)^2 + (z-z_1)^2]} \tag{1-2}$$

$$C(t-t_2) = \sqrt{[(x-x_2)^2 + (y-y_2)^2 + (z-z_2)^2]} \tag{1-3}$$

$$C(t-t_3) = \sqrt{[(x-x_3)^2 + (y-y_3)^2 + (z-z_3)^2]} \tag{1-4}$$

当然，以上三个方程建立在目标物体自身时钟与卫星时钟高度同步的基础上。当需要定位精度在 1m 时，时钟误差经计算不能超过 0.3ns，这个精度对于便携设备来说绝无可能。为了克服这个缺点，将待测物体的时钟 t 同样设定为未知参数，同时再加入一个方程：

$$C(t-t_4) = \sqrt{[(x-x_4)^2 + (y-y_4)^2 + (z-z_4)^2]} \tag{1-5}$$

利用式(1-2)~式(1-5)构成的方程组可以解出待测物体的位置与时间信息，完成定位。而由于精确的时间数据，GPS 在定位的过程中可以同时完成授时，进而测量待测物体的速度。

基于以上信息，若要完成卫星定位，就至少需要同时接收到四颗卫星的信号，GPS 利用四颗卫星的信息完成接收机的定位如图 1-2 所示。

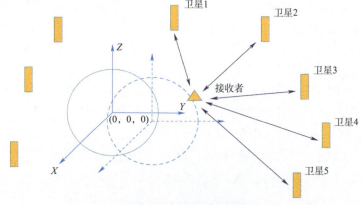

图 1-2　GPS 利用四颗卫星的信息完成接收机的定位

具体说来,因为卫星与地面距离(简称卫地距离)是通过信号的传播时间差 Δt 乘以信号的传播速度 v 而得到的。其中,信号的传播速度 v 接近于真空中的光速 C,绝对量值非常大。因此,这就要求对时间差 Δt 进行非常准确的测定,如果稍有偏差,那么测得的卫地距离就会谬以千里。而时间差 Δt 是通过将卫星处测得的信号发射时间 t_S 与接收机处测得的信号到达的时间 t_R 差分得到的。其中,卫星上安置的原子钟,稳定度很高,我们认为这种钟的时间与 GPS 时吻合;接收机处的时钟是石英钟,稳定度一般,我们认为它的时钟时间与 GPS 时存在时间同步误差,并将这种误差作为一个待定参数。这样,对于每个地面点实际上需要求解 4 个待定参数,因此,至少需要观测四颗卫星至地面点的卫地距离数据。卫星不间断地发送自身的星历参数和时间信息,用户接收到这些信息后,经过计算求出接收机的三维位置、三维方向以及运动速度和时间信息。

1.2.2 差分定位技术简析

卫星定位过程中受到卫星钟误差、卫星星历误差、电离层延迟、电流层延迟等外界因素的影响,使得卫星定位存在着较大的误差,难以实现高精度定位,这也给卫星定位的应用深度和广度带来了一些挑战。此外,美国政府为了阻止其他国家获取 GPS 高精度的定位结果,在 1990 年颁布实施选择可用性(Selective Availability,SA)政策,对卫星钟加入抖动(δ 过程)和对星历进行处理(ε 过程),用户在未经美国政府允许的情况下将无法使用高精度 GPS 定位,只能使用实时定位精度为 100m 的定位服务。卫星定位引入了差分定位技术可以完全消除卫星定位过程中接收机的共有误差,特别是星历误差和卫星钟误差。同时,由于差分定位技术的出现,解决了由于美国政府颁布实施 SA 政策导致实时定位精度低的问题,使得实时定位精度提高到了 15m。因此,高精度差分卫星定位技术在需要精密定位的领域,如手机定位、海洋测绘、道路勘测、资源检测等都得到了广泛的应用。

差分卫星定位技术与单点卫星定位技术不同,需要增加一个地面参考站对卫星定位过程中收到的误差进行修正。差分卫星定位技术的工作原理是在一定的区域范围内,在地面架设参考站实时记录卫星的定位信息,利用参考站与流动站之间测量误差随时间变化缓慢并且具有强相关性的特点,由参考站计算得到的误差解算出流动站的测量修正量,使得流动站的测量值更加精确。差分卫星定位技术原理示意图如图 1-3 所示。

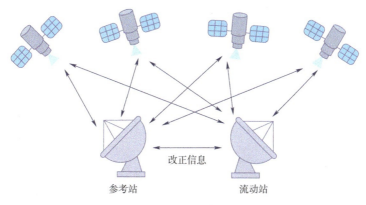

图 1-3　差分卫星定位技术原理示意图

可以根据发送信息内容的不同,将差分卫星定位技术分为位置差分技术、伪距差分技术、载波相位平滑伪距差分技术和实时载波相位差分技术。四种差分卫星定位技术都是通过计算参考站的定位误差修正量,将其传输给流动站解算得到流动站定位误差修正量,对流动站的定位进行修正,从而提高流动站的定位精度。四种差分卫星定位技术的差异在于流动站接收到参考站传输的修正量在内容、格式、长度上各不相同,以至于四种差分卫星定位技术的技术难度、优点缺点、定位精度、适用场景等存在较大的差异。下面分别对前三种差分卫星定位技术进行详细介绍。

1.2.2.1 位置差分技术

位置差分技术是最常见且最简单的差分卫星定位技术,只需要将现有的卫星定位系统和接收机稍做改装即可实现位置差分技术。其实现原理十分简单,认为在一定的区域范围内参考站的定位误差与流动站的定位误差相同,通过参考站上接收机接收到的卫星定位信号解调得出参考站定位的测量值,将其与精密绘制得到参考站定位的真实值之差作为修正量,通过数据链路传输至流动站对其测量值进行修正,实现位置差分,消除接收机的公有误差,如卫星钟误差、卫星星历误差、电离层延迟、电流层延迟等。位置差分技术原理如图1-4所示。

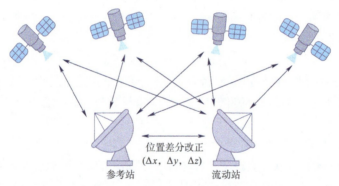

图1-4　位置差分技术原理示意图

假设参考站的真实坐标为(x_0, y_0, z_0),卫星定位测量得到参考站的坐标为(x^*, y^*, z^*),参考站坐标的修正值$(\Delta x, \Delta y, \Delta z)$可由式(1-6)求出:

$$\begin{cases} \Delta x = x_0 - x_0^* \\ \Delta y = y_0 - y_0^* \\ \Delta z = z_0 - z_0^* \end{cases} \quad (1\text{-}6)$$

假设卫星定位测量得到流动站的坐标为(x_u^*, y_u^*, z_u^*),流动站的坐标经过修正后得到为(x_u, y_u, z_u),可由式(1-7)求出:

$$\begin{cases} x_u = x_u^* + \Delta x \\ y_u = y_u^* + \Delta y \\ z_u = z_u^* + \Delta z \end{cases} \quad (1\text{-}7)$$

位置差分定位技术原理十分简单,并且具有计算方法简单、传输的差分修正量较小、兼容性好的优点。然而,位置差分定位技术也存在着一个严重的缺陷,即参考站和流动站的接收机必须同时观测同一组卫星和采用同一种定位算法,这在实际操作过程中十分不便,并且得到的定位精度也比较低,因此,它实际上很少被差分系统采用,仅能在如公众位置服务等对定位精度要求稍低的场景中应用。

1.2.2.2 伪距差分技术

伪距差分技术是比较成熟的差分卫星定位技术之一,其实现原理是根据参考站与每颗参考站可测卫星的真实坐标,计算得出它们之间的真实距离,并将计算出的真实距离与参考站接收机测得与每颗可测卫星之间的伪距测量值进行比较,求出真实距离与伪距测量值之间的偏差,然后将所有卫星的测距误差传输给流动站。流动站利用接收到的测距误差对测量得到的伪距进行修正,利用修正后的伪距解算出流动站的位置,可消除接收机的公有误差,提高卫星定位的精度。伪距差分技术原理如图1-5所示。

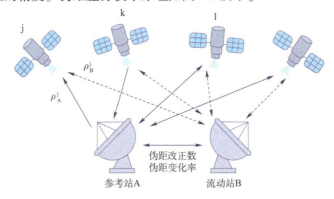

图1-5 伪距差分技术原理示意图

假设参考站的真实坐标为(x_0, y_0, z_0),通过卫星星历可以计算得到所有卫星的坐标(x^i, y^i, z^i),通过式(1-8)可以求出参考站与每颗可测卫星之间的真实距离R^i:

$$R^i = \sqrt{(x^i - x_0)^2 + (y^i - y_0)^2 + (z^i - z_0)^2} \tag{1-8}$$

参考站接收机测得与每颗可测卫星之间的伪距测量值ρ^i存在许多误差,与真实距离存在偏差,通过式(1-9)和式(1-10)分别求出伪距修正值$\Delta\rho^i$和伪距修正值变化率$\Delta\hat{\rho}^i$:

$$\Delta\rho^i = R^i - \rho^i \tag{1-9}$$

$$\Delta\hat{\rho}^i = \frac{\Delta\rho^i}{\Delta t} \tag{1-10}$$

将计算得到的伪距修正值$\Delta\rho^i$和伪距修正值变化率$\Delta\hat{\rho}^i$发送给流动站,对流动站接收机测得与每颗可测卫星之间的伪距测量值ρ_u^i进行修正,通过式(1-11)可以求出修正后的伪距ρ,最后利用修正的伪距按观测方程计算流动站坐标。

$$\rho = \rho_u^i + \Delta\rho^i + \Delta\hat{\rho}^i(t - t_0) \tag{1-11}$$

伪距差分系统结构简单,参考站向流动站传输参考站与所有可测卫星伪距的修正值,流动站只需接收四颗卫星信号即可实现伪距差分,通过计算伪距修正值及伪距修正值变化率对流动站接收机测得与每颗可测卫星之间的伪距测量值进行修正。伪距差分技术也存在一些缺点,即伪距差分的定位精度会随着流动站到参考站的距离增加而下降。目前,伪距差分技术可以在如基于位置的服务(LBS)等对定位精度有一定需求的行业中应用。

1.2.2.3 载波相位平滑伪距差分技术

伪距即接收机与卫星之间存在误差的测量距离。从卫星发送定位信号到接收机接收到定位信号这一段传播时间乘以信号的传播速度(光速)便可得到接收机与卫星之间的伪距。除了通过上述方法来测量接收机与卫星之间的距离之外,还可以通过载波相位来测距。通过测量载波在传播路径上的相位变化,乘以载波波长便可得到传播路径长度。测量载波相位的精度比测量距离的精度高 2 个数量级,但测量载波相位的方法只能获取载波相位小数,无法直接获取精确的相位整周数。载波相位平滑伪距差分技术结合伪距与载波相位,连续跟踪卫星多个历元,将测得的伪距累加,消去相位整周数,利用历元间的相位差观测值对伪距进行修正,从而提高卫星定位的精度。载波相位平滑伪距差分技术原理如图 1-6 所示。

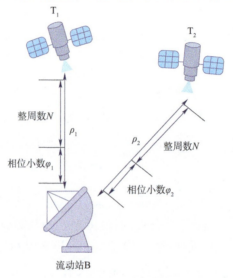

图 1-6 载波相位平滑伪距差分技术原理示意图

载波相位平滑伪距差纠正后接收机测量的伪距有以下关系:

$$\rho = (N+\varphi)\lambda \tag{1-12}$$

式中:ρ——接收机测量的伪距;
N——相位整周数;
φ——载波相位小数;
λ——载波波长。

参考站接收机对卫星进行连续观测,连续跟踪卫星 j 个历元:

$$\begin{cases} \rho_1 = (N+\varphi_1)\lambda \\ \rho_2 = (N+\varphi_2)\lambda \\ \quad \cdots \\ \rho_j = (N+\varphi_j)\lambda \end{cases} \tag{1-13}$$

将式(1-13)测量得到的伪距求和可以得出 N、λ,带入式(1-12)可得到载波相位平滑伪距后的伪距:

$$\bar{\rho}_j = \lambda\varphi_j + \frac{1}{j}\sum_{k=1}^{j}(\rho_k - \lambda\varphi_k) \tag{1-14}$$

载波相位平滑伪距差分技术降低了伪距测量中的随机误差,并且定位精度比伪距差分要高,计算相对也比较简单。但载波相位平滑伪距差分技术需要长时间的静止观测,如果在测量期间载波相位观测值发生周跳则需要重新启动。载波相位平滑伪距差分技术可以实现高精度的定位,可应用于地籍测量、天气预测、海洋测绘等对精度要求较高的行业。

1.3 差分RTK定位技术

实时载波相位差分技术又称为RTK(Real-Time-Kinematic)技术。RTK技术一经提出便受到了卫星定位领域极大的关注。RTK技术满足了实际工程测量高精度定位的需求,使得卫星定位技术不再只局限于控制测量方面的应用,扩展了卫星定位的应用领域。RTK技术的原理是通过参考站对卫星进行连续观测,流动站不仅接收卫星传输的载波,也接收参考站传输的载波和参考站的坐标,实时对卫星和参考站传输的数据进行处理,计算得出流动站的坐标。

RTK技术将卫星导航与数据处理、数据传输技术相结合,可以实时对数据进行处理,在较短的时间里得到测站点在制定坐标系中的三维定位结果,并且可以达到厘米级的精度。目前,RTK技术仍代表着高精度卫星定位的高端水平。RTK技术原理如图1-7所示。

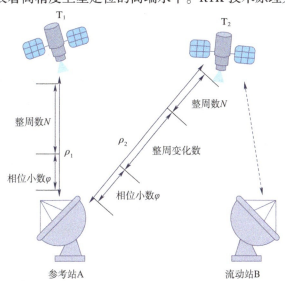

图 1-7　RTK 技术原理示意图

利用载波相位对伪距进行测量:

$$\rho_0^j = \lambda [N_0^j + N_0^j(t-t_0) + \varphi_0^j] \tag{1-15}$$

式中: ρ_0^j ——伪距;

　　　λ ——载波波长;

　　　N_0^j ——初始相位整周数;

$N_0^j(t-t_0)$ ——观测时间内相位整周数;

　　　φ_0^j ——载波相位小数。

利用参考站传输给流动站的伪距修正值 $\Delta\rho_b^j$ 对流动站的伪距 ρ_u^j 进行修正：

$$\begin{cases} \rho_b^j = \lambda[N_b^j + N_b^j(t-t_b) + \varphi_b^j] \\ \rho_u^j = \lambda[N_u^j + N_u^j(t-t_u) + \varphi_u^j] \\ \Delta\rho_b^j = R_b^j - \rho_b^j \end{cases} \qquad (1\text{-}16)$$

结合式(1-15)与式(1-16)：

$$\begin{aligned} \Delta\rho_b^j + \rho_u^j &= (R_b^j - \rho_b^j) + \rho_u^j = R_b^j + (\rho_u^j - \rho_b^j) \\ &= R_b^j + \lambda(N_u^j - N_b^j) + \lambda[N_u^j(t-t_0) - N_b^j(t-t_0)] + \lambda(\varphi_u^j - \varphi_b^j) \\ &= R_b^j + N + \Delta\varphi = \sqrt{(X^j - X_u)^2 + (Y^j - Y_u)^2 + (Z^j - Z_u)^2} + \Delta d\rho \end{aligned} \qquad (1\text{-}17)$$

式中，R_b^j 和 $\sqrt{(X^j - X_u)^2 + (Y^j - Y_u)^2 + (Z^j - Z_u)^2}$ 均为流动站到第 j 颗卫星之间的真实距离，(X^j, Y^j, Z^j) 为第 j 颗卫星的真实坐标，(X_u, Y_u, Z_u) 为流动站的真实坐标，$\Delta d\rho$ 为一次观测内的各项残差。

令 $\Delta\varphi = \lambda[N_u^j(t-t_0) - N_b^j(t-t_0)] + \lambda(\varphi_u^j - \varphi_b^j)$ 为载波相位差值，$N = \lambda(N_u^j - N_b^j)$ 为初始相位整周数之差。参考站和流动站同时观测四颗相同的卫星即可计算出流动站的真实坐标 (X_u, Y_u, Z_u)。

RTK 技术自动化程度高，并且定位精度可以达到厘米级，虽然与静态测量(毫米级)相比精度略低，但完全可以满足特殊应用的要求。RTK 技术的应用范围十分广泛，被应用于控制测量、工程测量和地籍测量等。RTK 技术也存在着一些不足，需要长时间的静止观测，如果在静止观测期间出现误码或卫星失锁等情况则需要对 RTK 重新初始化。

1.4 多路径效应

多路径效应是指接收机在接收到卫星发射的直射信号的同时，还接收到来自测站周围地物的反射信号，两种信号干涉叠加，引起附加时间延迟或相位延迟，从而使观测值偏离真值，产生所谓的多路径误差。这种由于卫星信号经多种反射路径进入接收机而引起的干涉时延效应被称作多路径效应。

仪器设备在运行过程中通常会产生各种噪声，测量仪器同样如此。在测量过程中所产生的随机噪声，通常称之为观测噪声，它是由时间上随机产生的大量起伏骚扰积累而造成的，其值在给定瞬间内不能预测。

卫星测量采用的是电磁波信号，它从 2 万 km 的高空向地面发射电磁波，而地面接收设备可以收到这种信号，并根据信号跟踪卫星完成定位或导航任务。但是，卫星所发射的信号并不是一条条的直线信号，而是向四面八方扩散的信号，接收设备所接收的仅是其中很小的一部分，而能够完成从卫星直射到接收设备的电磁波信号更是微乎其微。根据电磁波特性，它在传播过程中碰到物体必然会产生反射，那么，接收设备必然会或多或少地接收到周围环境反射而来的信号，如图 1-8 所示。直射信号与反射信号同时进入接收设备，两种信号干涉叠加会产生一种新的复合信号。这种复合信号与直射信号相比会产生路径延迟和相位延迟，严重时甚至能导致卫星失锁，从而影响卫星的定位结果，这就是所谓的多路径效应。

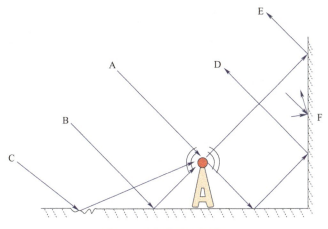

图1-8　多路径反射示意图

图中，A为直射信号，B为地面反射信号，C为水面反射信号，D为多重反射信号，E为建筑物反射信号，F为边沿散射信号。

根据电磁波反射理论，可以把由反射体引起的多路径效应分为两类。一类是反射多路径效应，或称为镜面多路径。这种情况的产生取决于一个起决定性作用的反射面，此时的多路径误差可以模拟为一个或多个伪随机调制的延迟信号之和。第二类是散射多路径效应，它不是由某个反射面引起的，而是很多延迟信号之和。我们可以将其模拟为包络瑞利分布的噪声通道。散射多路径效应对信号的跟踪和测量的影响很小。一般说来，研究主要针对的是反射多路径效应。反射信号的多寡很大程度上取决于测站周围环境的复杂程度，在一些复杂的环境下（如城市建筑密集区），多路径效应也是很复杂的，因此，在选择接收机站址时应尽量避免过于复杂的反射环境。

观测噪声是设备运行过程中随机产生的，其来源比较复杂，其出现和强弱都表现出随机性，但同时又服从一定的统计规律。显然，多路径效应和观测噪声在测量中都属于偶然误差，都与接收设备性能、周围环境、电磁波频率有关。鉴于观测噪声与多路径误差特征相近，在数据后处理过程中也很难将它们分离的特点，通常将二者放在一起作为随机噪声进行处理。

1.4.1　多路径效应特性

多路径效应作为高精度卫星测量的一个重要误差源，一直以来为国内外专家学者所重视，相关研究资料及成果表明，多路径误差有以下特性。

1.4.1.1　周期性

多路径误差可分成两部分：常数部分和周期性部分，其中常数部分在同一地点将会日复一日地重复出现，即使延长观测时间，也无法消除或削弱，而周期性部分可通过延长观测时间加以削弱。因此，想要削弱多路径误差的影响，从其变化周期入手是个不错的选择。

1.4.1.2 多路径效应影响在量值上具有一定范围

伪距观测值和载波相位观测值无疑都会受到多路径误差的影响,相对而言,伪距观测值的多路径影响更为复杂,其误差值在米级波动,但在理论上最多不会超过一个码元的宽度,载波相位观测值的多路径误差在厘米级波动,但理论上也不会超过四分之一载波波长。伪距多路径影响大约是载波相位多路径影响的200倍,因此,相关研究主要集中于伪距测量中的多路径效应与观测噪声的情况。

1.4.1.3 测站环境相关性

多路径效应可理解为唯一时空环境效应,它与卫星相对位置、测站周围地物位置、地物反射性质等环境因素密切相关,因为多路径效应本身就是由于反射信号进入接收机与直射信号产生干涉所引起的,测站周围多路径环境的优劣决定了反射信号的多寡,也就决定了多路径效应的强弱。另外,决定多路径环境优劣的不仅包括测站周围反射物的多寡及分布,还包括反射物对卫星信号的反射能力。

1.4.2 多路径误差与观测噪声提取

伪距测量和载波相位测量归根结底都是通过测定卫地之间的距离,继而采用后方交会的方法解算地面点的空间位置,因此,卫地之间距离测定的准确性尤为重要。而根据前面介绍的多路径效应与观测噪声相关概念可知,无论是伪距测量,还是载波相位测量,多路径效应都能直接影响其距离测定的精度,而想要确定多路径效应对距离测量的影响程度,必须设法将其从包含众多误差源的定位结果中提取出来。伪距测量中多路径误差组合的提取可通过伪距载波相位组合方法实现,而载波相位测量中多路径误差的提取可根据电磁波干涉合成原理完成。

1.4.2.1 载波相位多路径误差提取方法

多路径效应对载波相位测量的影响是相当复杂的,由上节可知多路径效应与测站周围环境密切相关,但是由于接收机天线周围环境和 GNSS 卫星信号的复杂性,不可能面面俱到地将所有影响因素考虑进来。因此,为了搞清楚多路径效应对载波相位测量的影响,必须先将这一复杂问题简单化。考虑到载波调制信号后,多路径对其影响与未调制信号时是一样的,当直射信号受到多个反射信号影响时,可得:

$$\beta = \left[1 + 2\sum_{i=1}^{n}\alpha_i\cos\Delta\varphi_i + \left(\sum_{i=1}^{n}\alpha_i\cos\Delta\varphi_i\right)^2 + \left(\sum_{i=1}^{n}\alpha_i\sin\Delta\varphi_i\right)^2\right]^{\frac{1}{2}} \quad (1-18)$$

$$\varphi_M = \arctan\left(\frac{\sum_{i=1}^{n}\alpha_i\sin\Delta\varphi_i}{1+\sum_{i=1}^{n}\alpha_i\cos\Delta\varphi_i}\right) \quad (1-19)$$

式中:β——合成信号的能量衰减系数;

α_i、$\Delta\varphi_i$——分别表示第 i 个反射信号的反射系数和相位延迟量,且 $0 \leq \alpha_i \leq 1$;

φ_M——合成信号的相位延迟量。

1.4.2.2 伪距多路径误差与观测噪声提取方法

相关研究资料表明,多路径效应对伪距测量的影响要严重得多,就 P 码而言,多路径误差最多可达 10m 以上,因此,如何从众多影响因素中分离出多路径效应与观测噪声影响值对伪距测量精度至关重要。伪距测量采用调制好的伪距码直接进行卫星和接收机之间距离的测量,这不同于载波相位测量中采用载波进行测量的方法,因而无法采用载波相位合成的方法计算伪距多路径误差,并且由于多路径误差和观测噪声对不同频点下伪距测量的影响是不同的,因此,也不能用差分技术消除。

1.4.3 减小多路径效应的方法

在以往的研究中,学者们为了简化问题,通常有针对性地分别提出多路径干涉和 NLOS 接收所引起误差的解决方案,从硬件和软件两个方面对多路径探测、校正算法及其在不同测量手段和观测类型中的应用进行了深入的研究,并取得了一系列成果。接下来将分别对多路径干涉和 NLOS 误差的研究现状进行介绍。

1.4.3.1 多路径干涉

目前,抑制多路径干涉的方法主要分为硬件改进和数据处理两大类,其中硬件改进包括了天线设计和对接收机改进两个方面。GNSS 信号为右旋圆极化信号,在经过奇数次反射后极化方向转变为左旋圆极化信号。GNSS 天线设计为右旋圆极化接收天线,对于入射的右旋圆极化信号的增益比左旋圆极化信号的增益至少大 10dB。它可以一定程度地抑制多路径干扰引起的载波或伪距观测误差,但对于低高度角入射的信号可能失效。如果空间允许,通过增加扼流圈将对低高度角或负高度角的信号有抑制作用。研究人员针对接收机的改进方面也做了许多工作,通过提高鉴码器的分辨率来剥离直射信号和反射信号,如窄相关技术、多路径信号延迟锁相环等技术。但以上方法只能部分抑制多路径效应,通常还需结合数据处理的方式进一步消除多路径误差的影响。

数据处理方法主要包括四类。

第一类是根据卫星信号的观测特性,例如按照载噪比或者信号高度角对观测值定权,减小多路径对定位结果的误差。但直射信号的衰减可能导致载噪比降低,玻璃、金属或湿表面的反射信号强度也可能和直射信号相当。另外,低高度角也可能是直射信号,当天线附近存在高楼时,高高度角信号也可能是 NLOS 信号。以上因素均能够影响此类方法的效果。

第二类是基于时间序列分析手段,钟萍、戴吾蛟、Satirapod C. 等人使用 Vondrak 滤波、经验模式分解(EMD)、小波分析方法构建多路径效应误差改正模型。该类基于时间序列的方法主要适用于数据后处理,不便应用于多路径实时改正。

第三类是基于卫星星座的时域重复周期发展而来的方法。例如最常见的恒星日滤波法,通过计算卫星轨道的大致重复周期(接近恒星日),改正该卫星对应观测周期的多路径误差;改进的恒星日滤波方法,通过计算每颗卫星的轨道重复周期并求取平均值作为观测序列移动周期;高级恒星日滤波方法,通过对每颗卫星计算轨道重复周期并进行单独的多路径改正。这类方法广泛应用在地表形变分析、自然灾害预警、结构健康监测等静态场景。但基于时域重复性的建模改正方法需要计算卫星的重访周期才能作对应改正,对于重访时间为 10 天的 Galileo 系统以及重访周期为 7 天的北斗 MEO 星座,存在建模量大、改正复杂等困难。此外,它在运动载体中多路径的时域重复性失效因而无法应用。

第四类是基于多路径空域重复性的建模方法,即当天线载体环境保持相对不变时,信号路径的几何关系不变而使多路径具有重复性。因此，这类方法不仅能适用于静态环境，也能适用于多路径主要来源于载体本身，且周围环境造成的多路径基本可以忽略不计的动态场景中，例如轮船、飞机等。

依托空域重复性的建模方法又分为全局建模和离散的局部建模。Cohen 构建了一个 12 次谐波的球谐模型对多路径进行全局建模，该方法相当于将天空划分为 30°×30° 的网格。但为了满足定位精度需求，通常多路径改正模型需要做更精细的网格划分（如 1°×1°），而高阶次的球谐模型计算复杂度高，因此难以实现。离散的局部建模根据卫星信号的高度角和方位角将天空划分为一定尺度的格网，并对格点内部的多路径残差求平均作为该方向上的多路径改正值。这类方法包括将天空按照等角度间隔划分的多路径半天球图（Multipath Hemispherical Map，MHM）和按等面积划分的多路径堆叠图（Multipath Stacking Map，MSP）。这类方法实现简单，复杂度低，并且可以用于天线与周围环境多路径几何关系保持不变的动态场景中，例如轮船或飞机。这种方法简单易行，复杂度低，但是忽略了网格内多路径的空间分布，对低频多路径效果更好，对高频多路径改正效果有限。

1.4.3.2 NLOS 多路径

对 NLOS 多路径的抑制方法同样从硬件和软件算法方面进行介绍。

(1) 硬件改进。

硬件改进的方法包括以下几种。

①双极化天线技术。该技术能有效检测 NLOS 信号的接收，但对于低高度角卫星信号或偶数次反射的情况可能失效。原则上，该技术还可应用于检测强多路径干涉，然而，这除了双极化天线之外，还需要增加前端、额外的天线校准和对左旋圆极化天线增益模型的正则化，这个实现成本过高，因此，通常仅用于 NLOS 信号检测。

②天线信号到达角（Angle of Arrival of Signals，AOA）测量技术。在天线方位已知的情况下，只需将测得的信号方位与从卫星星历数据确定的信号方位进行比较，就可以区分直射和 NLOS 信号。在天线方位未知时，须将卫星间的 AOA 测量值与预测值进行比较。如果两个信号匹配，则可以假定两个卫星信号都是直射信号；否则，其中一个或两个都可能是 NLOS 信号。该技术还可适用于检测强多路径干扰的情况，但由于需要多个接收器和天线，因此，其同样是成本高昂的技术。

③GNSS 天线阵列技术。通过不同天线的测量不一致，识别 NLOS 和受多路径干涉的信号。对于大型动态载体，例如火车、轮船或大型飞机等，可以将多个 GNSS 天线（具有相关的接收器）部署在车辆的不同部位。这是一种设备庞大笨重且造价昂贵的技术，但适用于举例中的大型载体。

以上基于硬件设备的技术均具有很高的成本，可适用于特定的场景。其中，天线阵列和 AOA 技术对干涉多路径以及 NLOS 误差都有很好的鉴别抑制效果。

(2) 算法改进。

算法改进的方法包括结合信号特性、结合外源辅助设备信息和滤波技术三个方面。

①第一类结合信号特性的方法如上一节提到的对高度角、信噪比加权，它们对 NLOS 信号的抑制也有一定的作用。

除此以外，还有一致性检测方法，通过比较不同卫星组合的解以判断受多路径影响最大的卫星。这种方法原理上与接收机的自体完好性监控(Receiver Autonomous Integrity Monitoring,RAIM)相似,对干涉多路径和 NLOS 多路径造成的误差均有抑制效果,但对于大部分信号是 NLOS 或多路径严重的环境不适用。

②第二类结合外源辅助设备信息的方法包括采用环境传感器、鱼眼相机或 3D 城市地图模型等。这类方法包括 NLOS 探测和 NLOS 误差改正两个研究目标。例如,基于鱼眼相机可以直接判断建筑的遮挡边界,结合收到信号的高度角和方位角信息即可判断所接收信号是否被遮挡;在已知接收机位置的情况下,基于 3D 地图的解决方案也能实时判断信号的被遮挡情况,但对于接收机位置未知的情况,则需要考虑多个候选点。这类方法对 NLOS 的探测比较可靠,可以对周围环境进行精细化描述,与传统多传感器集成定位技术形成互补,具有广阔的应用前景。

此外,由于反射 NLOS 广泛存在,对伪距测距造成很严重的误差,且反射信号的几何关系相对简单,因此,目前存在许多基于 3D 地图计算伪距反射 NLOS 误差改正方法,并验证了对反射 NLOS 误差计算和改正的可行性。在 Suzuki 和王兴等人的研究中,考虑了绕射 NLOS 信号的伪距延迟,但由于绕射伪距延迟仅数十厘米,因此,考虑将其作为遮挡环境下直射信号的补充。

③第三类结合滤波算法的方法包括矢量跟踪法和信息滤波技术。矢量跟踪法在接收机内部通过卡尔曼滤波器同时跟踪多颗 GNSS 信号,根据测量值和系统方程估计用户的位置、速度和伪码延迟,对于确定为 NLOS 信号的环路不予锁定,而是从相关输出值中提取 NLOS 的修正量;信息滤波技术通过将对当前测量与上一历元测量的信息值进行比较,如果发生了较大的变化,则认为可能进入了 NLOS 接收的范围,并根据接收信号载噪比确定滤波加权因子。但这种方法仅适合对有足够多的直射信号接收的情况,一旦 NLOS 信号被接收并参与解算,那么进一步接受有偏差的测量值和拒绝质量良好测量值的可能性会增加。

第 2 章
惯性导航定位技术

惯性导航定位技术结合了数学、力学、机电、光学、控制、计算机等学科,是现代各类运动体导航中不可替代的关键技术。惯性导航是以惯性仪表为核心的集成系统。惯性是所有质量体具备的基本属性,因此,建立在惯性理论基础上的惯性导航系统不依赖于外部信息源,也不会向外辐射信息,适应于全天候的任何介质环境内自主、隐蔽的三维导航与定位。尽管惯性导航系统的性能可能低于目前使用的许多其他导航技术,如卫星导航、激光导航与定位技术,但其自主性、隐蔽性、能获取运载体完备运动信息的特点使其成为运载体不可替代的导航系统,通常用于辅助其他导航系统实现高精度的组合导航。

2.1 惯性导航定位技术概述

惯性导航定位技术是通过惯性传感器获得载体的运动加速度和角速率,再结合给定的初始条件(初始位置、速度矢量等)和已知数据(重力、时间等)进行计算,得到载体运动轨迹的位置、速度等,实现导航与定位功能。从技术层次来看,惯性导航定位技术可分为惯性传感器和惯性系统两个层级。其中,惯性传感器是通过测量作用在运动物体上的合力,运用牛顿第二运动定律推导出运动的线速度和转速。惯性传感器可分为两大类:加速度计和陀螺仪。一般来说,加速度计测量特定的力或加速度,而陀螺仪测量角速度。将加速度计和陀螺仪安装成特定的几何形式,以捕捉给定平台运动过程的组件,被称为惯性测量单元(Inertial Measurement Unit,IMU)。典型的 IMU 由三组加速度计和三组陀螺仪组成,陀螺仪安装在三个相互正交的轴上,以捕捉任何给定平台的三维运动。IMU 通常与某种形式的数据处理元件相结合,将原始测量数据转换为可感知的比力或角速度。

由 IMU 获得的惯性测量数据在数学上被简化为获取移动平台的位置、速度和方向的变化。在 IMU 测量过程中,导航状态可以随时间累积,以获取任何给定时刻平台的位置、速度和方向。利用 IMU 测量来获得其所在的移动平台运动状态的航位推算系统称为惯性导航系统(Inertial Navigation System,INS)。惯性导航系统包括 IMU 和导航处理器或集成在应用程序中的中央处理器,后者用于根据 IMU 测量数据计算导航方程,得到三维导航解。根据构建导航坐标系方法的不同,惯性导航系统分为平台式惯性导航系统和捷联式惯性导航系统。捷联式惯性导航系统在体积、成本和可靠性方面具有优势,是目前车辆导航中应用的主流形式。

惯性导航是一种独特的导航方法,它不依赖于外部信息源,获得的是载体运动过程中相对初始状态的测量值。不同于其他传感器位置相对全局固定的导航技术,惯性传感器跟随载体移动,通过每个时刻的运动参数计算得到一段时间内载体的位姿变化,以相对的意义执行导航。因此,惯性导航系统不容易受到外部因素欺骗或陷入困境,具有自主性、隐蔽性和信息的完备性,这些特点在军事应用中尤为重要。然而,正因为这些特点,惯性导航的误差会随时间累积,使其不适合长距离移动时导航,且容易受到摇摆、航向变化、剧烈运动的干扰,使其单独使用的精度不够理想,因此通常与其他导航组合使用,如与 GNSS 组合使用,可解决卫星定位信号丢失问题。惯性导航系统中的系统误差包括偏差、标度因子误差、标度因子非线性等,可通过实验室校正和运行中校正来减轻。惯性导航的精度严重依赖于惯性传感器的精度,根据不同级别惯性器件的选择,可以组合成不同级别的惯性测量单元和惯性导航系统。

2.1.1 历史与发展

自 20 世纪 40 年代惯性导航系统出现以来,其得到了很大发展。惯性传感器的精度不断提高,并且尺寸、重量、成本不断降低。惯性传感器已经从单纯的机械技术发展到结合机电、光学、力学、控制及计算机等的复合技术,不断发展的硬件和软件技术使其可以精确地计算物体的运动过程,但高成本和设备复杂性的问题也限制了其应用的场景。

2.1.1.1 第一代

第一代惯性导航技术指 1930 年以前的惯性导航技术,以牛顿力学三大定律为基础理论,奠定了整个惯性导航发展的基础。1765 年欧拉在刚体绕定点运动的理论中首次利用解析分析方法对定点转动刚体作了本质解释,创立了转子陀螺仪的力学基础理论。19 世纪 80 年代,发明家特鲁和霍普金斯用电动机驱动陀螺转子,大大提高了陀螺转子的旋转速度和稳定性,制造出了陀螺罗经试验装置。1910 年,德国科学家休拉发现了陀螺罗经的无干扰条件,即著名的休拉协调原理,为惯性导航系统的设计奠定了理论基础。随后,摆式陀螺罗经装置得到不断的改进发展,由单个陀螺变化为三个陀螺、双陀螺,直至 20 世纪 50 年代出现了更先进的电磁控制陀螺,摆式陀螺罗经才逐步被取代。

2.1.1.2 第二代

第二代惯性导航技术开始于 20 世纪 40 年代火箭发展的初期,其研究内容从惯性仪表技术扩展到惯性导航系统的应用。第二次世界大战期间,德国的 V-2 火箭采用了两个双自由度的陀螺和一个陀螺积分加速度计构成惯性制导系统,这是惯性技术在导航领域的首次成功应用。1950 年,美国北美航空公司研制成功了第一套纯惯性导航系统 XN-1,成功安装在 C47 飞机上。到 20 世纪 50 年代中后期,单自由度液浮陀螺平台惯性导航系统和动压陀螺研制成功。这一时期,还出现了另一种惯性传感器——加速度计。在技术理论研究方面,为减少陀螺仪表支承的摩擦与干扰,挠性、液浮、气浮、磁悬浮和静电等支承悬浮技术被逐步采用。捷联惯性导航理论研究趋于完善。

2.1.1.3 第三代

第三代惯性导航技术开始于 20 世纪 70 年代初期,这一阶段出现了一些新型陀螺、加速度计和相应的惯性导航系统,其研究目标是进一步提高 INS 的性能,并通过多种技术途径来推广和应用惯性技术。这一阶段的主要陀螺包括:静电陀螺、动力调谐陀螺(也叫挠性陀螺)、环形激光陀螺、干涉式光纤陀螺(IFOG)等。基于 Sagnac 干涉效应的环形激光陀螺和捷联式激光陀螺惯性导航系统在民航方面得到应用,导航精度可达 0.1n mile/h。除此之外,超导体陀螺、粒子陀螺、音叉振动陀螺、流体转子陀螺及固态陀螺等基于不同物体原理的陀螺仪表相继设计成功。20世纪80年代，伴随着半导体工艺的成熟和完善，采用微机械结构和控制电路工艺制造的微机电系统(Micro-Electro-Mechanical System，MEMS)开始出现。

2.1.1.4 第四代

当前，惯性导航技术正处于第四代发展阶段，其目标是实现高精度、高可靠性、低成本、小型化、数字化、应用领域更加广泛的导航系统。一方面，陀螺的精度不断提高；另一方面，随着激光陀螺、光纤陀螺、MEMS等新型固态陀螺仪的逐渐成熟，以及高速大容量的数字计算机技术的进步，捷联式惯性导航系统在低成本、短期中精度惯性导航中呈现出取代平台式系统的趋势。MEMS技术下制造的惯性传感器的生产成本极低，且具有极小的尺寸、重量和功耗，适合广泛且日常的导航应用。

随着量子传感技术的迅速发展，在惯性导航技术中，利用原子磁共振特性构造的微小型核磁共振陀螺惯性测量装置具有高精度、小体积、纯固态、对加速度不敏感等优势，成为新一代陀螺仪的研究热点方向之一。此外，光学传感技术提供了尺寸更小的高精度惯性传感器，核磁共振技术、冷原子技术、流体惯性传感器等先进的惯性传感器技术被引入工业中。

近年来，惯性误差建模技术被用于增强低成本传感器的性能，此方向的研究目标是使得惯性传感器有效修正误差，在其他传感器不可用或没有更新的情况下达到相当长时间内稳定运行的水平，能够以低成本的惯性传感器来实现更高水平的导航精度。

2.1.2 INS应用与分级

自20世纪60年代以来，惯性导航已经被应用于民用航空、军事航空、潜艇、军舰和制导武器等领域。根据不同应用场景和精度要求，对不同性能的INS有广泛意义上的分类。INS或惯性传感器可分为航海级、航空级、中级、战术级和消费级。航海级INS主要用于大型船只、潜艇和一些航天器，可以提供一天不到1.8km漂移的导航解决方案，早期提供这种性能水平的系统非常大，直径约为1m，目前的系统要小得多；航空级惯性导航系统被用于世界范围内的商用客机和军用飞机，美国军用飞机上使用的航空级INS必须符合标准导航单元(Standard Navigation Unit，SNU)84标准，即在运行的第一个小时内最大水平位置漂移小于1.5km；中级系统应用于直升机和小型飞行器中，每小时漂移误差大约在150km；战术级INS只能在几分钟内提供一个有用的独立惯性导航解决方案，常用于制导武器和无人机，然而，通过将其与GNSS等定位系统集成，可以获得精确的长期导航解决方案；战术级INS中的惯性传感器性能涵盖了很大的范围，特别是陀螺仪；最低等级的惯性传感器被称为消费级或汽车级，它们通常作为单独的加速度计和陀螺仪销售，而不是IMU。此等级的IMU如果没有校准，即使与其他导航系统集成时也不够精确，无法用于车体导航，但可以用于姿态和航向参考系统(Attitude and Heading Reference System，AHRS)或用在基于阶跃检测的行人航迹推算、计步器、防抱死制动系统(Antilock Braking System，ABS)、主动悬架和安全气囊等方面，其中MEMS惯性传感器在消费级市场应用广泛。

IMU内的校准和其他处理过程会显著影响性能，特别是对MEMS惯性传感器来说，有时，同样的MEMS惯性传感器在没有校准时处于消费级，而在校准后能达到战术级。低成本这个术语通常用于形容消费级和战术级INS，事实上涵盖了非常广泛的价格范围。从消费级到航海级的惯性传感器范围跨越了陀螺仪性能的 6 个数量级、加速度计性能的 3 个数量级。这一部分原因是陀螺仪性能对导航方案漂移的影响在长时间范围内更大。表 2-1 列出了不同等级 IMU 的加速度计和陀螺仪偏差典型值。加速度计和陀螺仪的偏差通常不在国际单位制中引用。加速度计的偏差使用 mil-g(mg) 或 micro-g(mg) 的单位,其中 $1g=9.80665 m/s^2$。对于陀螺偏差,使用度每小时 [°/(h)] 单位。$1°/(h) = 4.848 \times 10^{-6}$ rad/s,除非质量非常差的陀螺仪会使用度/秒(°/s)单位。

不同等级 IMU 的加速度计和陀螺偏差典型值　　　　表 2-1

IMU 级别	加速度计偏差		陀螺仪偏差	
	mg	m/s²	°/(h)	rad/s
航海级	0.01	10^{-4}	0.001	5×10^{-9}
航空级	0.03~0.1	$10^{-4} \sim 10^{-3}$	0.01	5×10^{-8}
中级	0.1~1	$10^{-3} \sim 10^{-2}$	0.1	5×10^{-7}
战术级	1~10	0.01~0.1	1~100	$5 \times 10^{-6} \sim 5 \times 10^{-9}$
消费级	>3	>0.03	>100	$>5 \times 10^{-4}$

2.2　惯性坐标系

惯性导航研究的是载体的运动,为了精确而方便地描述这种运动,往往把某一空间或某一物体抽象为一个坐标系来表示,物体的运动是相对于该坐标系的运动。因此,根据研究对象和具体任务的要求来选取合适的坐标系非常重要。

2.2.1　常用坐标系

导航与定位技术用于描述一个物体的位置、方向和运动。这个物体可以是导航设备的一部分,也可以是一种交通工具、一个移动生命体等。为了描述一个物体的位置和运动,必须在该物体上选择一个特定的点,这就是该物体的原点。它可以是物体的质心、几何中心或者任意方便的点。对于无线电定位设备,天线的相位中心是一个合适的原点;许多航位推算传感器的敏感轴相交的点也是一个合适的原点。为了描述一个物体的方向和角运动,还必须选择一组三个轴。这些轴必须是非共面的,并且应互相垂直,使得运动的表示和计算更方便。合适的轴的选择包括物体运动的法线方向、物体静止时的垂直方向等。

一个原点和相交于原点的三个坐标轴共同组成一个三维坐标系。当坐标轴互相垂直时,坐标系是正交的,有 6 个自由度,分别是原点的三维位置,以及轴 x,y,z 的方向,它们必须表示在另一个坐标系中。根据 x,y,z 轴的正方向指定,所有坐标系可分为左手系和右手系,惯例使用右手系。

然而,物体的位置、方向和运动本身是没有意义的。需要某种形式的参考来描述对象。参考坐标系也是由原点和一组轴定义的。合适的参考点包括地球的中心、太阳系的中心和方便的当地地标。合适的轴线包括北、东、垂直方向,地球的旋转轴和赤道平面内的矢量,当地道路网格的对齐等。

因此，任何导航问题都至少涉及两个坐标系：描述物体位置和方向的物体坐标系及描述一个已知物体（如地球）的参照系。目标坐标系和参考坐标系两个概念实际上是可以互换的，因为 A 相对于 B 的信息等价于 B 相对于 A 的。在一个两坐标系的问题中，定义目标坐标系和参考坐标系只是为了概念上的方便。然而，惯性导航中往往涉及多个参考坐标系，甚至多个目标坐标系，因为惯性传感器测量惯性空间下的运动，而典型的导航系统用户想知道自己相对于地球的位置。如果像简单力学问题中那样只模拟相对于地球的运动而忽略地球的自转，可能会导致重大错误。

在物理学中，任何坐标系如果相对于宇宙的其他部分不存在加速或旋转，则称为惯性坐标系。惯性坐标系在导航中很重要，因为惯性传感器测量的是相对于一般惯性系的运动，惯性测量的计算建立在惯性坐标系的选择上。事实上，宇宙中一切物体都在运动，绝对不动的惯性空间是不存在的。但根据应用中的精度要求，我们可以忽略一些相对运动来建立惯性坐标系。

2.2.1.1 地心惯性坐标系

地心惯性坐标系（Earth-Centered Inertial，ECI）是以地球质心为中心，以地球自转轴和恒星为坐标轴方向。这并不是严格意义上的惯性坐标系，因为地球在绕太阳公转的轨道上存在加速度，它的自转轴缓慢移动，星系也在旋转。然而，这些影响比导航传感器显示的测量噪声要小，因此 ECI 框架在所有实际用途中都可以被视为真正的惯性框架。图 2-1 显示了 ECI 坐标系的原点、坐标轴以及地球相对于空间的自转。地心惯性坐标系通常用符号 i 表示，其 z 轴始终指向地球的旋转轴，从质心原点指向北极。x 轴和 y 轴在赤道平面内，但不随地球旋转。在地球自转的方向上，y 轴比 x 轴超前 90°。需要注意的是，一些作者对坐标轴方向的定义是不同的。

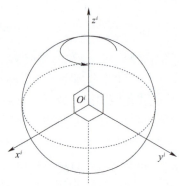

图 2-1 地心惯性坐标系

为了完成坐标系的定义，还需要确定惯性系轴与相应的地心地固坐标系重合的时间。有三种常见的解决方案：第一种解决方案是在初始化导航解决方案时简单地对齐两个坐标框架；第二个解决方案是在午夜十二时对齐坐标框架；注意可能会使用许多不同的时间基准，如当地时间、协调世界时（Coordinated Universal Time）、国际原子时（International Atomic Time，TAI）或 GPS 时间。科学界使用的最后一个解决方案是，将 x 轴定义为春分时地球到太阳的方向，春分是北半球的春分。这与从地球中心到地球赤道面与地球-太阳轨道面交点（黄道）的方向相同。这个版本的 ECI 框架有时被称为天文坐标。

在实践中运用 ECI 框架的一个问题是确定地球中心相对于表面上的已知点的位置。ECI 坐标系的原点是地球表面椭球的中心,它接近真实的质心。另一个需要精确实现坐标系的问题是极坐标运动。自转轴实际上是相对于固体地球移动的,两极大致沿着半径为 15m 的圆形路径移动。一种解决方案是采用国际地球自转服务(International Earth Rotation Service,IERS)参考极点(IERS Reference Pole,IRP)或通用地面极点(Conventional Terrestrial Pole,CTP),即 1900—1905 年测得极点的平均位置。以地球表面椭球面中心为原点,以 IRP 或 CTP 与原点的连线为 z 轴,以春分时的地日轴为 x 轴的惯性坐标系被称为通用惯性坐标系(Conventional Inertial Reference System,CIRS)。

2.2.1.2 地心地固坐标系

地心地固坐标系(Earth-centered Earth-fixed frame,ECEF),通常简称地球系,类似于地心惯性坐标系,但其所有轴相对于地球保持固定。这两个坐标系有一个共同的原点,即模拟地球表面的椭球体的中心,它大致位于地球质心。ECEF 坐标系通常用符号 e 表示。

图 2-2 展示了 ECEF 坐标系的原点和坐标轴。z 轴与相应的 ECI 坐标系相同。它总是沿着地球的旋转轴从中心指向北极。x 轴从中心到赤道与 IERS 参考子午线(IERS Reference Meridian,IRM)或通用零子午线(Conventional Zero Meridian)的交点,它定义了 0 经度。y 轴从中心点指向赤道与东经 90°的交点,组成右手系。使用 IRP/CTP 和 IRM/CZM 的 ECEF 坐标系也被称为通用地面坐标系(Conventional Terrestrial Reference System,CTRS),一些作者使用符号 t 来表示。以地球为中心的地球固定坐标系在导航中很重要,因为用户可以获取自己相对于地球的位置,它通常被用作参考坐标系和解析坐标系。

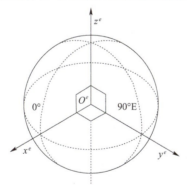

图 2-2　地心地固坐标系

2.2.1.3 局部导航坐标系

局部导航坐标系是局部的、地面的,它以导航解决方案描述的对象为中心,原点可能是导航系统本身的一部分,也可能是主车辆或用户的质心。在多体导航问题中,每个物体都有自己的局部导航坐标系。

图 2-3 展示了局部导航坐标系的原点和坐标轴。坐标轴与该地的地形方向一致:在惯例中,z 轴被定义为指向地球的参考表面椭球中心的法线,x 轴指向北方,y 轴指向东方。简单的重力模型假设重力矢量与相应的局部导航框架的 z 轴重合。由于局部异常性,真正的重力与此方向稍有偏差。x 轴或北(N)轴,是从用户到北极的直线在垂直于 z 轴的平面上的投影。通过 y 轴指向东方来完成正交集,称为东(E)轴。

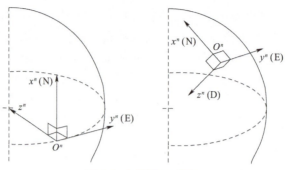

图 2-3　局部导航坐标系

局部导航坐标系统在导航中能够帮助用户获取其相对于北、东和垂直方向的位姿，在许多地表导航应用中非常重要。对于目标的位置和速度，它提供了一组方便的敏感，但通常不用作参照系。局部导航坐标系的一个主要缺点是在每个极点都有一个奇点，奇点处的北轴和东轴没有定义。因此，这种坐标系的机械导航方程不适合在极点附近使用，近年来也有许多研究致力于极区导航，通常在导航解决方案将处理链末端的局部导航坐标系时用另一个坐标系替代。

与之类似的是局部切平面坐标系，它相对于地球有一个固定的原点，通常是平面上的一点，它的 z 轴与垂直方向对齐(向上或向下)。它的 x 轴和 y 轴也可以与地形方向(即北部和东部)对齐，在这种情况下，它可以被称为局部大地坐标系或地心线坐标系。然而，x 轴和 y 轴也可以与环境特征对齐，如道路或建筑。和其他坐标系一样，坐标轴形成一个右向正交集。因此，这种坐标系是固定于地球的，但不是以地球为中心的。这种类型的坐标系用于局部化区域内的导航，例如飞机降落及城市和室内定位。

2.2.1.4 载体坐标系

载体坐标系包括导航解决方案所描述的对象原点和方向。载体坐标系的原点与相应的局部导航坐标系的原点一致，但坐标轴固定于载体本身。常见的规定是 x 为前向轴，指向载体的移动方向；z 是垂直向下的轴，指向重力方向；y 是向右的轴，完成正交集。对于角运动，载体坐标系选择滚动(roll)、俯仰(pitch)、偏航(yaw)三个方向。其中滚动角是关于 x 轴的旋转，俯仰角方向是关于 y 轴的旋转，偏航方向是关于 z 轴的旋转，图 2-4 说明了这一点，在不同描述中定义可能会有差异。旋转通常适用于右手螺旋定则，即如果轴指向远处，围绕该轴的旋转正方向是顺时针的。

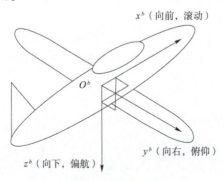

图 2-4　载体坐标系

载体坐标系在导航中是必不可少的,因为它描述了导航解决方案描述的对象的运动。惯性传感器用于测量载体坐标系的运动,因此具有相对于该坐标系的固定方向。对于车辆来说,载体坐标系的原点可以在导航传感器内,也可以是主车辆的质心,因为这简化了控制系统中的运动学。许多导航问题涉及多个对象,每个对象采用自己的体坐标系,因此会使用多个替代符号,其中主要考虑的体坐标系用符号 b 表示。

2.2.2 坐标系变换

如上所述,在分析惯性导航的运动特性时,将用到多种坐标系,这些坐标系并不是相互孤立的,空间任意两个坐标系可以通过坐标变换联系起来。在不同的坐标系中,同一向量的坐标表示是不同的,通过坐标变换,同一向量在一个坐标系中的坐标可以转换为其在另一个坐标系中的坐标。变换方法由坐标系之间的位置和角度决定,包括平移与旋转。在惯性导航系统中,我们更加关心的是两组坐标系之间的角度关系,即旋转坐标变换。

2.2.2.1 坐标变换矩阵

姿态描述了一个坐标系的坐标轴相对于另一个坐标系坐标轴的方向。表示姿态的一种方法是将一组轴与另一组轴对齐所需的旋转。图 2-5a) 展示了二维坐标系旋转示意图。坐标系 β 由坐标系 γ 顺时针旋转角度 ψ 得到。同样的,坐标系 γ 也可由坐标系 β 顺时针旋转角度 $-\psi$ 得到。两个坐标系原点不一定要重合。

现在考虑一条长度为 $r_{\beta\alpha}$ 的线段,从坐标系 β 的原点指向点 α,可以在围绕坐标系 β 的原点自由旋转。图 2-5b) 显示了这条直线在 t_0 和 t_1 时刻的位置。在 t_0 时刻,α 的位置在 β 坐标系中按解析轴可表示为:

$$\begin{cases} x^{\beta}_{\beta\alpha}(t_0) = r_{\beta\alpha}\cos(\phi) \\ y^{\beta}_{\beta\alpha}(t_0) = r_{\beta\alpha}\sin(\phi) \end{cases} \tag{2-1}$$

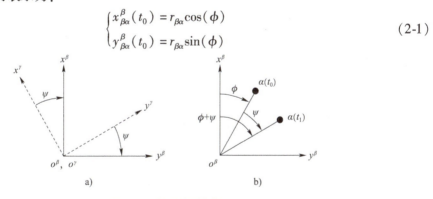

图 2-5 二维坐标系旋转

这里的上标 β 表示解析轴所在的坐标系。在 t_1 时刻,线段旋转了角度 ψ,α 的位置在 β 坐标系中按解析轴可表示为:

$$\begin{cases} x^{\beta}_{\beta\alpha}(t_1) = r_{\beta\alpha}\cos(\phi+\psi) \\ y^{\beta}_{\beta\alpha}(t_1) = r_{\beta\alpha}\sin(\phi+\psi) \end{cases} \tag{2-2}$$

利用三角恒等式,可以得到描述 α 在这两个时刻位置的坐标变换

$$\begin{pmatrix} x^{\beta}_{\beta\alpha}(t_1) \\ y^{\beta}_{\beta\alpha}(t_1) \end{pmatrix} = \begin{pmatrix} \cos\psi & -\sin\psi \\ \sin\psi & \cos\psi \end{pmatrix} \begin{pmatrix} x^{\beta}_{\beta\alpha}(t_0) \\ y^{\beta}_{\beta\alpha}(t_0) \end{pmatrix} \tag{2-3}$$

图 2-6 展示了 t_0 时刻线段 $\beta\alpha$ 在坐标系 β 和 γ 中的方向。

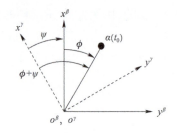

图 2-6 线段 $\beta\alpha$ 在坐标系 β 和 γ 中的坐标

由于物体相对于一组坐标轴的旋转与坐标轴轴相对于物体的旋转是等价的,应用式(2-3),得到线段在两个坐标系间的坐标变换为:

$$\begin{pmatrix} x^{\gamma}_{\beta\alpha} \\ y^{\gamma}_{\beta\alpha} \end{pmatrix} = \begin{pmatrix} \cos\psi & -\sin\psi \\ \sin\psi & \cos\psi \end{pmatrix} \begin{pmatrix} x^{\beta}_{\beta\alpha} \\ y^{\beta}_{\beta\alpha} \end{pmatrix} \tag{2-4}$$

需要注意的一点是,描述坐标变换的矩阵只是一个旋转角度的函数,需要将一组解析轴与另一组解析轴对齐。在坐标系不变时,坐标变换可以表示旋转。而坐标系变换矩阵同样也可以表示旋转,是一种表示姿态的有效方法。当对连续的旋转或轴变换进行组合时,无论使用何种方法表示它们,都必须以正确的顺序应用。这是因为旋转或转换的不同顺序会影响最终的结果。

以上公式中用于两个坐标之间变换的三角函数矩阵即为坐标变换矩阵。将坐标系扩展到三维,坐标变换矩阵由 2×2 扩展到 3×3,本节中用 C^{β}_{α} 表示从坐标系 α 到坐标系 β 的变换矩阵,常用的字母还有 T 或 R。

易得,坐标变换矩阵元素是描述两个坐标系的坐标轴单位向量的乘积,这些单位向量又等于坐标轴之间夹角的余弦值:

$$C^{\alpha}_{\beta} = \begin{bmatrix} u_{\beta x}u_{\alpha x} & u_{\beta x}u_{\alpha y} & u_{\beta x}u_{\alpha z} \\ u_{\beta y}u_{\alpha x} & u_{\beta y}u_{\alpha y} & u_{\beta y}u_{\alpha z} \\ u_{\beta z}u_{\alpha x} & u_{\beta z}u_{\alpha y} & u_{\beta z}u_{\alpha z} \end{bmatrix} \tag{2-5}$$

$$u_i u_j = \cos\mu_{i,j} \tag{2-6}$$

式中:u_i——描述坐标轴 i 的单位向量;

$\mu_{i,j}$——坐标轴 i,j 之间的夹角。

2.2.2.2 欧拉角

欧拉角是描述姿态的最直观的方式,特别是用于描述车身坐标系相对于相应局部导航坐标系的姿态。姿态被分解为三个连续的旋转,每一个旋转都是围绕一个与前轴正交的轴。在绕某个轴旋转时,两个坐标系在该轴重合,另外两个轴分别转过一定角度。图 2-7 展示了分别绕坐标轴 z,y,x 旋转的三个欧拉角 ψ,θ,ϕ。其中 ψ 角称为偏航角(yaw),θ 角称为俯仰角(pitch),ϕ 角称为滚动角(roll),这里具体的名称可能因为不同作者的定义而改变。

用三个欧拉角可以方便地描述从参考坐标系到目标坐标系的旋转,从而表示目标坐标系相对于参考坐标系的方向。欧拉角可以对向量 $\boldsymbol{x} = (x,y,z)$ 完成从一个坐标系到另一个坐标系的旋转变化,通常需要三个步骤,分别完成 3 个坐标轴的旋转。在转动偏航角步骤中,z 轴坐标保持不变,x,y 轴坐标与二维旋转情况相同。假设对 β 坐标系中的向量 $\boldsymbol{x}$ 旋转偏航角 ψ,得到的新向量为:

$$\begin{cases} x^\psi = x^\beta \cos\psi_{\beta\alpha} + y^\beta \sin\psi_{\beta\alpha} \\ y^\psi = -x^\beta \sin\psi_{\beta\alpha} + y^\beta \cos\psi_{\beta\alpha} \\ z^\psi = z^\beta \end{cases} \quad (2\text{-}7)$$

将其表示成矩阵形式：

$$\begin{pmatrix} x^\psi \\ y^\psi \\ z^\psi \end{pmatrix} = \begin{pmatrix} \cos\psi_{\beta\alpha} & \sin\psi_{\beta\alpha} & 0 \\ -\sin\psi_{\beta\alpha} & \cos\psi_{\beta\alpha} & 0 \\ 0 & 0 & 1 \end{pmatrix} \quad (2\text{-}8)$$

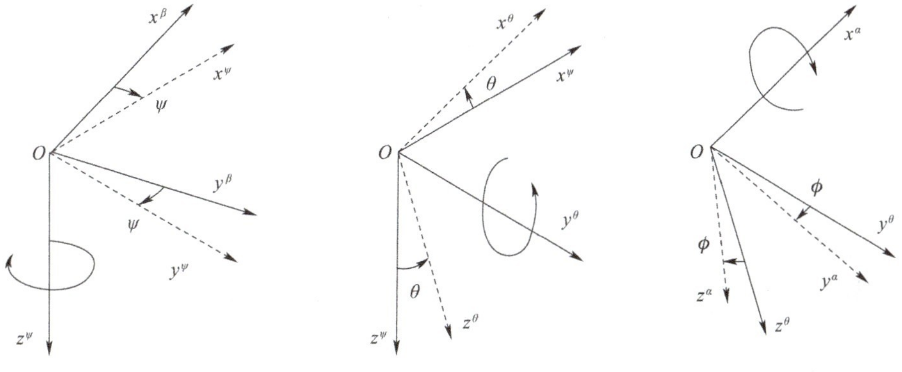

a)偏航角 b)俯仰角 c)滚动角

图 2-7 欧拉角

俯仰角和滚动角同理，都可以表示为一个 3×3 的矩阵。注意到，三个步骤的顺序不同时，产生的坐标变换也不同，因此必须严格按照获得欧拉角大小顺序的逆向进行旋转。将三个步骤的等式分别表示成坐标变换矩阵后，再按顺序相乘后得到一个整体的坐标变换矩阵：

$$\boldsymbol{C}_\beta^\alpha = \begin{bmatrix} \cos\theta_{\beta\alpha}\cos\psi_{\beta\alpha} & \cos\theta_{\beta\alpha}\sin\psi_{\beta\alpha} & -\sin\theta_{\beta\alpha} \\ \begin{pmatrix} -\cos\phi_{\beta\alpha}\sin\psi_{\beta\alpha} + \\ \sin\phi_{\beta\alpha}\sin\theta_{\beta\alpha}\cos\psi_{\beta\alpha} \end{pmatrix} & \begin{pmatrix} \cos\phi_{\beta\alpha}\cos\psi_{\beta\alpha} + \\ \sin\phi_{\beta\alpha}\sin\theta_{\beta\alpha}\sin\psi_{\beta\alpha} \end{pmatrix} & \sin\phi_{\beta\alpha}\cos\theta_{\beta\alpha} \\ \begin{pmatrix} \sin\phi_{\beta\alpha}\sin\psi_{\beta\alpha} + \\ \cos\phi_{\beta\alpha}\sin\theta_{\beta\alpha}\cos\psi_{\beta\alpha} \end{pmatrix} & \begin{pmatrix} -\cos\psi_{\beta\alpha}\sin\phi_{\beta\alpha} + \\ \sin\psi_{\beta\alpha}\sin\theta_{\beta\alpha}\cos\phi_{\beta\alpha} \end{pmatrix} & \cos\phi_{\beta\alpha}\cos\theta_{\beta\alpha} \end{bmatrix} \quad (2\text{-}9)$$

由于旋转具有周期性，为了避免表示同一姿态的欧拉角的重复合集，通常将俯仰角限制在 $-90° \leq \theta \leq 90°$。欧拉角的主要问题在于俯仰角在 90°时出现奇点，此时，偏航角和滚动角变得难以区分。因为这个原因，欧拉角很少用于姿态计算，主要使用的是四元数。

2.2.2.3 四元数

旋转可以用四元数表示，四元数是一个有四个分量的超复数：$\boldsymbol{q} = (q_0, q_1, q_2, q_3)$，$q_0$ 只是旋转幅度的函数，其他三个分量都是旋转幅度和旋转轴的函数。也有些方法中将分量从 1 编号到 4，因此，要注意具体编号的解释。

旋转变换矩阵的一个特征值是 1（其他两个是模为 1 的复数），因此，存在一种向量在应用坐标变换矩阵或其转置后保持不变，这种向量的形式是 $k\boldsymbol{e}_{\beta\alpha}^{\alpha/\beta}$，其中，$k$ 是一个任意标量，$\boldsymbol{e}_{\beta\alpha}^{\alpha/\beta}$ 是描述旋转轴的单位向量，可以用来表示此旋转。

$$\boldsymbol{e}_{\beta\alpha}^{\alpha/\beta} = \boldsymbol{C}_\beta^\alpha \boldsymbol{e}_{\beta\alpha}^{\alpha/\beta} \quad (2\text{-}10)$$

该向量通常使用如下计算方式：

$$e_{\beta\alpha}^{\alpha/\beta} = \frac{1}{2\sin\mu_{\beta\alpha}} \begin{pmatrix} C_{\beta2,3}^{\alpha} - C_{\beta3,2}^{\alpha} \\ C_{\beta3,1}^{\alpha} - C_{\beta1,3}^{\alpha} \\ C_{\beta1,2}^{\alpha} - C_{\beta2,1}^{\alpha} \end{pmatrix} \tag{2-11}$$

式中，$C_{\beta i,j}^{\alpha}$ 表示矩阵 C_{β}^{α} 第 i 行第 j 列元素，其中 $\mu_{\beta\alpha}$ 是旋转的角度，可以用如下公式计算：

$$\mu_{\beta\alpha} = \arccos\left[\frac{1}{2}(C_{\beta1,1}^{\alpha} + C_{\beta2,2}^{\alpha} + C_{\beta3,3}^{\alpha} - 1)\right] \tag{2-12}$$

事实上旋转是三个自由度的，旋转四元数也只有三个分量是独立的，它被定义为：

$$q_{\beta}^{\alpha} = \begin{pmatrix} \cos(\mu_{\beta\alpha}/2) \\ e_{\beta\alpha,1}^{\alpha/\beta}\sin(\mu_{\beta\alpha}/2) \\ e_{\beta\alpha,2}^{\alpha/\beta}\sin(\mu_{\beta\alpha}/2) \\ e_{\beta\alpha,3}^{\alpha/\beta}\sin(\mu_{\beta\alpha}/2) \end{pmatrix} \tag{2-13}$$

在只有四个分量的情况下，四元数姿态表示在某些过程中比坐标变换矩阵的计算效率更高。它也避免了欧拉角固有的奇点，因此，尽管它的操作和表示并不直观，大部分导航系统都采用四元数的表示方法进行处理计算。

2.3 惯性器件模型

惯性器件主要包括加速度计和陀螺仪。其中，加速度计测量比力，陀螺仪测量角速度，两者都不需要参考外部信息。而那些用于测量物体相对于环境特征的速度、加速度或角速度的装置不属于惯性传感器。大多数类型的加速度计都是沿单个轴线测量比力。类似的，多数类型的陀螺仪也沿单轴测量角速率。

惯性测量单元是惯性导航系统的主要组成部分，可以产生独立的三维导航解决方案。一个 IMU 由多个加速度计和陀螺仪组成，多数情况下包含三个加速度计和三个陀螺仪，以实现比力和角速度的三维测量。IMU 能够调节惯性传感器的电源，将其输出转换为工程单元，并通过数据总线传输。它还能校准许多原始传感器的误差。

2.3.1 加速度计

加速度计由检测质量（proof mass）、支承、电位器、弹簧、阻尼器和壳体组成。图 2-8 展示了一个简单的加速度计模型。一个受弹簧约束的检测质量可沿加速度计的敏感轴移动，电位器记录质量块相对于壳体的位置，这一模型称为悬架。当一个沿敏感轴的加速力作用于壳体时，质量块最初将继续以先前的速度运动，因此，壳体将相对于该质量块运动，压缩一个弹簧，拉伸另一个弹簧。拉伸和压缩改变了弹簧施加给质量块的力。因此，壳体将相对于质量块移动，直到弹簧施加的不对称力使质量块的加速度与壳体因外力而产生的加速度相匹配，最终物体与壳体的相对位置与作用在加速度计上的加速度力成正比。通过一个传感器测量这个位移，得到了加速度的测量值。此外，质量块还需要支撑在垂直于敏感轴的轴上，并且要有足够的阻尼来限制其振荡，图 2-8 中对此进行了省略。

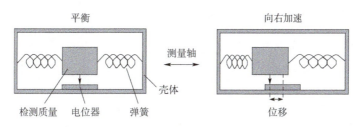

图 2-8 简单加速度计模型

需要说明的一点是加速度计测量的是比力,即非重力加速度,而不是总加速度。由于重力直接作用在物块上,而不是通过弹簧,对加速度计的所有分量施加相同的加速度,所以,重力下物块相对于壳体没有相对运动。加速度计测量的目标坐标系是加速度计的壳体,而参考坐标系是惯性空间,测量沿着加速度计的敏感轴进行分解。因此,包含三个加速度计的 IMU 测量的是 IMU 相对于惯性空间在体轴上的比力。

目前,所有加速度计的设计都是基于上述基本原理。在捷联式导航系统中使用的实际加速度计采用摆锤式或者振动梁式设计。摆锤式设计已经存在了几十年,而振动梁式加速度计则起源于 20 世纪 80 年代。这两种类型的加速度计都可以使用传统的机械结构或 MEMS 技术来制造。任何一种设计的 MEMS 加速度计都可以将敏感轴置于设备的平面内或垂直于该平面,这样就可以将三轴加速度计组和相关电子元件蚀刻在单个硅片上。

此外,还有其他几种类型的新型加速度计。由于原子的物质波长远远小于光波长,利用冷原子干涉技术的加速度计可以获得远高于传统激光技术的测量精度。量子加速度计始于 21 世纪初,成为未来超高精度加速度计的代表。基于热对流的 MEMS 加速度计是一种相对较新的加速度传感器,不需要坚固的质量块,具有独特的优点,例如高抗冲击能力、低生产成本以及与 CMOS 集成电路技术的良好集成性。作为光学技术和 MEMS 技术的结合,MOEMS 成了新型加速度计研究热点之一。

加速度计的工作范围通常用重力加速度来表示,缩写为 g,其中 $1g = 9.80665\mathrm{m/s^2}$。需要注意的是,重力引起的实际加速度会随位置而变化。人类在正常行走过程中,身体的某些部位通常会经历非常短暂的加速度,最高可达 $10g$ 左右。因此,对于导航来说,加速度计的工作范围必须至少为 $10g$。高振动应用和一些制导武器和无人机需要更大的射程。机械加速度计的测量范围通常为 $100g$。然而,许多 MEMS 加速度计的测量范围要小得多,用于倾斜仪的量程只有 $2g$。MEMS 加速度计具有多种工作范围,其量程通常与误差成正比。

2.3.1.1 摆式加速度计

图 2-9 所示为机械开环摆式加速度计。检测质量通过摆臂和铰链附着在表壳上,形成一个钟摆,使其能够自由地沿着敏感轴移动,同时在其他两个轴上进行支撑。一对弹簧或一个弹簧被用来沿敏感轴将力从表壳传递给钟摆,而铰链提供阻尼。进一步的阻尼可以通过在外壳中填充油来获得。

虽然开环设计能够生产出一种实用的加速度计,但其性能受到三个因素的严重限制。第一,电位器的分辨率,电位器通常由可变电阻实现,精度相对较差;第二,弹簧施加的力只是其压缩或拉伸的近似线性函数,表现出滞后和非线性;第三,敏感轴垂直于摆臂,当钟摆运动时,敏感轴相对于壳体运动,这导致了沿敏感轴的响应非线性和对正交比力的敏感性。

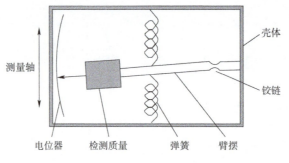

图 2-9 摆式加速度计

为了解决这些问题,精密加速度计使用了一个闭环或力反馈装置。在力反馈加速度计中,力矩器用于保持摆臂相对于壳体的恒定位置,而不考虑加速度计所受的特定力。电位器检测到摆臂偏离平衡位置后,会调整力矩器将钟摆恢复到原位置。此时力矩器施加比力,而非电位器检测到的位置偏移与所施加的比力成正比。机械力反馈加速度计如图 2-10 所示。该力矩器包括安装在钟摆上的电磁铁和安装在壳体两侧的一对极性相反的永磁体。图中显示了一个电容式传感器,由四个电容板组成,安装在壳体和钟摆之间,形成两个电容。随着钟摆的移动,一个电容增大,另一个电容减小,实现与电位器相似的测量。此外,也可以使用感应式或光学传感器。

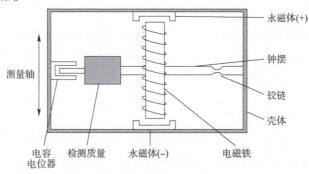

图 2-10 机械力反馈加速度计

闭环配置确保敏感轴与加速度计外壳保持一致,而扭矩提供了比开环加速度计的弹簧和电位器更大的动态范围和线性度。然而,这种方式也有缺点,当加速度计没有动力时,钟摆是不受限制的,在运输过程中有损坏的风险,特别是当箱子是充气而不是充油的时候。铰链、摆臂、检测质量、扭矩、拾取系统和控制电子器件的设计都影响性能。通过改变组件的质量,能够提供不同等级性能和不同价格的加速度计。开环和闭环的摆式 MEMS 加速度计都是可用的,后者使用静电扭矩器而不是磁性扭矩器。电位器可以是电容式的,也可以是安装在铰链上的电阻式元件,其电阻随着被拉伸和压缩而变化。

2.3.1.2 振梁加速度计

振梁加速度计(Vibrating-beam Accelerometer,VBA)或共振加速度计保留了摆式加速度计中的检测质量和摆臂。然而,检测质量是由一根振动梁沿着敏感轴支撑的,这在很大程度上限制了其相对于壳体的运动而相对固定,可以避免摆的频率和加速度之间高度的非线性和单向性。当沿着敏感轴向加速度计壳体施加一个力时,梁就会推或拉动检测质量,导致梁在壳体中被压缩或被拉伸。电子加速度计驱动光束以其共振频率振动。压缩光束会降低谐振频率,而拉紧光束则会增加频率。因此,通过测量谐振频率,可以确定沿敏感轴的比力。

VBA 中使用一对振动梁,使其中一个被压缩而另一个被拉伸,可以提高性能。它们可以支撑单个检测质量,也可以支撑两个分离的检测质量,如图 2-11 所示。单梁加速度计为产生高品质因数的谐振并避免工作频率范围外的干扰,对单梁谐振器必须设计复杂的末端隔离系统,而双梁加速设计的结构使用两个谐振频率相同、运动方向相反的对偶梁来抵消回转加速度。

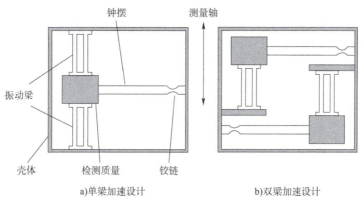

图 2-11　振梁加速度计

振梁式加速度计可使用金属、陶瓷、石英、硅等材料。石英晶体具有较低的内部损耗和优良的机械晶体稳定性,刚性好,硬度大,还存在零温度系数的切型,是振梁式加速度计的首选材料。大规模的 VBA 都使用石英元素,因为它们提供了一个尖锐的共振峰。MEMS 振梁加速度计通常由石英和硅两种材料制成。

2.3.2　陀螺仪

陀螺仪(gyroscopes)通常简写为 gyros。陀螺仪测量的目标坐标系是陀螺仪壳体,而参考坐标系是惯性空间,测量沿着陀螺的敏感轴进行分解。因此,包含三个陀螺仪组合的 IMU 测量的是 IMU 本身相对于体轴惯性空间的角速率。陀螺仪的工作范围会随应用场景的变化而变化,不同的技术能够提供不同的性能和成本需求。

早期的陀螺仪主要为机电陀螺仪,由最初的轴承陀螺仪、液浮和气浮陀螺仪发展至挠性陀螺仪、静电陀螺仪,陀螺仪的精度不断提升。随着光学微电子技术在陀螺仪领域的应用,目前在捷联式导航系统中使用的陀螺仪主要可分为光学陀螺仪和振动陀螺仪。光学陀螺仪主要有两种类型:环形激光陀螺仪(Ring Laser Gyro,RLG),是起源于 20 世纪 60 年代的一种高性能解决方案;干涉型光纤陀螺(Interferometric Fiber-Optic Gyro,IFOG),是在 20 世纪 70 年代发展起来的一种低成本解决方案,不同种类的 IFOG 的性能范围涵盖战术级、中级和航空级等。目前还发展出一种谐振式光纤陀螺(Resonant Fiber-Optic Gyro,RFOG)和一种微型光纤陀螺(Micro-Optic Gyro,MOG)。实用的振动陀螺仪是在 20 世纪 80 年代发展起来的。

另一种角速率传感技术是自旋质量陀螺仪(Spinning-mass Gyros),其利用角动量守恒来感知旋转,电动机使物体绕一个轴旋转。如果一个力矩被施加在一个垂直的轴上,物体就会绕着这个轴旋转,物体旋转方向和所施加的力矩与该轴垂直。自旋质量陀螺仪在很大程度上已被光学和振动陀螺仪所取代。冷原子干涉术提供了比当前陀螺仪技术更高精度的潜力。此外，还有许多其他陀螺仪技术，包括核磁共振（Nuclear Magnetic Resonance，NMR）技术、流体传感器和角加速度计技术，未来陀螺仪技术将向更高精度、更可靠、体积更小的方向发展。

2.3.2.1 光学陀螺仪

（1）光学陀螺仪的工作原理。

在给定的介质中，光在惯性坐标系中以恒定的速度传播。如果光沿着由镜子或光纤制成的非旋转闭环波导在两个方向发送，那么两束光的路径长度是相同的。然而，如果将波导旋转到一个垂直于其平面的轴上，那么，从惯性坐标系的角度来看，在同一方向上的光的反射面会移动得更远，而在相反方向上的光的反射面会更近。因此，沿光路的同一方向旋转波导会增加光路长度，而沿相反方向旋转波导则会减小光路长度。这被称为萨尼亚克效应，如图 2-12 所示。通过测量光程长度的变化，可以确定波导相对于惯性空间的角速率。需要注意的是，从旋转框架的角度来看，光的路径长度保持不变，但光的速度发生了变化。光学陀螺通常可以测量超过 ±20rad/s 的角速率。

a）没有旋转
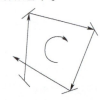
b）同方向旋转——光路长度增加

c）反方向旋转——光路长度减小

图 2-12 萨尼亚克效应

（2）光学陀螺仪类型。

光学陀螺仪可分为环形激光陀螺仪和干涉型光纤陀螺仪两种。

环形激光陀螺仪如图 2-13 所示。环形激光具有至少三个臂的闭环管，充满氦氖气体混合物，称为激光腔。一个高反射率的镜子放置在每个角落。最后，用阴极和阳极在气体上施加高电位差，产生电场。气体原子可以从电场中吸收能量，从而使原子处于激发态。激发态是不稳定的，所以原子最终会以光子的形式释放出多余的能量，从而回到它的正常状态，也就是基态。基态和激发态在势能上会有一些变化，使得发射光子的波长分布在共振曲线上。同一波长的光子在激光腔内相互干扰。当在激光腔的长度内有整数个波长时，实现共振模式。然后激光器将采用一种激光模式，光子采用最接近原子共振峰的共振腔模式的波长。

环形激光器有两种激光模式，每个方向都有一种。如果激光腔不旋转，两种模式具有相同的波长。然而，当激光腔绕垂直于其平面的轴旋转时，腔长在旋转方向上随激光模的增大而增大，在相反方向上随激光模的减小而减小。研究表明，激光模在旋转方向上波长增加，频率降低，而在其他方向上波长增加，频率降低。在环形激光陀螺中，其中一个腔镜是部分发射的，使来自两种激光模式的光子聚焦在探测器上进行相互干扰。这两种模式的拍频可用如下方法计算：

$$\Delta f = \frac{4A\omega_\perp}{\lambda_0} \tag{2-14}$$

式中：A——在不旋转的情况下 RLG 光路所包围的面积；

$\omega_\perp$——围绕垂直于激光腔平面的轴的角速率；

λ_0——不旋转激光器的波长。

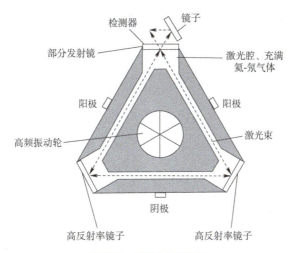

图 2-13　环形激光陀螺仪

由于激光腔内的散射,顺时针和逆时针方向的激光模式之间存在耦合。在低角速率下,这阻止了两种激光模式的波长发散,这个过程被称为锁定。因此,一个基本的环形激光陀螺仪无法检测低角速率。为了解决这一问题,大多数 RLG 采用抖动过程,即激光腔受到低振幅、高频角振动或利用克尔效应来改变部分腔内的折射率。

干涉型光纤陀螺仪如图 2-14 所示,通常简称为光纤陀螺仪(Fiber-Optic Gyro,FOG)。FOG 使用分光镜将宽带光源分成两个相等的部分,然后通过光纤线圈以相反的方向发送。分光镜将两束光束在检测器上组合,在那里可以观察到它们之间的干涉。使用两个分光镜使两种光路包括相同数量的传输和反射。当光纤线圈绕垂直于其平面的轴旋转时,会在两个光路间引入一个相位差 ϕ_c,由式(2-15)计算得到。

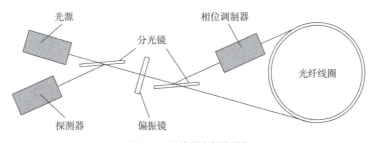

图 2-14　干涉型光纤陀螺仪

$$\phi_c \approx \frac{8\pi NA\omega_\perp}{\lambda_0 c_c} \tag{2-15}$$

式中:N——线圈的匝数;

　　　A——线圈包围的面积;

　　　$\omega_\perp$——和之前一样的角速率;

　　　λ_0——光源的波长,不发生变化;

　　　c_c——光在线圈内的速度。

相位调制器放置在线圈上,用于一条光路的入口和另一条光路的出口。这引入了一个时变的相移,这样,同时通过两条路径到达探测器的光就会发生不同的相移。两条路径的相

移差 $\phi_p(t)$ 也是时变的。通过将探测器的占空比与相位调制器的占空比同步，可以在某一特定 ϕ_p 下采样。探测器接收到的信号强度为：

$$I_d = I_0\{1 + \cos[\phi_c(\omega_\perp) + \phi_p(t)]\} \tag{2-16}$$

其中 I_0 是常数。信号强度函数与旋转引入的相移的比例因子为：

$$\frac{\partial I_d}{\partial \phi_c} = -I_0 \sin[\phi_c(\omega_\perp) + \phi_p(t)] \tag{2-17}$$

这是高度非线性的，没有相位调制器时为小的角速率提供零比例因子。通过在采样时间选择 ϕ_p，使比例因子最大化，优化了光纤陀螺仪的灵敏度。通过在采样时间内不断改变 ϕ_p，可以使比例因子保持在最大值，这样的闭环过程可以获得最佳性能。陀螺仪灵敏度可以通过最大化线圈直径和匝数来优化。因此，IFOG 会比 RLG 和旋转质量陀螺仪更可靠。

2.3.2.2 振动陀螺仪

振动陀螺仪包括被驱动作简谐运动的元件。振动元件可以是弦、梁、对梁、音叉、环、圆柱体或半球。它们的工作原理是相同的，即检测陀螺仪旋转时振动元件的科氏加速度，最简单的例子就是振动的弦。考虑弦上的一个单元 a，它以角频率 ω_v 围绕陀螺仪体坐标系 b 的中心振荡。如果假定为纯简谐运动，则 a 上的恢复力与它从 b 处得到的位移成正比，且方向相反。因此，a 相对于惯性坐标系原点和轴的加速度可以描述为：

$$\boldsymbol{a}_{ia}^b = -\boldsymbol{\omega}_v^2 \boldsymbol{r}_b^b \tag{2-18}$$

在实际中，恢复力将取决于位移的方向，同时 a 也会受到重力的作用，重力会被平衡时的恢复力抵消。此外，振动将在那些没有驱动的方向上被阻碍，在运动受到约束的方向上被严重阻碍。因此，a 的加速度变成：

$$\boldsymbol{a}_{ia}^b = -\boldsymbol{K}\boldsymbol{r}_{ba}^b - \boldsymbol{L}\boldsymbol{v}_{ba}^b + \boldsymbol{\gamma}_{ia}^b \tag{2-19}$$

其中，$\boldsymbol{K}$ 和 $\boldsymbol{L}$ 是分别描述恢复力和阻尼力系数的对称矩阵，$\boldsymbol{\gamma}_{ia}^b$ 是单元 a 受到的重力引起的加速度。

陀螺仪可以相对于惯性空间旋转，则弦元相对于陀螺体的运动方程为：

$$\boldsymbol{a}_{ba}^b = -\boldsymbol{\Omega}_{ib}^b \boldsymbol{\Omega}_{ib}^b \boldsymbol{r}_{ba}^b - 2\boldsymbol{\Omega}_{ib}^b \boldsymbol{v}_{ba}^b - \dot{\boldsymbol{\Omega}}_{ib}^b \boldsymbol{r}_{ba}^b - \boldsymbol{K}\boldsymbol{r}_{ba}^b - \boldsymbol{L}\boldsymbol{v}_{ba}^b - \boldsymbol{f}_{ib}^b \tag{2-20}$$

式（2-20）中第一项是离心加速度，第二项是科里奥利加速度，第三项是欧拉加速度。$\boldsymbol{\Omega}_{ib}^b$ 是弦元相对于陀螺仪体坐标系的角速度 $\boldsymbol{\omega}_v$ 的反对称矩阵，$\boldsymbol{f}_{ib}^b$ 是弦元受到的比力。注意，因为 a 和 b 的重力加速度是相同的，弦的运动是对陀螺体受到的比力敏感。如果振动频率设置得足够高，式（2-20）可近似为：

$$\boldsymbol{a}_{ba}^b = -2\boldsymbol{\Omega}_{ib}^b \boldsymbol{v}_{ba}^b - \boldsymbol{K}\boldsymbol{r}_{ba}^b - \boldsymbol{L}\boldsymbol{v}_{ba}^b \tag{2-21}$$

科氏加速度引起的简谐运动沿着垂直于振动轴和垂直于角速率矢量在振动平面上投影的方向进行。这种运动的振幅与角速率成正比，绕振动轴旋转不产生科氏加速度。在实践中，振动元件的运动被约束在一个垂直于振动轴的方向，所以，只有围绕这个输入轴的旋转才会导致输出轴的显著振荡，而输出轴与输入轴都与驱动轴相互垂直，图 2-15 说明了这一点。

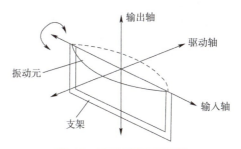

图 2-15　振动陀螺仪的坐标轴

如何检测输出振动取决于陀螺仪结构。对于弦式和单梁陀螺仪,必须检测元件本身的振动。在双梁和音叉陀螺仪中,这两个元件是反相驱动的,所以,它们的科里奥利振动也是反相的。这就引起了阀杆的摆动扭转,这种扭转可以直接检测到,也可以通过一对传感器头来检测。环形、圆柱形和半球形谐振器有四个位于直角位置的驱动单元和四个位于中间点的探测器。当陀螺不旋转时,探测器处于振动模态的节点上,因此没有信号被检测到。当施加角速度时,振动元件围绕输入轴旋转。

大多数振动陀螺仪都是低成本、低性能的设备,通常使用 MEMS 技术制作,石英具有比硅更好的性能。例外是半球谐振陀螺(Hemispherical Resonator Gyro,HRG),它重量轻、体积小,可以在真空中工作,因此,较多应用于太空设备中,可以提供航空级的性能。

2.3.3　惯性测量单元

图 2-16 所示为一个典型的惯性测量单元的主要组成部分:加速度计和陀螺仪,IMU 处理器,校准参数存储,温度传感器和相关的电源。没有其他元件的加速度计和陀螺仪有时被称为惯性传感器组件(Inertial Sensor Assembly,ISA)。大多数 IMU 有三个加速度计和三个单自由度陀螺仪,安装在正交敏感轴上。此外,一些 IMU 在倾斜配置中加入额外的惯性传感器,以防止单个传感器故障。附加的传感器也可用于辅助偏置校准。少于六个传感器的 IMU 称为部分 IMU,有时用于陆地导航。

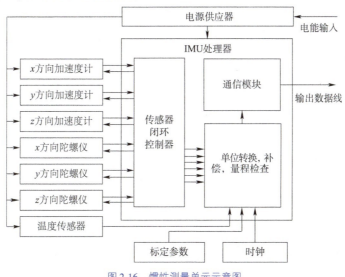

图 2-16　惯性测量单元示意图

IMU 处理器对惯性传感器输出进行单元转换,对已知的惯性传感器误差进行补偿,并进行距离检查以检测传感器故障。它还可以为加速度计和陀螺仪加入闭环力反馈或再平衡控制。单位转换将惯性传感器输出的电位差、电流或脉冲转换为特定力和角速率的单位。许多 IMU 对比力和角速率在采样间隔上 τ_i 进行积分:

$$v_{ib}^b(t) = \int_{t-\tau_i}^{t} f_{ib}^b(t')dt' \quad (2-22)$$

$$\alpha_{ib}^b(t) = \int_{t-\tau_i}^{t} \omega_{ib}^b(t')dt' \quad (2-23)$$

IMU 以整数的形式输出特定的力和角速率,或它们的积分,可以使用 IMU 文档中的缩放因子转换为 SI 单位。输出速率通常在 100~1000Hz 之间变化。一些 IMU 对传感器进行采样的速率高于其输出数据的速率,此时,可以简单对采样在输出间隔内求和。

惯性传感器具有恒定的误差,可以在实验室中校准并存储在内存中,使 IMU 处理器能够校正传感器输出。校准参数通常包括加速度计和陀螺偏差、比例因子和交叉耦合误差以及陀螺 g 相关的偏差,在下一节中将对此进行详细介绍。这些误差随温度的变化而变化,因此,校准是在一定温度范围下进行的,IMU 配备了一个温度传感器,但各传感器内部温度与 IMU 的环境温度并不一定匹配,因此,一些高性能 IMU 采用温控设备,通过将同一套校准系数应用于整批生产的传感器,校准成本可降至最低。然而,最好的性能是通过单独校准每个传感器或 IMU 获得的,这个过程被称为实验室校准。

IMU 处理器可以补偿加速度计误差的另一个来源是尺寸效应。为了计算空间中单个点的导航解决方案,IMU 的角速度和特定力的测量也必须适用于单个参考点。然而,在实践中,惯性传感器的尺寸要求它们被放置在几厘米的距离之内,MEMS 传感器通常更小。

图 2-17 所示为加速度计的安装示意图。

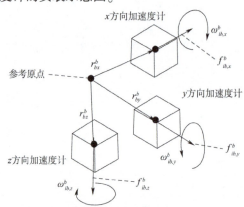

图 2-17 加速度计安装示意图

对于陀螺仪来说,这并不是一个问题。然而,加速度计绕参考点旋转时,会受到在参考点没有观察到的离心力,而角加速度则会让它受到欧拉力。因此,加速度计相对于参考点的伪加速度为:

$$\begin{pmatrix} \alpha_{bx}^{bP} \\ \alpha_{by}^{bP} \\ \alpha_{bz}^{bP} \end{pmatrix} = -(\boldsymbol{\Omega}_{ib}^b \boldsymbol{\Omega}_{ib}^b + \dot{\boldsymbol{\Omega}}_{ib}^b)(r_{bx}^b r_{by}^b r_{bz}^b) \quad (2-24)$$

其中 $r_{bx}^b, r_{by}^b, r_{bz}^b$ 分别是加速度计在 x 轴、y 轴和 z 轴相对于 IMU 参考点的位移,是已知且恒定的。注意,摆式加速度计测量的加速度在检测质量处,而不是铰链处。因此,比力在参考点处的测量误差为:

$$\partial f_{ib,size}^b = \begin{pmatrix} a_{ix,x}^b - a_{ib,x}^b \\ a_{iy,y}^b - a_{ib,y}^b \\ a_{iz,z}^b - a_{ib,z}^b \end{pmatrix} = -\begin{pmatrix} a_{bx,x}^{bP} \\ a_{by,y}^{bP} \\ a_{bz,z}^{bP} \end{pmatrix} \quad (2\text{-}25)$$

当参考点定义为三个加速度计敏感轴的交点时,尺寸效应的测量误差可简化为:

$$\partial f_{ib,size}^b = \begin{pmatrix} a_{ix,x}^b - a_{ib,x}^b \\ a_{iy,y}^b - a_{ib,y}^b \\ a_{iz,z}^b - a_{ib,z}^b \end{pmatrix} = -\begin{bmatrix} (\omega_{ib,y}^{b\;2} + \omega_{ib,z}^{b\;2}) x_{bx}^b \\ (\omega_{ib,z}^{b\;2} + \omega_{ib,x}^{b\;2}) y_{by}^b \\ (\omega_{ib,x}^{b\;2} + \omega_{ib,y}^{b\;2}) z_{bz}^b \end{bmatrix} \quad (2\text{-}26)$$

IMU 的处理器所应用的尺寸效应校正即为 $-\partial f_{ib,size}^b$,并非所有 IMU 都对比例误差进行校正。

由于惯性传感器对振动很敏感,如来自推进系统的振动。振动可以通过机械方式或声波方式传播,振动从环境传递到传感器的程度取决于传感器的包装、IMU 内的安装以及 IMU 本身的安装。这将随着振动的频率和方向而变化。因此,许多 IMU 安装了隔振器,也可以保护组件免受冲击。这些隔离器的设计必须限制其振动频率接近传感器的机械共振频率或 IMU 的计算更新速率。

2.3.4 误差特性

所有类型的加速度计和陀螺仪都存在一定程度的误差。惯性器件的误差主要可分为偏差、标度因子和交叉耦合误差以及随机噪声。根据传感器类型的不同,还可能出现高阶误差和角比力交叉灵敏度。

惯性测量系统的误差可分为四个组成部分:器件本身带来的固定误差、温度变化带来的误差、两次运行间的变化带来的误差(运行间误差)和运行中变化带来的误差(运行中误差)。

(1)固定误差是每次使用惯性传感器时都相同的,可以由 IMU 处理器使用实验室校准数据进行校正。

(2)温度误差也可以用实验室校准数据对温度相关的组件进行校正。如果不纠正该误差,当传感器准备达到正常工作温度时,会在最初几分钟的运行中出现系统误差。

(3)运行间误差是各个误差源在两次运行的间隔中产生的,但在一次运行过程中保持不变。它不能通过 IMU 处理器进行校正,但可以通过 INS 对齐方法或集成算法在每次 IMU 使用时进行校准。

(4)运行中误差在每次运行过程中会缓慢变化,这个误差由 IMU 本身在校准过程中很难纠正,理论上可以通过与其他导航传感器的集成进行校正,但在实践中影响不大。

2.3.4.1 偏差

偏差是加速度计和陀螺仪所显示的恒定误差。它与比力和角速度大小无关。在大多数情况下,偏差是惯性仪器总体误差的主要项,也被称为重力加速度无关偏差。在传感器校准和补偿后，IMU 的加速度计和陀螺偏差矢量用 $\boldsymbol{b}_a = (b_{ax}, b_{ay}, b_{az})$ 和 $\boldsymbol{b}_g = (b_{gx}, b_{gy}, b_{gz})$ 表示。当加速度计和陀螺仪都组成正交三元组时，b_{ax} 为 x 轴加速度计的偏差，b_{gx} 为 x 轴陀螺仪的偏差，以此类推。对于倾斜的传感器配置，IMU 偏差仍然可以表示为三分量矢量，但这些分量并不对应于单个仪器。

有时为方便起见，将偏差分为静态偏差 $\boldsymbol{b}_{as}$ 和 $\boldsymbol{b}_{gs}$ 以及动态偏差 $\boldsymbol{b}_{ad}$ 和 $\boldsymbol{b}_{gd}$ 部分：

$$\boldsymbol{b}_a = \boldsymbol{b}_{as} + \boldsymbol{b}_{ad} \tag{2-27}$$

$$\boldsymbol{b}_g = \boldsymbol{b}_{gs} + \boldsymbol{b}_{gd} \tag{2-28}$$

静态偏差，也称为固定偏差、开启偏差，体现了偏差的重复性，包括每个仪器运行间变化产生的误差加上传感器校准后剩余的固定偏置。它在整个 IMU 运行期间是恒定的，但在两次运行间会不同。

动态偏差，也被称为运行中的偏差，体现了偏差的不稳定性，它包含传感器校准后剩余的与温度相关的剩余偏差。动态偏差通常是静态偏差的 10% 左右。

同一批次制造的 MEMS 传感器具有相似的偏置特性。因此，通过使用两个传感器，它们的敏感轴安装在相反的方向上，并改变它们的输出，可以抵消大部分的偏置，将其影响降低一个量级。

2.3.4.2 标度因子和交叉耦合误差

标度因子误差是指 IMU 进行单位转换后，仪器的输入输出梯度在单位的误差。加速度计输出的标度因子误差与敏感轴上的实际比力成正比，而陀螺输出的标度因子系数误差与敏感轴上的实际角速率成正比。IMU 的加速度计和陀螺标度因子误差分别用矢量 $\boldsymbol{s}_a = (s_{a,x}, s_{a,y}, s_{a,z})$ 和 $\boldsymbol{s}_g = (s_{g,x}, s_{g,y}, s_{g,z})$ 表示。

所有类型 IMU 的交叉耦合误差都是由于制造限制导致的惯性传感器的敏感轴相对于体坐标系的不对齐引起的，如图 2-18 所示。这使得每个加速度计对沿其敏感轴正交的轴上的特定力敏感，每个陀螺仪对其敏感轴正交轴上的角速率敏感。轴向偏差也会产生额外的尺度因子误差，但这些误差通常比交叉耦合误差小 2 到 4 个数量级。在振动传感器中，交叉耦合误差也可能由于单个传感器之间的串扰而产生。在消费级 MEMS 传感器中，传感器本身的交叉耦合误差，有时被称为交叉轴灵敏度，可能超过安装错位造成的误差。

在振动环境中，运动将与传感器标度因子和交叉耦合误差相互作用，产生振荡的传感器误差。随着时间的推移，这些平均值将为零。然而，比例因子和交叉耦合误差的任何不对称或非线性都会导致振动感应传感器误差的一个分量不能随着时间的推移而抵消。这被称为振动矫正误差（Vibration Rectification Error，VRE），它的行为类似于随振动振幅变化的偏差。传感器内部的非对称阻尼也会导致 VRE。

2.3.4.3 随机噪声

所有惯性传感器都会受到多个来源的随机噪声的影响。电子噪声限制了惯性传感器的分辨率，尤其是信号非常微弱的 MEMS 传感器。摆式加速度计由于机械不稳定性而产生噪声，而 RLG 的残余锁定效应在抖动后表现为噪声。VBA 和振动陀螺仪存在高频共振。此外，RLG 抖动电机和旋转质量陀螺仪的振动也会引起加速度计噪声。对于加速度计和陀螺仪，每个 IMU 采样值上的随机噪声分别用矢量 $\boldsymbol{w}_a = (w_{a,x}, w_{a,y}, w_{a,z})$ 和 $\boldsymbol{w}_g = (w_{g,x}, w_{g,y}, w_{g,z})$ 表示。

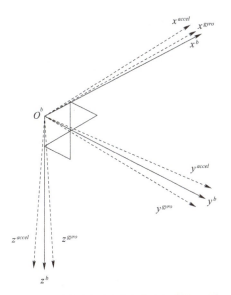

图 2-18　加速度计和陀螺仪与体坐标系的不对齐

加速度计和陀螺仪噪声在频率低于 1Hz 时的频谱近似为空白，因此，平均比力和角速率噪声的标准差与平均时间的平方根成反比。因此惯性传感器噪声通常用功率谱密度的平方根表示。白噪声不能校准和补偿，因为其前后时间的噪声之间没有相关性。

MEMS 传感器也可以表现出显著的高频噪声。在 IMU 的车身坐标系中，这种噪声在采样时间间隔上取平均可以一定程度上相互抵消，所以，通过惯性导航方程传递传感器输出将消除这种噪声的大部分影响，惯性导航方程将在 2.4 节中讨论。然而，如果 IMU 是旋转的，那么在用于计算惯性导航解决方案的坐标系内，噪声将不会平均到相同的程度，因此，会对高动态运动体的导航产生影响。

将低通滤波直接应用于传感器或 IMU 输出，无论动态情况如何，都能降低高频噪声。采用小波滤波技术或人工神经网络可以获得比传统低通滤波更好的性能。然而，所有这些技术都引入了时间滞后并降低了传感器的有效带宽。解决后一个问题的一种方法是根据动态的程度实时改变滤波器的通带。

加速度计和陀螺仪的随机噪声有时被描述为随机游走。在测量比力时的随机噪声会导致在惯性速度解上产生随机游走误差。类似地，角速率测量上的随机噪声会产生姿态随机游走误差。随机游走过程的标准差与积分时间的平方根成正比。通过综合比力和姿态增量输出的随机噪声求和，得到相同的随机游走误差。

2.3.5　误差校准方法

不同的应用领域中，由于具体的使用环境和载体不同，对惯性器件及系统性能的指标要求差别很大。通过对各个误差源进行建模可以获得校准参数，再通过误差补偿措施可以有效提高惯性导航系统使用精度。

校准方法可以分为器件校准和系统校准。器件校准一般在工厂进行，主要完成标度因子、偏差、偏差稳定性、阈值、启动时间以及高低温环境性能、振动和磁场环境性能等测试。惯性器件的精度最终反映在系统的精度性能上，系统的精度不仅取决于器件精度，也与系统的组成形式和结构参数有关,如安装误差。因此,通过对惯性系统的校准,可以直接得到惯性系统在实际应用中的性能参数和系统的结构参数。

根据观察量的不同,系统校准可以分为分立校准法和系统级校准法。分立校准法直接利用陀螺仪和加速度计的输出作为观测量,一般采用最小二乘法进行数据处理。系统级校准则利用陀螺仪和加速度计的输出进行导航解算,以导航误差作为观测量来校准系统的误差参数。

2.3.5.1 分立校准法

分立校准法是目前发展较为成熟的校准方法。该方法通过合理的路径编排对惯性系统的各误差参数进行激励,其基本思想是在不同激励信号作用下,各误差源对观测量的影响不同,通过激励信号的变化以改变各个误差参数的可观测性,使惯性系统的误差参数得到分离,一般包括静态多位置校准试验和角速率校准两种。

(1)静态多位置校准方法的基本原理是利用转台提供的方位基准和水平基准,将地球自转角速度和重力加速度作为输入惯性系统的标称量,与系统中陀螺仪和加速度计的输出进行比较,根据陀螺仪和加速度计的误差模型,建立惯性系统的误差模型,然后将精密转台按校准路径转动到多个不同位置,当位置数与误差模型中的未知数即误差系数的个数相等时,即可通过联立的方程组求解出各项误差系数。

(2)角速率校准是利用转台给惯性系统输入一系列标称的角速度,并与惯性系统的输出进行比较,根据惯性系统的误差模型,即可确定出系统的标度因子和安装误差两类误差系数。

以上校准方法对转台的精度要求较高,校准精度依赖于转台精度和惯性系统在转台上的安装精度。

2.3.5.2 系统级校准方法

系统级校准法是20世纪80年代发展起来的,是减小校准对转台依赖性的一种有效方法。该方法利用低精度转台就可以达到较高的校准精度,代表着校准技术的未来发展方向。惯性导航系统工作于导航状态时,系统输出中包含加速度计与陀螺仪的各项误差,因此,以系统输出为观测量可以估计出系统的各项误差参数。系统级校准采用陀螺仪和加速度计的输出进行导航解算,以导航误差(位置误差、速度误差和姿态误差)作为校准参数来校准系统的误差模型参数。系统级校准的关键是建立较为完善的导航输出误差与惯性器件误差系数之间的关系,并充分考虑惯性器件误差系数的可辨识性,合理设计实验编排,有效激励误差相关项,进而辨识出惯性器件的各项误差系数。

目前,系统级校准方法主要有两种:一种是拟合方法,该方法建立特定运动激励下导航位置、速度、比力等误差与惯性导航系统各误差参数之间的关系,观测导航误差,并采用最小二乘法等方法来拟合估计系统误差参数,系统级校准拟合方法的关键在于旋转编排的设计;另一种是滤波方法,将惯性导航系统各误差参数作为滤波器状态,通过观测导航误差,设计卡尔曼滤波器来估计各误差参数。这两种校准方法在2.5节中进行更详细的介绍。

2.4 惯性导航原理

惯性导航系统主要包括惯性测量单元(IMU)和导航处理器两大部分,如图2-19所示。IMU可以获得物体运动加速度和角速度,而导航处理器对这些信息进行处理,通过在采样时间间隔上的积分获得物体运动的位置和姿态,实现导航与定位功能。惯性导航系统按照结构及工作方式的不同可分为平台式惯性测量装置和捷联式惯性测量装置两种,平台式惯性导航系统采用物理平台模拟导航坐标系,捷联式惯性导航系统采用数学算法确定一个虚拟的导航坐标系。

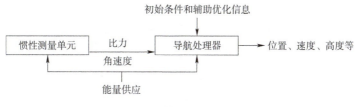

图 2-19　惯性导航系统示意图

2.4.1　惯性导航系统结构分类

惯性导航系统在具体实现时可分为平台式和捷联式。

2.4.1.1　平台式惯性导航系统

平台式惯性导航系统有实体的物理平台,陀螺仪和加速度计置于由陀螺定的平台上,如图 2-20 所示。该平台跟踪导航坐标系,以实现速度和位置解算,姿态数据直接取自于平台的环架。由于该平台需要保持稳定,通常与车辆的旋转运动机械隔离。这种要求可以通过利用机械惯性传感器,特别是陀螺仪来实现。典型的机械陀螺仪在其内部结构和机构中包括一个旋转的转子装置,该装置围绕给定的旋转轴具有高惯性矩,该旋转轴以机械方式旋转,并假定其保持较高的转速。根据动量守恒定律,这些条件导致转子在空间中保持空间刚性。转子的这种空间刚性使其能够在空间中保持稳定的方向。传感器的壳体连接到上述转子装置上,该装置通常由三个自由环组成,通过纯铰接连接,可在三维空间中自由旋转。因此,通过传感器可以检测平台空间相对于刚性转子的旋转速率。

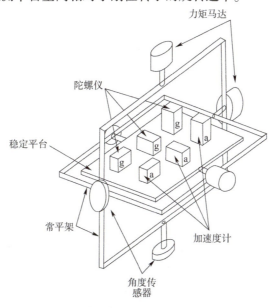

图 2-20　稳定平台式惯导系统

机械陀螺仪帮助提供了一个机械稳定平台，但机械陀螺转子在实际应用中并不完全满足具有稳定的自转轴方向的理论假设。机械自适应系统存在各种误差来源。其中最主要的误差是外力矩对旋转转子产生的进动误差，进动误差会影响转子的空间刚度，导致转子偏离其假定的方向。这种外转矩，可能是由于陀螺仪设计中的质量平衡不当或受到外部冲击造成的。

尽管如此，稳定平台惯性导航系统仍被认为是非常准确的，它的系统框架能隔离运动载体的角振动，仪表工作条件较好，原始测量值采集精确，并且平台能直接建立导航坐标系，计算量小，容易补偿和修正仪表的输出，通常被用于需要非常精确估计导航数据的应用，如船舶和潜艇。但由于平台本身是一个高精度、复杂的机电控制系统，这种方法的缺点是体积大、成本高，具有很高的机械复杂性，故障率高。

2.4.1.2 捷联式惯性导航系统

相比平台式惯性导航系统，捷联式惯性导航系统将惯性器件直接安装在运载体上，没有实体的惯性平台，取而代之的是存储在计算机里的数学平台。它通过陀螺仪计算出一个虚拟的惯性平台，然后把加速度计测量结果旋转到这个虚拟平台上，再解算导航参数。

捷联式惯性导航系统结构简单、体积小、维护方便，但陀螺仪和加速度计工作条件不佳，采集到的元器件原始测量值精度低。同时，捷联惯性导航的加速度计输出的是载体坐标系的加速度分量，需要经计算机转换成导航坐标系的加速度分量，计算量较大，且容易产生导航解算的校正、起始及排列转换的额外误差。总体来说，捷联惯性导航系统的精度较平台惯性导航系统低，但可靠性好、更易实现、成本低，是目前用于车辆的主流惯性导航技术。

2.4.2 一维、二维惯性导航原理

首先考虑一维惯性导航的一个例子。物体 b，被限制在相对于地球固定的参照系 p，沿垂直于重力方向的直线运动。因此，物体的运动只有一个自由度。它的地球参考加速度可以由一个加速度计测量，其敏感轴方向与运动方向相同（忽略科里奥利力）。

如果物体在 t_0 时刻的速度 v_{pb} 已知，则物体在之后 t 时刻的速度可以通过对加速度 a_{pb} 积分得到：

$$v_{pb}(t) = v_{pb}(t_0) + \int_{t_0}^{t} a_{pb}(t') \mathrm{d}t' \tag{2-29}$$

同样的，如果物体在 t_0 时刻的位置 r_{pb} 已知，则它在 t 时刻的位置可以通过对速度 v_{pb} 积分得到：

$$\begin{aligned} r_{pb}(t) &= r_{pb}(t_0) + \int_{t_0}^{t} v_{pb}(t') \mathrm{d}t' \\ &= r_{pb}(t_0) + (t - t_0) v_{pb}(t_0) + \int_{t_0}^{t} \int_{t_0}^{t'} a_{pb}(t'') \mathrm{d}t'' \mathrm{d}t' \end{aligned} \tag{2-30}$$

将示例扩展到两个维度，主体被限制在由 p 坐标系的 x 和 y 轴定义的水平面内移动。它可以在这个平面内朝向任何方向，但被限制保持水平。因此，它有一个角自由度和两个线性自由度。通过类比一维的例子，它的位置和速度沿参考系 p 的坐标轴可以用以下公式更新：

$$\begin{pmatrix} v_{pb,x}(t) \\ v_{pb,y}(t) \end{pmatrix} = \begin{pmatrix} v_{pb,x}(t_0) \\ v_{pb,y}(t_0) \end{pmatrix} + \int_{t_0}^{t} \begin{pmatrix} a_{pb,x}(t') \\ a_{pb,y}(t') \end{pmatrix} dt' \qquad (2\text{-}31)$$

$$\begin{pmatrix} x_{pb,x}(t) \\ x_{pb,y}(t) \end{pmatrix} = \begin{pmatrix} x_{pb,x}(t_0) \\ x_{pb,y}(t_0) \end{pmatrix} + \int_{t_0}^{t} \begin{pmatrix} v_{pb,x}(t') \\ v_{pb,y}(t') \end{pmatrix} dt' \qquad (2\text{-}32)$$

二维情况中,需要两个加速度计来测量沿两个正交轴的加速度。而加速度计的敏感轴将与体坐标 b 对齐。为了确定物体在 p 坐标系中的加速度,需要坐标系 b 相对于坐标系 p 的旋转角,如图 2-21 所示。物体相对于参照系的旋转可以用一个对水平面旋转敏感的陀螺来测量(忽略地球自转)。因此,测量二维空间中的三个运动自由度需要三个惯性传感器。

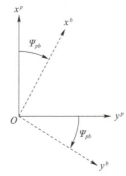

图 2-21 平面上的体坐标系与参考坐标系

加速度计的测量值可以使用 2×2 坐标变换矩阵转换到 p 坐标系的解析轴。

$$\begin{pmatrix} a_{pb,x}(t') \\ a_{pb,y}(t') \end{pmatrix} = \begin{pmatrix} \cos\psi_{pb}(t') & -\sin\psi_{pb}(t') \\ \sin\psi_{pb}(t') & \cos\psi_{pb}(t') \end{pmatrix} \begin{pmatrix} a_{pb,x}(t') \\ a_{pb,y}(t') \end{pmatrix} \qquad (2\text{-}33)$$

这些方程之间有明显的依赖性。首先要获得方向变化,然后再获得加速度计输出的坐标系变换,速度更新前必须先计算坐标系变换,位置更新前必须先计算速度更新。

对于所有的实际应用,包括船舶、火车和车辆,必须假定三维运动。虽然在地平面和海平面上的导航也可以视作一个二维问题,但捷联惯性导航系统会由于地形倾斜或船舶俯仰和滚动偏离水平面,此时仅考虑平面运动会带来极大的误差,因为,在垂直方向极小的颠簸都会给惯性传感器的测量带来较大的影响。

2.4.3 三维惯性导航原理

三维运动一般有六个自由度:三个线性自由度和三个角自由度。因此,需要 6 个惯性传感器来测量这种运动。一个捷联式 IMU 测量的值包括 IMU 载体坐标系相对于载体坐标系所在的惯性空间的比力 $\boldsymbol{f}_{ib}^{b}$、角速率 $\boldsymbol{\omega}_{ib}^{b}$。综合比力 $\boldsymbol{v}_{ib}^{b}$ 和姿态增量 $\boldsymbol{\alpha}_{ib}^{b}$ 可以作为一种替代输出。一般来说,任何加速度计都不能假定是测量纯加速度。因此,必须使用重力加速度模型,用比力测量值来确定惯性参考加速度。

正如在 2.3.3 所讨论的,IMU 提供了在离散采样间隔 τ_i 上的平均或积分的比力和角速率的输出,这提供了计算每个惯性导航处理周期的自然间隔。因此,主流方法中都将该 IMU 输出区间作为给出的导航方程的时间步长。精确定时对惯性导航很重要,因为它被用于对比力、角速度、速度进行正确的积分来更新位置和方向。它还被用于在 ECI 和 ECEF 解析轴和参考轴之间进行正确的转换,这是所有惯性导航机械化方程都需要的。

惯性导航方程的形式,也被称为捷联计算,取决于参考坐标系和分辨轴的选择。此处的原理描述的是地心惯性系实现的导航方程,对它们进行一定的修改就可以实现旋转的地心地固坐标系和以曲线位置为基准的局部导航坐标系。整个计算过程可分为四个步骤:

(1)姿态更新;

(2)将比力解析轴从IMU车身坐标系转换为用于求解位置和速度解的坐标系;

(3)速度更新,包括使用重力或重力模型将比力转换为加速度;

(4)位置更新。

2.4.3.1 姿态更新

惯性导航方程的姿态更新步骤采用IMU的测量角速度ω_{ib}^b来更新姿态解,表示为体坐标系到惯性坐标系的坐标变换矩阵C_b^i,由数学推导可知,此变换矩阵的时间导数为:

$$\dot{C}_b^i = C_b^i \Omega_{ib}^i \tag{2-34}$$

其中Ω_{ib}^i是角速度ω_{ib}^b的斜对称矩阵,用$[\omega_{ib}^b \wedge]$表示。假设角速度在积分区间是恒定的,对此导数进行积分可得:

$$C_b^i(t+\tau_i) = C_b^i(t)\exp(\Omega_{ib}^i \tau_i) \tag{2-35}$$

通过将其指数函数转换为幂级数展开式,再取一阶,得到了最简单的姿态更新形式:

$$C_b^i(+) \approx C_b^i(-)\exp(I_3 + \Omega_{ib}^i \tau_i) \tag{2-36}$$

其中 – 号表示前一个时刻, + 号表示下一个时刻。

然而,取一阶近似在积分中引入了误差,当IMU的更新率较低或角速率较大时误差会更大。在实践中,一阶近似可用于动力学较低的陆地车辆应用,但不适用于高动力学的应用,如航空。在幂级数中加入高阶项,将姿态更新分解为更细的步骤,或执行精确的姿态更新都可以提高精度,但也都增加了系统的复杂性和处理器负载。

2.4.3.2 比力坐标系转换

IMU沿着车身坐标系的解析轴测量比力,为了在导航方程的速度积分步骤中使用,它必须围绕与速度相同的轴进行解析。通过应用坐标变换矩阵,可以简单地对解析轴进行变换:

$$f_{ib}^i(t) = C_b^i(t) f_{ib}^b(t) \tag{2-37}$$

因为比力测量是时间t到$t+\tau_i$的平均值,坐标变换矩阵应类似地求平均。假设角速率恒定,一个简单的计算方法是:

$$f_{ib}^i \approx \frac{1}{2}[C_b^i(-) + C_b^i(+)] f_{ib}^b \tag{2-38}$$

然而,两个坐标变换矩阵的均值并不精确地产生两个角度的均值。当姿态随时间间隔的变化越小,由这种近似引入的误差就越小。

2.4.3.3 速度更新

惯性参考系的加速度可以简单地通过将重力加速度加上比力得到:

$$a_{ib}^i = f_{ib}^i + \gamma_{ib}^j(r_{ib}^i) \tag{2-39}$$

式中:$\gamma_{ib}^j(r_{ib}^i)$——ECI坐标系中的笛卡尔位置的重力加速度函数;

r_{ib}^i——物体在ECF坐标系中的位置向量。

严格地说,位置 r_{ib}^i 也是采样间隔中随时间变化的,但这种变化对重力加速度的影响很小,可以忽略。

当选取的解析轴与参考坐标系相同时,加速度是速度的导数。假设加速度的更新在速度更新区间上不变,得到的速度更新方程为:

$$v_{ib}^i(+) = v_{ib}^i(-) + a_{ib}^i \tau_i \quad (2-40)$$

2.4.3.4 位置更新

当选取的解析轴与参考坐标系相同时,速度是位置的导数,得到的位置更新方程为:

$$r_{ib}^i(+) = r_{ib}^i(-) + v_{ib}^i(-)\tau_i + a_{ib}^i \frac{\tau_i^2}{2} \quad (2-41)$$

2.4.4 惯性器件初始化

INS 通过集成惯性传感器的测量不断递推来计算导航解决方案。因此,导航方程的每次迭代都使用以前的导航解作为起点。在使用 INS 提供导航解决方案之前,必须进行初始化以获得一个导航解。初始位置和速度必须由外部信息提供。姿态的初始化可以通过外部源,也可以通过感知重力和地球自转来实现。姿态初始化过程也被称为自对准。初始化之后,通常会有一段持续几分钟的校准,保持其静止于某个外部参考系,它的主要作用是减少姿态初始化误差。

2.4.4.1 位置和速度初始化

INS 的位置和速度必须使用外部信息进行初始化。当车辆在 INS 最后一次使用后没有移动时,可以存储最后已知的位置并用于初始化。然而,必须在某一时刻引入外部位置参考,以防止导航解决方案在连续操作期间的漂移累积。

INS 位置可以从另一个导航系统初始化,可能是另一种 INS、GNSS 用户设备或地面无线电导航用户设备。或者,INS 可以放置在预定测量点附近或对已知地标进行距离和(或)方位测量。在任何一种情况下,必须测量 INS 和位置基准之间的杠杆臂。如果这只在车身坐标系中已知,则需要 INS 姿态将杠杆臂转换到与位置固定相同的坐标系。

通过保持 INS 相对于地球的静止状态,可以简单地对速度进行初始化。此外,可使用另一种导航系统,如 GNSS、多普勒雷达或另一种 INS 作为参考坐标。在这种情况下,需要杠杆臂和角速度来计算杠杆臂的速度。速度初始化中容易出现扰动、振动和弯曲的问题,解决方案是在几秒钟内进行初始化测量并求其平均值。位置也会受到弯曲和振动的影响,但位置改变的大小通常小于要求的精度。

2.4.4.2 姿态初始化

当进行惯性导航系统姿态初始化时,需要有另一个导航系统提供姿态参考。姿态初始化的精度取决于进行初始化的惯性导航系统和参考导航系统的相对方向的准确程度,以及参考导航系统姿态的精度。对于安装在大多数陆地车辆上的 IMU,可以使用其他导航系统如 GNSS 测量的轨迹来初始化俯仰角和航向方向。通过车辆启动和停止时的加减速,可以识别出行驶的法线方向。

姿态初始化可分为自对准和精对准两个阶段。当惯性导航系统处于静止状态时,大部分惯性传感器都可以使用自对准来初始化滚动角和俯仰角。但精确的方向自对准要求航空级或更高级的陀螺仪，普通应用中通常使用罗盘对姿态进行初始化。自对准包括两个过程：一个水平调节过程，用于初始化滚动角和俯仰角；一个陀螺罗盘过程，用于初始化航向。

水平调节的原理是：当惯性导航系统处于静止状态或匀速运动时，加速度计感知到的唯一的比力是重力的反作用，这个反作用近似于地球表面局部导航坐标系的负向下方向。陀螺罗盘过程的原理是，当 INS 静止或在惯性系中沿直线运动时，它唯一能识别的旋转是地球的旋转，地球的旋转在 ECEF 系的 z 方向上。在车身坐标系中测量这种旋转可以确定航向。但在非常接近极点的位置，旋转轴和重力矢量重合，根据旋转轴的方向无法获得航向。

仅使用自对准并不能满足大部分惯性导航应用的精度要求，因此，有必要在初始化之后进行一段时间姿态校准，称为精校准。在精校准技术中，剩余姿态误差是通过速度误差的增长来感知的。例如，1-mrad 俯仰和转动角误差可能会产生以约 $10mm/s^2$ 速率增加的水平速度误差。

有三种主要的精对准技术。准静止对准假设位置已经初始化，INS 相对于地球是静止的，使用零速度更新或积分方法。GNSS 对准或 INS/GNSS 集成方法使用由 GNSS 获得的位置和速度用于对准和导航。转换对准（transfer alignment）使用来自另一个 INS 或 INS/GNSS 的位置、速度或姿态，通常用于调整制导武器惯性导航系统之间的动力学。在所有情况下，惯性导航系统输出的与参考点之间的差的测量值都被输入到估计算法中，例如卡尔曼滤波器，算法会根据使用的测量值校准速度、姿态和位置。

这三种技术之间的主要区别在于所使用的测量类型，尽管这三种技术都可以使用速度和噪声特征来测量校准惯性导航系统和参考惯性导航之间的差异。在准静止对准中，假定相对于地球的速度和角速度为零，主要噪声源是由风或人类活动引起的抖振。在 GNSS 对准中，GNSS 接收机的测量数据是有噪声的。在转换调准过程中，噪声主要来自主车辆惯性导航系统与对准惯性导航系统之间的杠杆臂弯曲和振动。

2.5 惯性器件校准

由于惯性传感器误差在运行间会变化，而实验室校准的效果是有限的，对于用于车辆的低成本 IMU 来说，现场校准非常重要。现场校准应具有快速性，与 IMU 姿态无关。

2.5.1 现场校准方法

由于惯性仪表的输出容易受到误差的影响，故需要对其进行校准，即将仪器输出与已知参考信息进行比较，确定参数，使得输出在一个输出值范围内与参考信息一致的过程。待确定的校准参数可以根据 IMU 应用的具体技术而改变。为了准确地确定所有参数，需要特殊的校准装置，如三轴转台。

由于偏差和标度因子误差会在运行间变化，并且对于低成本的 IMU 其校准参数的变化范围远大于高性能 IMU，实验室校准方法所能做的是非常有限的。对于成本较低的 IMU，应采用现场校准方法。现场校准方法应具备以下几个特点。

（1）校准时间不长。由于低成本 IMU 的偏差可能会漂移，如果校准时间过长，校准开始时的偏差将与校准结束时的偏差有很大的不同。因此，即使在任务期间，如果任务持续时间较长，也应该进行现场校准。

(2)该方法应易于在野外环境中使用。因此，它不应依赖于 IMU 的方向，即校准也可以在 IMU 不与局部坐标系对准的情况下完成。如果存在旋转，使用自动旋转架会使校准过程更加方便。

消费级 IMU 中陀螺仪本身的固定输出可以被视为偏差。但是，对于所有等级 IMU 的加速度计校准和战术级及以上 IMU 的陀螺仪校准，需要采用不同的校准方法。Shin 和 El-Sheimy 提出了一种新的校准方法，它不需要使用任何实验室设施，可以作为一种现场方法使用。该方法首先推导了偏差、比例因子和非正交性导致的交叉耦合的误差模型，这些误差在 2.3.4 中进行了初步讨论。由于非正交性难以确定，将由一般模型推导出偏差和比例因子模型。加速度计的校准方法依赖于参考重力值，但有时只能使用通用重力值，特别是在运行中的校准。因此，将分析该方法对参考重力误差的灵敏度。由于地球自转速率是一个非常微弱的信号，在陀螺仪校准时只考虑偏差的影响。

2.5.1.1 非正交性

所有三维空间的向量可以表示为三个正交向量的线性组合，对应于加速度计或陀螺仪的三个正交轴。标准正交向量可以表示为：

$$\boldsymbol{x}:(1\ 0\ 0)^{\mathrm{T}}, \boldsymbol{y}:(0\ 1\ 0)^{\mathrm{T}}, \boldsymbol{z}:(0\ 0\ 1)^{\mathrm{T}} \tag{2-42}$$

这些轴感知的值可以用测量向量和标准正交向量的内积来表示。例如，重力矢量 $\boldsymbol{g}:(g_x g_y g_z)^{\mathrm{T}}$ 的分量可以表示为：

$$\begin{cases} g_x = <\boldsymbol{g},\boldsymbol{x}> = \|\boldsymbol{g}\| \cos\alpha \\ g_y = <\boldsymbol{g},\boldsymbol{y}> = \|\boldsymbol{g}\| \cos\beta \\ g_z = <\boldsymbol{g},\boldsymbol{z}> = \|\boldsymbol{g}\| \cos\gamma \end{cases} \tag{2-43}$$

其中 $<\boldsymbol{a},\boldsymbol{b}>$ 代表内积，α,β,γ 如图 2-22 所示。

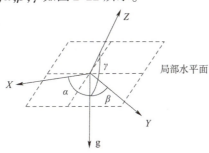

图 2-22 测量坐标系与局部坐标系的不对齐

那么，以下特征不受局部坐标系的偏差影响：

$$g_x^2 + g_y^2 + g_z^2 = \|\boldsymbol{g}\| \tag{2-44}$$

实际上，IMU 的加速度计或陀螺仪的三个轴可能不是完全正交的。假设 y 轴旋转了角度 θ_{yz}，如图 2-23 所示，那么，新坐标轴可以表示为单位向量 $\boldsymbol{y}_1:(-\sin\theta_{yz}\ \ \cos\theta_{yz}\ \ 0)^{\mathrm{T}} = \boldsymbol{R}_z(\theta_{yz})\boldsymbol{y}$，其中 $\boldsymbol{R}_z$ 是关于 z 轴的旋转矩阵。

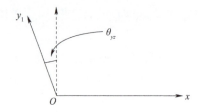

图 2-23　y 轴与 x 轴的非正交性

在三维空间中,以 z 轴为例,它与 x,y 轴的非正交性可以表示为绕 x 轴和绕 y 轴的旋转,即 $z_1 = R_x(\theta_{zx})R_y(\theta_{zy})z$。

因此,考虑到 θ_{yz}、θ_{zx} 和 θ_{zy} 带来的非正交性,三维空间中的所有向量都可以表示为以下三个向量的线性组合,它们对应于 IMU 的加速度计或陀螺仪的三个非正交轴:

$$\begin{cases} \boldsymbol{x}:(1\ 0\ 0)^T \\ \boldsymbol{y}:(-\sin\theta_{yz}\quad \cos\theta_{yz}\quad 0)^T \\ \boldsymbol{z}:(\sin\theta_{zy}\quad -\sin\theta_{zx}\cos\theta_{zy}\quad \cos\theta_{zx}\cos\theta_{zy})^T \end{cases} \quad (2\text{-}45)$$

每个非正交轴的感应值可以再次用内积表示,例如重力矢量 $\boldsymbol{g}:(g_x\ g_y\ g_z)^T$ 可以表示为:

$$\begin{cases} g_{x1} = \langle \boldsymbol{g},\boldsymbol{x_1} \rangle = g_x \\ g_{y1} = \langle \boldsymbol{g},\boldsymbol{y_1} \rangle = -g_x\sin\theta_{yz} + g_y\cos\theta_{yz} \\ g_{z1} = \langle \boldsymbol{g},\boldsymbol{z_1} \rangle = g_x\sin\theta_{zy} - g_y\sin\theta_{zx}\cos\theta_{zy} + g_z\cos\theta_{zx}\cos\theta_{zy} \end{cases} \quad (2\text{-}46)$$

利用以上公式可以简单地对非正交性进行校正。

2.5.1.2　校准方法

Shin 和 El-Sheimy 提出了另一种校准方法,这种方法可利用一个无关 IMU 轴指向方向的校准结果,使得加速度计和陀螺仪在静态模式下感应到的总数值应分别等于重力和地球自转速率。考虑到偏差、比例因素和非正交性,每个轴上测量重力矢量 $\boldsymbol{g}$ 的值可以写成:

$$\begin{cases} l_{gx} = b_{gx} + (1+s_{gx})g_x \\ l_{gy} = b_{gy} + (1+s_{gy})(-g_x\sin\theta_{yz} + g_y\cos\theta_{yz}) \\ l_{gz} = b_{gz} + (1+s_{gz})(g_x\sin\theta_{zy} - g_y\sin\theta_{zx}\cos\theta_{zy} + g_z\cos\theta_{zx}\cos\theta_{zy}) \end{cases} \quad (2\text{-}47)$$

这里的 b 和 s 分别代表了偏差和标度因子。利用上面的方程可以从测量值解得重力矢量分量的真值 g_x,g_y,g_z,由于陀螺仪的标度因子和非正交性不能用静止测量来校准,校准陀螺仪测量值的方程为:

$$\begin{cases} \omega_x = l_{\omega x} - b_{\omega x} \\ \omega_y = l_{\omega y} - b_{\omega y} \\ \omega_z = l_{\omega z} - b_{\omega z} \end{cases} \quad (2\text{-}48)$$

我们可以定义一个通用的数学模型 f_g 来校准三个加速度计组合和模型 f_ω 来校准三个陀螺仪组合:

$$f_g = g_x^2 + g_y^2 + g_z^2 - \|\boldsymbol{g}\|^2 = 0 \quad (2\text{-}49)$$

$$f_\omega = \omega_x^2 + \omega_y^2 + \omega_z^2 - \|\boldsymbol{\omega}_{ie}\|^2 = 0 \quad (2\text{-}50)$$

把式(2-47)、式(2-48)分别代入式(2-49)、式(2-50),可以得到校准的数学模型。由于非正交性难以在现场进行校准,所以,加速度计只能考虑偏置和比例因子模型。最终模型可以表示为:

$$f_g = \left(\frac{l_{gx} - b_{gx}}{1 + s_{gx}}\right)^2 + \left(\frac{l_{gy} - b_{gy}}{1 + s_{gy}}\right)^2 + \left(\frac{l_{gz} - b_{gz}}{1 + s_{gz}}\right)^2 - \|g\|^2 = 0 \quad (2\text{-}51)$$

$$f_\omega = (l_{\omega x} - b_{\omega x})^2 + (l_{\omega y} - b_{\omega y})^2 + (l_{\omega z} - b_{\omega z})^2 - \|g\|^2 = 0 \quad (2\text{-}52)$$

该隐式数学模型在平差过程中可采用加权最小二乘方法来实现,其中,加速度计和陀螺仪的偏差、比例因子和非正交性模型都将用矩阵表示并计算,并且使用一些数值计算方法来显著减少存储矩阵所需的内存,详细见 Krakiwsky 所著 *The Method of Least Squares*: *A Synthesis of Advances*。

虽然这种方法不要求 IMU 轴与局部水平框架对齐,但为了避免在计算偏差、比例因子和非正交模型的正规矩阵的逆时出现奇点,至少应该测量9种不同的姿态。同样,对于偏差和比例因子模型,需要6个或更多的姿态测量。可能的姿态是每个面朝下、每个边朝下、每个角朝下,这分别可以得到6、12和8个不同的姿态测量值。

对于三联加速度计,每个面朝下的姿态足以确定偏差和比例因子。由于每边向下和每角向下的姿态对应于 IMU 中两轴和三轴之间的关系,它们有助于确定非正交性。对于三联陀螺仪,测量值明显大于零的轴的数量会根据 IMU 的纬度和航向变化。在中纬度地区,当三个轴中有一个指向东方或西方时,面朝下的姿态值大于零的轴数为2、边朝下的姿态轴数为1,角朝下的姿态轴数为2。图 2-24 所示为18种不同旋转方向测量的示例,可以使用两自由度的旋转框架来实现。

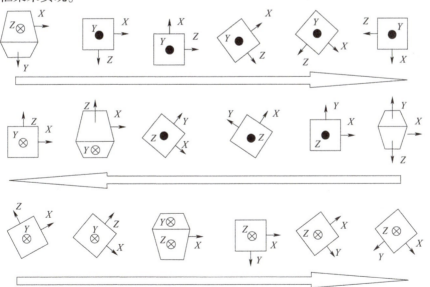

图 2-24　IMU 不同旋转方向示例

当 IMU 在不使用转动架的情况下固定于车上,在中纬度地区,陀螺仪的校准只能通过水平测量来完成,如图 2-25 所示。如果车辆在一个倾斜的表面上或可以倾斜,这种方法也适用于靠近赤道或地球两极的地区。

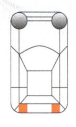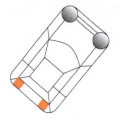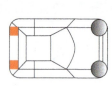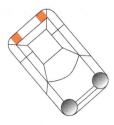

图 2-25 水平测量校准方法

但是,对于加速度计的校准,如果车辆在水平面上,计算就会产生数值问题。加速度计校准测试中,模拟15°倾斜平面的数据集和真实参数见表2-2。在纬度50°地区水平表面的陀螺仪校准数据集见表2-2。加速度计和陀螺仪偏差的单位如2.1.2中介绍,Gal是重力加速度单位,$1\text{Gal}=1\text{cm/s}^2$。陀螺仪校准仅在水平测量时工作良好。加速度计校准在 x 和 y 方向的偏差上非常好,z 方向有30mGal左右的误差,而所有的比例因子校准都不够可靠。

水平校准数据集　　　　　　　　　　　　　表2-2

校准数据		加速度计(15°倾斜)		陀螺仪(0°倾斜)
		偏差(mGal)	标度因子(ppm)	偏差(°/ch·r)
真实值	X	500.0000	0.0000	1.0000
	Y	600.0000	0.0000	2.0000
	Z	700.0000	0.0000	3.0000
校准值	X	500.0004	-192.4012	0.9997
	Y	600.0005	-192.4012	1.9994
	Z	730.2500	45.7485	3.0022

2.5.1.3 校准方法的重力敏感性

地球的自转速率不随位置而改变。但理论重力与实际重力并不相同,两者之间的差异,即重力异常取决于位置。因此,有必要分析该方法对参考重力误差的敏感性。

首先分析简单校准方法的灵敏度,该方法需要将IMU的每个加速度计通道对准重力矢量的方向。当一个通道与重力矢量对齐时,向上和向下的比力测量分别为 g 和 $-g$。则测量值为:

$$l_{up} = b + (1+s)g \tag{2-53}$$

$$l_{down} = b - (1+s)g \tag{2-54}$$

此处 b 和 s 分别是该通道的偏差和标度因子,g 是重力矢量的模。因此,偏差和标度因子可以通过测量值计算得到:

$$b = \frac{l_{up} + l_{down}}{2} \tag{2-55}$$

$$s = \frac{l_{up} - l_{down} - 2g}{2g} \tag{2-56}$$

因此,偏差不受参考重力值误差的影响,但标度因子会受到重力误差影响。为了计算这个影响的大小,先假设测量无误差,$l_{up} - l_{down} = 2g$,在式(2-56)中用 $g + \delta g$ 代替 g,则标度因子误差为:

$$\delta s = \frac{-\delta g}{g + \delta g} \tag{2-57}$$

2.5.2 对准方法

IMU 的对准是指确定 IMU 与导航坐标系之间的方向余弦矩阵(Direction Cosine Matrix, DCM) C_b^n，通过两步来完成，即调平和陀螺罗经。

调平指的是利用加速度计输出获取滚动和俯仰角，陀螺罗经指的是利用陀螺仪输出获取航向信息。

对于偏差和噪声水平均小于地球自转速率的 IMU，如航空级 IMU 和战术级中精度要求较高的 IMU，可采用先解析粗对准后精对准的方法来估计 IMU 的姿态信息。在平稳模式下，利用 2～3min 的平均数据可以计算出粗对准。因此，解析粗对准产生平均姿态。由于 IMU 的瞬时姿态受外界干扰的影响不断变化，因此需要精确对准技术。精细对准是为了及时准确地估计 IMU 的姿态，在商用飞机上用于检测阵风、载客载货、燃油摄入等引起的微小姿态变化。对于低端的战术级 IMU 和消费级 IMU，通常采用磁罗盘或速度匹配对准技术进行外部航向测量。

2.5.2.1 解析粗对准

假设 v 定义为正交于比力向量 f 和角速度向量的向量，即 $v = f \times \boldsymbol{\omega}_{ib}$，则有：

$$\begin{pmatrix} \boldsymbol{f}^b \\ \boldsymbol{\omega}_{ib}^b \\ \boldsymbol{v}^b \end{pmatrix} = \boldsymbol{C}_b^n \begin{pmatrix} \boldsymbol{f}^n \\ \boldsymbol{\omega}_{ib}^n \\ \boldsymbol{v}^n \end{pmatrix} \tag{2-58}$$

因此，对准矩阵可表示为：

$$\boldsymbol{C}_b^n = \begin{pmatrix} (\boldsymbol{f}^n)^{\mathrm{T}} \\ (\boldsymbol{\omega}_{ib}^n)^{\mathrm{T}} \\ (\boldsymbol{v}^n)^{\mathrm{T}} \end{pmatrix}^{-1} \begin{pmatrix} (\boldsymbol{f}^b)^{\mathrm{T}} \\ (\boldsymbol{\omega}_{ib}^b)^{\mathrm{T}} \\ (\boldsymbol{v}^b)^{\mathrm{T}} \end{pmatrix} \tag{2-59}$$

在静止情况下，

$$\boldsymbol{f}^n = -\boldsymbol{g}^n = (0 \quad 0 \quad -\gamma)^{\mathrm{T}} \tag{2-60}$$

$$\boldsymbol{\omega}_{ib}^n = \boldsymbol{\omega}_{ie}^n = (\omega_e \cos\varphi \quad 0 \quad -\omega_e \sin\varphi)^{\mathrm{T}} \tag{2-61}$$

式(2-59)除了在地球两极处外，均有解。因为两极处重力向量与地球旋转方向的向量接近平行，$v = 0$。由式(2-59)计算的 DCM 通常不满足正交性和标准型条件。这个问题可以通过将 DCM 转换为欧拉角，再将欧拉角转换为 DCM 来解决。

为了推导该方法的误差，假设测量值存在如下误差，上标~表示测量值：

$$\tilde{\boldsymbol{f}}^b = -\boldsymbol{g}^b + \delta \boldsymbol{f}^b \tag{2-62}$$

$$\tilde{\boldsymbol{\omega}}_{ib}^b = \boldsymbol{\omega}_{ie}^b + \delta \boldsymbol{\omega}^b \tag{2-63}$$

$$\tilde{\boldsymbol{v}}^b = \boldsymbol{v}^b + \delta \boldsymbol{v}^b \tag{2-64}$$

代入式(2-59)，得到：

$$-\boldsymbol{E}^n \boldsymbol{C}_b^n = \begin{pmatrix} -\dfrac{\tan\varphi}{\gamma} & \dfrac{1}{\omega_e \cos\varphi} & 0 \\ 0 & 0 & \dfrac{-1}{\gamma \omega_e \cos\varphi} \\ -\dfrac{1}{\gamma} & 0 & 0 \end{pmatrix} \begin{pmatrix} (\delta \boldsymbol{f}^b)^{\mathrm{T}} \\ (\delta \boldsymbol{\omega}_{ib}^b)^{\mathrm{T}} \\ (\delta \boldsymbol{v}^b)^{\mathrm{T}} \end{pmatrix} \quad (2\text{-}65)$$

为了简化情况,可假设 IMU 与导航坐标系对准,即 $\boldsymbol{C}_b^n = \boldsymbol{I}$,则误差 $\delta \boldsymbol{v}^b$ 可表示为:

$$\begin{aligned}
\delta \boldsymbol{v}^b &= \delta \boldsymbol{f}^b \times \boldsymbol{\omega}_{ie}^n - \boldsymbol{g}^n \times \delta \boldsymbol{\omega}^b \\
&= \begin{pmatrix} -\delta f_y \omega_e \sin\varphi + \gamma \delta \omega_y \\ \delta f_x \omega_e \sin\varphi + \delta f_z \omega_e \cos\varphi - \gamma \delta \omega_x \\ \delta f_y \omega_e \cos\varphi \end{pmatrix}
\end{aligned} \quad (2\text{-}66)$$

式(2-65)可以表示为:

$$\begin{pmatrix} 0 & \epsilon_D & -\epsilon_E \\ -\epsilon_D & 0 & \epsilon_N \\ \epsilon_E & -\epsilon_N & 0 \end{pmatrix} = \begin{pmatrix} -\dfrac{\tan\varphi}{\gamma} & \dfrac{1}{\omega_e \cos\varphi} & 0 \\ 0 & 0 & \dfrac{-1}{\gamma \omega_e \cos\varphi} \\ -\dfrac{1}{\gamma} & 0 & 0 \end{pmatrix} \begin{pmatrix} \delta f_x & \delta f_y & \delta f_z \\ \delta \omega_x & \delta \omega_y & \delta \omega_z \\ \delta v_x & \delta v_y & \delta v_z \end{pmatrix} \quad (2\text{-}67)$$

由于 $\epsilon_D, \epsilon_N, \epsilon_E$ 在等式左边矩阵中均出现了两次,对其取平均得到:

$$\epsilon_N = \dfrac{\delta f_y}{\gamma} \quad (2\text{-}68)$$

$$\epsilon_E = \dfrac{1}{2}\left(-\dfrac{\delta f_y}{\gamma} + \dfrac{\delta f_y}{\gamma}\tan\varphi - \dfrac{\delta \omega_y}{\omega_e}\sec\varphi \right) \quad (2\text{-}69)$$

2.5.2.2 精对准

精细对准阶段使用由粗对准技术或导航存储的初始化数据所建立的 DCM,再用卡尔曼滤波器对 $\boldsymbol{C}_b^n$ 的初始估计进行改进。虽然也可以采用低通滤波方法,该方法简单,计算量少,但卡尔曼滤波方法的优点是,基于加速度计的调平和基于陀螺的航向对准可以同时发生,并且该方法可以正确地考虑所有测量误差。

向东的陀螺仪通道的测量数据用于航向的修正。水平测量可考虑两种测量方法,即北、东方向通道比力测量或北、东方向通道速度测量,两种方法分别如图 2-26 和图 2-27 所示。前者直接使用卡尔曼滤波中比力误差测量值 $\delta \boldsymbol{f}^n$,后者将其做一次整合得到速度误差 $\delta \boldsymbol{v}^n$。

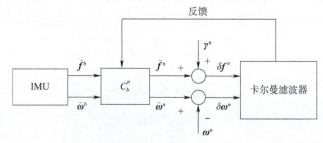

图 2-26 比力测量精对准方法

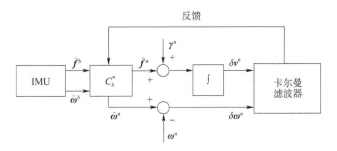

图 2-27　速度测量精对准方法

导航坐标系比力误差的测量值可以表示为：

$$\begin{aligned}
\delta f^n &= \widehat{C}_b^m \tilde{f}^b - f^n \\
&= (I - E^n) C_b^n (f^b + \delta f^b) - f^n \\
&\approx C_b^n f^b - E^n C_b^n f^b + C_b^n \delta f^b - f^n \\
&= -E^n C_b^n f^b + C_b^n \delta f^b \\
&= f^n \times \epsilon^n + C_b^n \delta f^b
\end{aligned} \tag{2-70}$$

同样的，陀螺仪误差可以表示为：

$$\delta \omega^n = \widehat{C}_b^m \tilde{\omega}^b - \omega^n = \omega^n \times \epsilon^n + C_b^n \delta \omega^b \tag{2-71}$$

再根据式(2-58)和式(2-59)，比力测量对准方法的误差可以表示为：

$$\begin{cases} z_k = \begin{pmatrix} \delta f_N \\ \delta f_E \\ \delta \omega_E \end{pmatrix} \\ H_k = \begin{pmatrix} 0_{3\times 3} & 0_{3\times 3} & \begin{matrix} 0 & \gamma & 0 \\ -\gamma & 0 & 0 \\ -\omega_e \sin\varphi & 0 & -\omega_e \cos\varphi \end{matrix} \end{pmatrix} \end{cases} \tag{2-72}$$

速度测量对准方法的误差可以表示为：

$$\begin{cases} z_k = \begin{pmatrix} \delta v_N \\ \delta v_E \\ \delta \omega_E \end{pmatrix} \\ H_k = \begin{pmatrix} 0_{3\times 3} & \begin{matrix} 1 & 0 & 0 \\ 0 & 1 & 0 \\ 0 & 0 & 0 \end{matrix} & \begin{matrix} 0 & 0 & 0 \\ 0 & 0 & 0 \\ -\omega_e \sin\varphi & 0 & -\omega_e \cos\varphi \end{matrix} \end{pmatrix} \end{cases} \tag{2-73}$$

2.5.2.3　速度匹配对准

当 IMU 性能较差，偏差和噪声水平远远大于地球自转速率时，可以通过静止加速度计测量得到滚动和俯仰角，但无法确定航向。虽然磁传感器可以获得初始航向信息，但传感器的误差难以建模。在这种情况下，来自 GPS 的速度信息可以用于在运动中对齐 IMU。

应用杠杆臂校正后，可以通过复制 GPS 的位置和速度来初始化 IMU 的位置和速度。在水平面上，滚动和俯仰角几乎为零，而航向角可以利用导航坐标系速度近似计算：

$$\psi = \tan^{-1}(v_E / v_N) \tag{2-74}$$

因此,可以通过将欧拉角代入式(2-4)来获得旋转矩阵,初始化 IMU 的姿态。然后,利用速度测量值使用卡尔曼滤波对姿态进行优化,如图 2-28 所示。每次 GPS 产生测量值时,IMU 的位置与 GPS 一起重置。

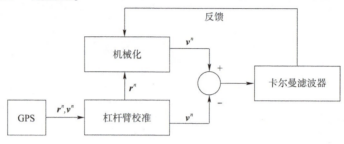

图 2-28　速度匹配对准

一个连续的系统一般可以表示为 $\dot{x} = Fx + Gu$,在初始化过程中,假设位置准确已知,通过去除系统方程中与位置和向下速度相关的列和行,可以得到简化的误差动力学模型。

$$\dot{x} = \begin{pmatrix} F_{11} & F_{12} \\ F_{21} & F_{22} \end{pmatrix} x + Gu \tag{2-75}$$

其中,F 是动态系数矩阵,x 是状态向量,G 是设计系数矩阵,u 是外部干扰向量。各矩阵和向量的具体含义如下:

$$\dot{x} = \begin{pmatrix} \delta v_N & \delta v_D & \in_N & \in_E & \in_D \end{pmatrix}^T \tag{2-76}$$

$$F_{11} = \begin{pmatrix} \dfrac{v_D}{M+h} & -2\omega_e \sin\varphi - 2\dfrac{v_e \tan\varphi}{N+h} \\ 2\omega_e \sin\varphi + \dfrac{v_E \tan\varphi}{N+h} & \dfrac{v_D + v_N \tan\varphi}{N+h} \end{pmatrix} \tag{2-77}$$

$$F_{12} = \begin{pmatrix} 0 & -f_D & f_E \\ f_D & 0 & -f_N \end{pmatrix} \tag{2-78}$$

$$F_{21} = \begin{pmatrix} 0 & \dfrac{1}{N+h} \\ \dfrac{-1}{M+h} & 0 \\ 0 & \dfrac{-\tan\varphi}{N+h} \end{pmatrix} \tag{2-79}$$

$$F_{22} = \begin{pmatrix} 0 & -\omega_e \sin\varphi - \dfrac{v_E \tan\varphi}{N+h} & \dfrac{v_N}{M+h} \\ \omega_e \sin\varphi + \dfrac{v_E \tan\varphi}{N+h} & 0 & \omega_e \cos\varphi + \dfrac{v_E}{N+h} \\ -\dfrac{v_N}{M+h} & -\omega_e \cos\varphi - \dfrac{v_E}{N+h} & 0 \end{pmatrix} \tag{2-80}$$

$$G = \begin{pmatrix} c_{11} & c_{12} & c_{13} & & \\ c_{21} & c_{22} & c_{23} & & 0_{2\times 3} \\ & 0_{3\times 3} & & & -C_b^n \end{pmatrix} \tag{2-81}$$

$$u = \begin{pmatrix} \delta f^b \\ \delta \omega_{ib}^n \end{pmatrix} \qquad (2\text{-}82)$$

其中 c_{ij} 是矩阵 C_b^n 中的第 (i,j) 个元素。测量方程中 $z_k = H_k x$ 的矩阵：

$$\begin{cases} z_k = \begin{pmatrix} \delta v_N \\ \delta v_E \end{pmatrix} \\ H_k = \begin{pmatrix} 1 & 0 & 0 & 0 & 0 \\ 0 & 1 & 0 & 0 & 0 \end{pmatrix} \end{cases} \qquad (2\text{-}83)$$

2.5.3 非完整约束与姿态误差限制

非完整约束是指车辆在垂直于前进方向的平面上的速度几乎为零，除非车辆从地面跳起或在地面上滑动。因此，两个非完整约束可以用作测量值来更新卡尔曼滤波器：

$$\begin{cases} v_y^b \approx 0 \\ v_z^b \approx 0 \end{cases} \qquad (2\text{-}84)$$

体坐标系的速度可以计算为：

$$\widehat{v}^b = \widehat{C}_n^b \widehat{v}^n = \widehat{C}_b^{nT} \widehat{v}^n \qquad (2\text{-}85)$$

加上一个扰动之后：

$$\widehat{v}^b + \delta \widehat{v}^b = C_n^b (I + E^n)(v^n + \delta v^n) \qquad (2\text{-}86)$$

保留一阶项：

$$\delta \widehat{v}^b = C_n^b \delta v^n - C_n^b (v^n \times \epsilon^n) \qquad (2\text{-}87)$$

卡尔曼滤波中测量方程可以表示为：

$$z_k = \begin{pmatrix} \delta v_y^b \\ \delta v_z^b \end{pmatrix} \qquad (2\text{-}88)$$

$$H_k = \begin{pmatrix} 0_{2 \times 3} & c_{12} & c_{22} & c_{23} & -v_D c_{22} + v_E c_{32} & v_D c_{12} - v_N c_{32} & -v_E c_{12} + v_N c_{22} \\ & c_{13} & c_{23} & c_{33} & -v_D c_{23} + v_E c_{33} & v_D c_{13} - v_N c_{33} & -v_E c_{13} + v_N c_{23} \end{pmatrix} \qquad (2\text{-}89)$$

如图 2-29 所示，INS 的速度输出 v^n 预先乘以 C_n^b，得到车体坐标系速度 v^b。v^b 的第二个和第三个分量被用作卡尔曼滤波器的测量值，估计误差被反馈给 INS。

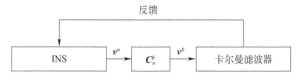

图 2-29 非完整约束校准

当车辆速度为零时，对于航空级或精度要求较高的战术级 IMU，在 GPS 位置可用的情况下，可采用精对准来校正姿态误差。然而，对于低端的战术级、消费级 IMU，由于陀螺罗盘无法应用，航向容易出现弯曲。航向可以表示为

$$\widehat{\psi} = \tan^{-1} \left(\frac{\widehat{c}_{21}}{\widehat{c}_{11}} \right) = \tan^{-1} \left(\frac{c_{11} \epsilon_D + c_{21} - c_{31} \epsilon_N}{c_{11} - c_{21} \epsilon_D + c_{31} \epsilon_E} \right) \qquad (2\text{-}90)$$

因此，误差方程可以表示为：

$$\delta\psi = \frac{\partial \widehat{\psi}}{\partial \in_N} \in_N + \frac{\partial \widehat{\psi}}{\partial \in_E} \in_E + \frac{\partial \widehat{\psi}}{\partial \in_D} \in_D \tag{2-91}$$

其中，

$$\frac{\partial \widehat{\psi}}{\partial \in_E} = \frac{-c_{31}\widehat{c_{21}}}{\widehat{c_{11}}^2 + \widehat{c_{21}}^2} \approx \frac{-\widehat{c_{31}}\widehat{c_{21}}}{\widehat{c_{11}}^2 + \widehat{c_{21}}^2} \tag{2-92}$$

$$\frac{\partial \widehat{\psi}}{\partial \in_D} = \frac{c_{11}\widehat{c_{11}} + c_{21}\widehat{c_{21}}}{\widehat{c_{11}}^2 + \widehat{c_{21}}^2} \approx 1 \tag{2-93}$$

$$\frac{\partial \widehat{\psi}}{\partial \in_N} = \frac{-c_{31}\widehat{c_{11}}}{\widehat{c_{11}}^2 + \widehat{c_{21}}^2} \approx \frac{-\widehat{c_{31}}\widehat{c_{11}}}{\widehat{c_{11}}^2 + \widehat{c_{21}}^2} \tag{2-94}$$

航向测量和零速度测量合起来得到以下测量矩阵：

$$\begin{cases} \boldsymbol{z}_k = \begin{pmatrix} \delta v_N \\ \delta v_E \\ \delta\psi \end{pmatrix} \\ \boldsymbol{H}_k = \begin{pmatrix} \boldsymbol{0}_{3\times 3} & \boldsymbol{I}_{3\times 3} & \begin{matrix} 0 & 0 & 0 \\ 0 & 0 & 0 \\ \frac{\partial \widehat{\psi}}{\partial \in_N} & \frac{\partial \widehat{\psi}}{\partial \in_E} & \frac{\partial \widehat{\psi}}{\partial \in_D} \end{matrix} \end{pmatrix} \end{cases} \tag{2-95}$$

在没有外部航向测量的情况下，我们可以在车辆速度为零之前获取DCM，只使用比力测量来进行调平，这将防止航向偏移。测量矩阵可表示为：

$$\begin{cases} \boldsymbol{z}_k = \begin{pmatrix} \delta f_N \\ \delta f_E \end{pmatrix} \\ \boldsymbol{H}_k = \begin{pmatrix} \boldsymbol{0}_{2\times 3} & \boldsymbol{0}_{2\times 3} & \begin{matrix} 0 & \gamma & 0 \\ -\gamma & 0 & 0 \end{matrix} \end{pmatrix} \end{cases} \tag{2-96}$$

第3章 激光雷达定位技术

激光雷达定位技术是一种综合了数学、光学、控制、计算机等学科的尖端技术。激光雷达通过激光束扫描周围环境,获取点云图,使用点云图可以实现车辆自定位及目标识别与定位,广泛应用于自动驾驶汽车、无人机、巡逻机器人等领域。

3.1 激光雷达定位技术概述

激光雷达(Light Detection and Ranging,LiDAR)通过激光从发射到接收的时间来计算传感器与目标物体之间的传播距离(Time of Flight,TOF),分析目标物体表面的反射能量大小、反射波谱的幅度、相位等信息,输出点云,从而呈现出目标物体精确的三维结构信息。

3.1.1 室外车辆定位

室外车辆定位经常使用全球定位系统(Global Positioning System,GPS)、惯性测量单元(Inertial Measurement Unit,IMU)、轮速计等传感器获取自身的粗略位置及初始状态,但在自动驾驶中,仅使用这些技术是远远不够的,原因在于:一是无法保证车辆在任何路段都能保存良好信号,一旦信号不良,车辆行驶过程中容易发生事故,危害交通;二是 GPS 和 IMU 的精度只能达到米级,而道路车道也不过米级,这样的精度对于自动驾驶领域是完全不够的;三是自动驾驶不仅仅要知道自己在哪、如何行驶,也需要知道周围环境的车辆和行人在哪,避开障碍物,因此,激光雷达对于自动驾驶是不可或缺的。

在自动驾驶领域,自动驾驶车辆(图 3-1)需要用 GPS、IMU、激光雷达、摄像头、毫米波雷达等传感器感知外部环境,确定车辆自身所在位置。

图 3-1 自动驾驶车辆

激光雷达扫描周围环境产生点云图,在自动驾驶车辆定位中可以实现两大功能:一是定位车辆自身位置(图3-2),二是定位周围车辆、行人、障碍物位置(图3-3)。

图3-2 车辆自定位

图3-3 目标识别与定位

3.1.2 车辆自定位方式

使用激光雷达点云进行车辆自定位的方式包括基于几何匹配、基于高斯混合模型匹配、基于滤波匹配等方法。几何匹配指根据点云数据的距离、平面等几何特征来匹配,典型算法包括迭代最近点算法(Iterative Closest Point,ICP)、正态分布变换(Normal Distribution Transformation,NDT);高斯混合模型重点关注集中点的参数,将集中点的数量作为高斯分布的数量,集中点的位置作为高斯分布的均值,典型算法是连贯点漂移算法(Coherent Point Drift,CPD);滤波匹配便将点云问题转换为状态空间问题,典型算法包括贝叶斯估计、卡尔曼滤波、无迹卡尔曼滤波、粒子滤波算法。

3.1.3 障碍物识别与定位

使用激光雷达点云进行障碍物识别与定位的方式包括基于视图的方法、基于体素（Voxel）的方法、基于原始点云（Point）的方法、原始体素和点云结合的方法。基于视图的方法将三维点云投影到二维平面（如正视图、俯视图等），再用于图像领域目标检测算法进行目标识别与定位，典型的算法包括 VeloFCN、MV3D；基于体素的方法将点云量化到一个均匀的 3D 网格中，每个网格内部随机采样固定数量的点，再通过图像目标检测算法生成检测框，典型算法包括 VoxelNet、SECOND、PIXOR；基于原始点云的方法直接在原始点云上进行特征提取，典型算法包括 PointNet++、Point-RCNN、3D-SSD；原始体素和点云结合的方法将两种策略融合，取长补短，典型的算法包括 PointPillar、PV-CNN、Fast Point RCNN、SA-SSD。

3.2 激光雷达技术

3.2.1 激光雷达简介

3.2.1.1 激光雷达结构及作用

激光雷达是以发射激光束探测目标的位置、速度等特征量的雷达系统，激光雷达结构示意图如图 3-4 所示，由发射机、接收机、扫描系统及信息处理单元等部分组成，相比普通雷达，激光雷达具有分辨率高、隐蔽性好、抗干扰能力更强等优势。发射机是各种形式的激光器，如二氧化碳激光器、半导体激光器及波长可调谐的固体激光器等；接收机采用各种形式的光电探测器，如光电倍增管、半导体光电二极管、红外和可见光多元探测器件等；扫描系统由旋转电机及扫描镜组成。

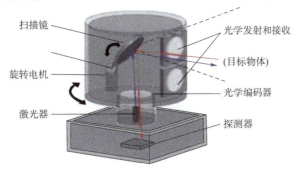

图 3-4　激光雷达结构示意图

激光雷达每部分作用如下。
(1) 发射机：发射激光脉冲，将激光发射至目标物体。
(2) 接收机：接受目标物体反射回来的激光，产生接收信号。
(3) 扫描系统：以稳定的转速旋转，对所在平面进行扫描产生平面图信息。
(4) 信号处理单元：处理接收信号，得到距离信息、目标物体表面信息等。

3.2.1.2 激光雷达主要性能指标

激光雷达的主要性能指标有激光波长、测量距离、测量精度、扫描频率、帧率、角分辨率、采样率、视场角、激光线束等。

(1)激光波长:激光雷达波长越长最常用的波长是 905nm 和 1550nm,1550nm 波长的激光雷达功率更大,探测范围更广,对雨雾的穿透力更强,而 905nm 波长的激光雷达价格更便宜。

(2)测量距离:激光雷达所标称的距离大多以 90% 反光率的漫反射物体(如白纸)作为测试基准。激光雷达的测距与目标的反射率相关。目标的反射率越高则测量的距离越远,目标的反射率越低则测量的距离越近。

(3)测量精度:测距精度衡量了激光雷达结果的可靠性,精度越高,可靠性越强,但相应的价格也越贵。

(4)扫描频率:即旋转电机的每秒转动的圈数。

(5)帧率:每秒钟产生的点云图数量,激光雷达每扫描一圈产生一个点云图,因此,该值与扫描频率相等。

(6)角分辨率:角分辨率直接影响激光雷达采集到的点云图的精度。角分辨率越低,同一个目标的点云数量越稠密且越精准,角分辨率越高,点云数量越稀疏。角分辨率包括水平分辨率和垂直分辨率,一般情况下,水平分辨率为 0.01 度级别,垂直分辨率为 0.1~1 度级别。

(7)采样率:激光雷达每秒钟采集的点云数,通过角分辨率和帧率计算。

(8)视场角:指激光束通过扫描系统所能达到的最大角度范围,包括水平视场角和垂直视场角,垂直视场角一般在 30°~50°之间,机械式激光雷达的水平视场角一般是 360°,固态式水平视场角一般在 80°~120°之间。

(9)激光线束:常见的激光雷达的线束有 16 线、32 线、64 线等。激光雷达的线束越多,同一个目标的点云数量越稠密,结果越精确。

3.2.2 激光雷达种类及特性

激光雷达根据结构可以分为机械激光雷达和固体激光雷达。机械激光雷达的最大特点是外观上具有机械旋转的结构,固体激光雷达无旋转装置。固体激光雷达因为没有旋转机构,所以水平视角非常有限,需要将多个固体激光雷达放置在不同的方向上,优点是响应速度快,精度较高,而且个头相对较小,便于藏在车身内。固体激光雷达又可以进一步细分为MEMS、OPA、Flash 三种,每种激光雷达的特性如下。

3.2.2.1 机械激光雷达

机械激光雷达:把激光线束排列成一个面,通过旋转部件转动这个面扫描周围环境,从而呈现出三维立体图形。

(1)优点:单点测量精度高;抗干扰能力强;可承受高激光功率。

(2)缺点:垂直扫描角度固定;装调工作量大,体积大;长时间使用电机损耗大。

3.2.2.2 MEMS 激光雷达

MEMS 激光雷达:通过微振镜改变单个发射器的发射角度,从而达到不用旋转外部结构就能扫描的效果。

(1)优点:集成度高、体积小;元器件损耗低;芯片级工艺,适合量产。

(2)缺点:高精度高频振动控制难度大;制造精度要求高;无法实现 360°扫描,需组合使用。

3.2.2.3 OPA 激光雷达
OPA 激光雷达:通过改变发射阵列中每个单元的相位差,合成特定方向的光束。
(1)优点:扫描速度快;扫描精度高;可控性好。
(2)缺点:易形成旁瓣,影响光束作用距离和角分辨率;加工难度高。

3.2.2.4 FLASH 激光雷达
FLASH 激光雷达:单次探测覆盖视角内所有方位,一次性实现全局成像。
(1)优点:成像速度快;集成度高,体积小;芯片级工艺,适合量产。
(2)缺点:探测距离近;抗干扰能力差;角分辨率低;无法实现360°成像。

3.2.3 激光雷达工作原理

3.2.3.1 三角法测距
三角法测距的原理如图 3-5 所示,激光器发射激光,在照射到物体后,反射光由线性 CCD 接收,由于激光器和探测器间隔了一段距离,所以依照光学路径,不同距离的物体将会成像在 CCD 上不同的位置。按照三角公式进行计算,就能推导出被测物体的距离。

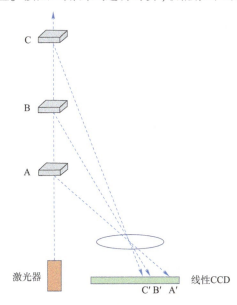

图 3-5 三角法测距原理

3.2.3.2 脉冲法测距
如图 3-6 所示,激光器发射一个激光脉冲并由计时器记录下出射的时间,回返光经接收器接收并由计时器记录下回返的时间,两个时间相减即得到了光的"飞行时间"。而光速是一定的,因此,在已知速度和时间的情况下,就可以计算出距离。

图 3-6 脉冲法测距原理

3.2.4 激光雷达的优缺点

相比其他传感器,激光雷达的优缺点很突出。

以下对比了摄像头、激光雷达、毫米波雷达的优缺点。

3.2.4.1 摄像头
(1)优点:能够提取丰富的纹理和颜色信息。
(2)缺点:对距离的感知能力较弱,受光照条件影响较大。

3.2.4.2 激光雷达
(1)优点:可以精确地感知物体的距离和形状。
(2)缺点:成本较高,量产难度大,感知距离有限,受天气影响较大。

3.2.4.3 毫米波雷达
(1)优点:能全天候工作,可以比较精确地测量目标的速度和距离,感知距离较远,价格也相对较低。
(2)缺点:分辨率低。

3.3 车辆定位与障碍物识别定位

激光雷达传感器能够获取丰富、稠密且精确的三维空间中物体的点云数据,这可以帮助自动驾驶车辆实现定位和障碍物的跟踪,激光雷达也将成为实现完全自动驾驶的核心传感器。

3.3.1 车辆定位

自动驾驶的定位意味着能够在地图中找到车辆的位置和方向。这里的地图也是只使用激光雷达获取的,使用激光束获取测量的距离并产生点云数据,其中的每个点表示传感器获取的物体表面的(XYZ)的坐标。基于点云的高精地图是可以通过激光雷达扫描离线的构建出来的,也可以在导航过程中通过里程计实现闭环的构建地图,也就是同步定位与建图(Simultaneous Localization And Mapping,SLAM)系统。

但是,使用3D激光雷达作为定位设备通常也会有一些问题。由于激光雷达数据数量巨大,因此,需要快速处理输出并确保系统的实时性,所以确保车辆的实时定位具有一定的挑战和难度,通常需要使用下采样或者特征点提取的方法来高效地简化点云信息。

我们知道在车辆的实时定位系统中生成里程计是必不可少的部分,在过去的研究中,已经提出了很多使用激光雷达的点云数据来计算车辆的里程计的方法,这些方法中主要有三个不同的类别。

(1)基于点云数据配准的方法:该方法考虑了激光雷达点云数据中的所有点进行配准,可以将这种方法归纳为稠密的方法。

(2)基于点云特征点的方法:根据3D点云的特征点的提取,计算连续帧之间的位移,这种方法的准确性和实时处理还是可以的,但是对快速运动不够鲁棒。这种方法仅仅使用了点云中提取的特征点来代表一帧的点云数据进行配准,可以归纳为稀疏的方法。

（3）基于点云数据深度学习的方法：随着深度学习的发展，深度学习在决定车辆的定位问题上的研究获取越来越多的关注。

接下来介绍各种点云定位技术。

3.3.1.1 基于3D点云配准的定位方法

配准的目的是实现一对点云能够对齐在同一坐标系下，从而可以计算出两次扫描之间的点云的变换，在自动驾驶定位场景下，可以通过两种方法使用配准的方法：通过将获取的扫描帧点云与预构建的高精点云地图的一部分进行配准，对车辆进行定位；通过连续的激光雷达扫描获取的点云计算出车辆的里程计信息。

点云配准主要用于形状对齐和场景重建等领域，其中迭代最近点算法（ICP）是最受欢迎的算法之一，在ICP中通过最小化点云数据之间的度量误差来优化源点云和目标点云之间的转换，并在该研究领域有多种ICP算法的变种，常见的变种算法有点到线段的ICP、点到面的ICP以及通用的ICP。ICP算法可以认为是解决点云配准的经典算法。

ICP方法很简练，但它直接基于独立的三维点进行匹配，只考虑现实物理空间的距离参数而忽视了诸多表面方向、粗糙度等的干扰，在空间效率和时间效率上差强人意。在此基础上，2003年新的NDT算法被提出，这种方法用正态分布模拟物理干扰，假设各个单位格子的点云都是取自独立正态分布上的数据点，再借助正态分布函数进行点云匹配，这个算法中格子参数非常重要，但是没有充足的理论指导格子参数的选择。但是在自动驾驶中，这种方法很少能够满足实时运行计算的要求，所以，一般会加入辅助的传感器，比如IMU，作为初始的定位值。

IMLS-SLAM算法中提出了三部算法：首先是动态对象的删除，该动态对象通过对扫描帧点云数据的聚类获取再删除；然后是对于删除动态障碍物的剩余点云进行下采样；最后是匹配步骤，通过扫描到模型的匹配策略，使用隐式最小移动法（IMLS）计算和优化转换关系。

另外一种流行的处理方法是计算点云的surfel（SURFace ELement），构建点云的surel贴图，构建的贴图和法线贴图可用于ICP算法来计算车辆的里程计，并通过surfel实现回环检测和轨迹优化。

3.3.1.2 基于3D特征的定位方法

3D的点云特征是代表在时间和空间上具有一致性的可识别区域的兴趣点，这些特征点通常用于3D的对象检测使用特征描述子作为唯一的向量表示法，并且描述子可以用于匹配两个不同点云中的特征，通过找到足够且一致的匹配项，再使用优化的方法计算两次扫描点云之间的转换关系，从而能够构建里程计。

PoseMap方法认为地图的连续性是实现车辆定位的关键，并且预先构建的点云高精地图，然后根据重叠阈值对齐进行二次采样，以生成维持关键帧姿态的环境集合。这些子地图可以在不同的时间点彼此独立地更新，然后通过简单地使用两个与当前车辆最近的子地图并且最小化旧地图与新特征之间的距离，通过滑动窗口的方法解决定位问题。

LOAM方法首先根据点的平滑度和遮挡度提取平面和角点要素。这些特征与后续扫描中的点patch相匹配，然后使用Levenberg-Marquardt方法求解激光雷达运动。正如通常在大多数SLAM流程中所做的那样，在后台线程中以比里程计估计更慢的频率构建地图，这有助于改善最终定位结果。

3.3.1.3 基于3D点云深度学习的定位方法

深度学习的方法应用在里程计和定位上还是比较新颖的研究方向,但是在深度学习在图像领域的价值被证明之后,深度学习的使用将会越来越流行,涉及深度学习的方法可以尝试使用原始点云作为输入并使用单个网络直接预测车辆的位移以端到端的方式解决此任务。

全景的深度图像是激光雷达数据常见的表示形式。DL-LBO将激光雷达点云投影到2D空间上生成全景的深度图像,然后将其输入到卷积网络中,求解两个输入帧之间的旋转和平移。虽然获得的结果低于标准,但是确是探索使用深度学习解决此任务的方案。另一种使用深度图像的方法是DeepPCO,它将雷达投影生成的全景深度图分别输入到两个卷积网络中,分别用于计算两帧之间的旋转和平移。另外,还有将雷达点云投影到球形坐标系下生成两个新的2D图像,分别是定点图[表示每个点的位置(XYZ)]和发现图(表示每个点的法线值),将两个图像分别输入到两个网络中,分别是:VertexNet以定点图作为输入,用于预测连续帧之间的转换;NormalNet以法线图作为输入,预测两者之间的旋转。

CAE-LO使用无监督卷积自动编码器以多尺度方式从激光雷达数据的球形投影中提取特征。附加的自动编码器用于生成特征描述符,然后使用基于RANSAC的帧到帧匹配来匹配点。最后,用ICP算法完善里程计结果。

LORAX算法引入了超点的概念。超点是位于球体内并描述了点云局部表面的点的子集,这些超点被投影到2D空间上以形成2D深度图,使用一系列测试对这些深度图进行过滤,仅留下相关的超点,并使用PCA和深度自动编码器进行编码。然后,再进行粗配准步骤(其中使用涉及RANSAC算法的迭代方法)之前,根据特征之间的欧式距离来选择要匹配的候选对象。最后一步,使用ICP算法微调,以提高整个算法结果的准确性。

SegMap方法探索了如何使用简单的卷积网络有效地从点云中提取和编码片段,用于解决定位和构建地图相关任务,这种方法的主要贡献在于其数据驱动的3D片段描述符。该描述符是使用由一系列卷积和完全连接的层组成的网络提取的。使用由两部分组成的损失函数训练描述符提取器网络:分类损失和重建部分。最终,使用k-Nearest Neighbors(k-NN)算法找到提取的片段及其候选对应关系,这使得解决定位任务成为可能。

当试图使两帧点云之间的运动回归时,前面讨论的大多数方法都会不可避免地遭受场景中动态对象(汽车,行人等)的影响。已知在场景中删除动态对象可以改善大多数SLAM流程中的里程计计算结果。但是,以有监督的方式检测然后从场景中删除动态对象会带来额外的复杂性,这可能导致更长的处理时间和不稳定的结果。为了以一种无监督的方式解决这个问题,LO-Net提出了为动态掩码预测的任务训练编码器-解码器分支。这是通过优化几何一致性损失函数来完成的,该函数说明了点云数据的法线可以对几何一致性进行建模的区域。该网络可以通过端对端的方式进行训练,方法是将几何一致性损失,里程计回归损失和交叉熵损失结合起来以进行正则化。

有些深度学习方法不是直接使用激光雷达进行定位车辆的,而是尝试学习常见流程中的错误模型。换句话说,深度学习可用于校正已经可用的里程计计算,产生功能强大且灵活的插件模块。BIAS-COR学习一个偏差校正项,目的是改善以激光雷达数据作为输入的状态估计器的结果。高斯模型用于对六个测距误差进行相互独立的建模,其精心选择的输入特征集中在受误差影响最大的三个自由度上。

3.3.2 障碍物识别定位

自动驾驶过程中,保证驾驶安全是重中之重,因此,对周围障碍物进行识别定位是智能汽车必不可少的功能。激光雷达可以扫描周围环境得到点云图,对点云图进行识别定位即可获取障碍物信息。目标检测算法是障碍物识别定位的基础,许多使用激光雷达点云进行障碍物识别定位的算法都是基于二维图像目标检测算法的改进。下面将依次介绍常见的目标检测算法和点云识别定位算法。

3.3.2.1 目标检测算法

传统的目标检测算法通常将目标定位和分类分成独立的步骤,即先定位到目标的位置再将目标分类,通常的做法为:先用不同尺寸的窗口对图像进行遍历得到许多候选区域,然后对候选区域使用如 HOG 等算法进行特征提取,最后使用如 SVM、Adaboost 等算法进行分类。基于深度学习的目标检测算法在近几年快速发展,下面列举一些常见算法。

(1) Faster R-CNN。

Faster R-CNN 将特征提取、ROI 提取、边界框回归与分类多个任务集合在同一个网络,有着较快的检测速度同时保持较高的精度。图 3-7 所示为 Faster R-CNN 的基本结构。

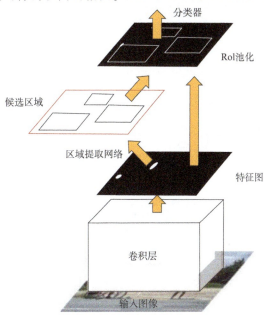

图 3-7 Faster R-CNN 网络结构

Faster R-CNN 使用 RPN(Region Proposal Networks)生成 region proposals,进行锚点框正负样本判断,再使用边界框回归校正锚点框从而获得精确的 proposals。同时使用 ROI pooling 提取 proposal 和特征层送入分类器进行目标分类。

(2) YOLOv1。

YOLOv1 将输入图片划分为多个 7×7 的网格,如图 3-8 所示,如果一个物体的中心点落在了某个格子中,那么这个格子将负责预测这个物体。

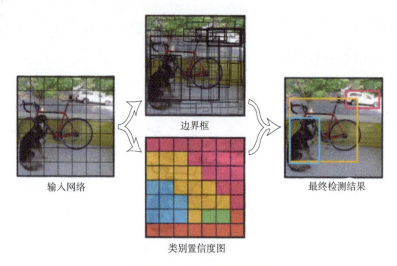

图 3-8　YOLOv1 输入图片划分

YOLOv1 的输入图像大小为 448×448，经过若干个卷积层与池化层，变为 7×7×1024 张量，如图 3-9 所示，最后经过两层全连接层，输出张量维度为 7×7×30，其中 7×7 是切分的网格数，30 是由 (4+1)×2+20 得到的。其中，4+1 是矩形框的中心点坐标，长宽以及是否属于被检测物体的置信度；2 是一个网格回归两个矩形框，每个矩形框分别产生 5 个预测值；20 代表预测 20 个类别。

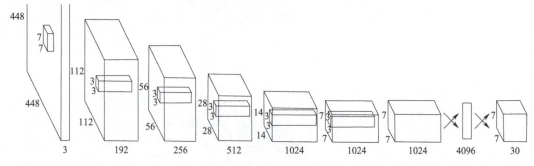

图 3-9　YOLOv1 网络结构

与 Faster R-CNN 这种两阶段的目标检测算法相对，YOLO 是端到端的单阶段算法，因此，算法运行速度更快，但由于少了第二阶段的边界框回归，其精度比 Faster R-CNN 低。

（3）YOLOv4。

YOLO 算法经过不断的发展与完善，目前已有了更强大的版本，比如 YOLOv4，其网络结构如图 3-10 所示。

相对于前面版本的 YOLO 算法（v1-v3），YOLOv4 融合了许多现有的模型技巧，极大地提高了模型训练的速度和精度，同时它训练和推理占用的显存也很少，可以使用 1080Ti 或 2080Ti 等通用 GPU 来训练快速和准确的目标检测器。

YOLOv4 的 backbone 使用的是 CSPNet（Cross Stage Paritial Network），先将基础层的特征映射划分为两部分，然后通过跨阶段层次结构将它们合并，在减少了计算量的同时可以保证准确率，因此，解决了推理中计算量大的问题，提高了训练速度，除此之外，CSP 连接使模型轻量化，降低了内存成本。

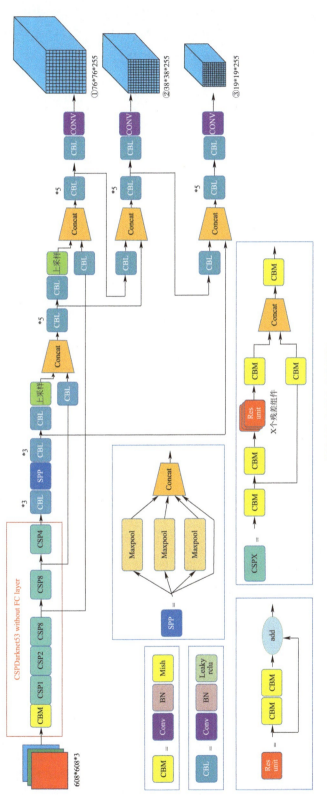

图 3-10 YOLOv4 结构图

在 YOLOv4 中,对 SPP 进行了修改以保证输出为空间维度。最大池化的核大小为 k = {1 × 1、5 × 5、9 × 9、13 × 13}。将来自不同核大小池化后的特征图串联在一起作为输出。采用 SPP 层的方式,比单纯地使用单个尺寸核大小的最大池化的方式,更有效地增加主干网络的感受野,显著地分离最重要的上下文特征。

YOLOv4 在训练时使用 Mosaic 数据增强,将四张训练图像组合成一张进行训练,这增强了对超出正常图像边框的目标的检测。另外,每个 mini-batch 包含的图像数量的 4 倍,因此,在估计均值和方差时减少了对大 batch size 的需求,batch size 的减小可以使训练阶段显存占用大大减少。

(4) FCOS。

FCOS 将特征图上每个点 (x, y) 都作为样本进行训练,回归边界框,将该点映射到原图中,坐标为 $\left(\frac{s}{2} + xs, \frac{s}{2} + ys\right)$,其中 s 为原图到该特征图的总步长,如果该点落在任何真实边界框内,就认为该点是正样本,否则,认为是负样本。如果一个点同时落在多个真实边界框内,则该点对应的真实边界框为面积最小的边界框。

FCOS 使用多尺度特征,并对每个尺度的特征都做逐像素回归,提高算法的召回率,如图 3-11 所示,并且,为了能够更好地利用这种多尺度特征,FCOS 在每一个尺度的特征层都限定了边界框回归的范围。

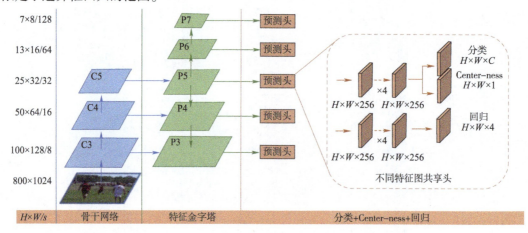

图 3-11　FCOS 结构图

3.3.2.2　点云识别定位算法

常见的使用激光雷达点云进行目标识别与定位的方式包括基于视图的方法、基于体素的方法、基于原始点云的方法、原始体素和点云结合的方法。

(1) 基于视图的方法。

从 2012 年开始,在计算机视觉领域,物体检测算法发展迅速,从 R-CNN、Fast R-CNN、Faster R-CNN 到 YOLO (v1-v5)、FCOS,算法精度不断提高。在点云的物体检测任务中,人们自然而然地借鉴计算机视觉领域的成功经验,将 3D 点云转换到二维空间。

VeloFCN 将 3D 点云转换到与图像相似的正视图,得到一个"点云伪图像"。这种数据在格式和性质上与图像非常类似,自然地也就可以照搬图像上的物体检测算法。但这种表示方法丢失了高度信息,而这个信息对于 3D 物体检测是非常重要的。MV3D 将 3D 点云同时映射到正视图和俯视图,并与 2D 图像数据进行融合,从而利用更多的 3D 信息,提高算法精度。

(2) 基于体素的方法。

VoxelNet 将点云量化到一个均匀的 3D 网格中,每个网格内部随机采样固定数量的点,每个点用七维特征表示,包括该点的 X,Y,Z 坐标,反射强度 R,以及该点相对网格质心(网格内所有点位置的均值)的位置差。全连接层被用来提取点的特征,然后每个点的特征再与网格内所有点的特征均值进行拼接,得到新的点特征。这种特征的优点在于同时保留了单个点的特性和该点周围一个局部小区域的特性。SECOND 采用稀疏卷积策略,避免了空白区域的无效计算,将运行速度提升到了 26FPS,同时也降低了显存的使用量。

(3) 基于原始点云的方法。

PointNet++用聚类的方式来产生多个候选区域,在每个候选区域内采用 PointNet 来提取点的特征。这个过程以一种层级化的方式重复多次,每一次聚类算法输出的多个点集都被当作抽象后的点云再进行下一次处理,这样得到的点特征具有较大的感受野,包含了局部邻域内丰富的上下文信息。Point-RCNN 使用 PointNet++提取点特征以区分物体上的点和背景点。同时,每个前景点也会输出一个 3D 候选 BBox。接下来就是将候选 BBox 内的点再做进一步的特征提取,输出 BBox 所属的物体类别,并且对其位置、大小进行细化。

(4) 原始体素和点云结合的方法。

PointPillar 把落到每个网格内的点直接叠放在一起,然后利用与 PointNet 相似的方式来学习特征,最后再把学到的特征向量映射回网格坐标上,得到与图像类似的数据,一方面避免了 VoxelNet 中的 3D 卷积和空白区域的无效计算,另一方面避免了手工设计特征导致信息丢失和网络适应性不强的问题。在 PV-CNN 中,一个分支采用低分辨率的 Voxel 来提取具有邻域信息的特征,然后再通过插值的方法映射回每个点上。另一个分支直接从原始点出发,利用 MLP 来提取点特征,这时虽然没有邻域信息,但是单个点的特征提取是相对精确的。最后把两个分支的特征进行拼接,作为下一步的输入。

3.3.2.3 常用的点云识别定位框架

(1) MV3D。

MV3D 是基于视角的方法,MV3D 网络采用 3D 点云和图像的多视图表示作为输入。它首先从鸟瞰图生成 3D 对象建议,然后通过基于区域的表示法将多视图特征深度融合。融合的特征用于类别分类和定向的 3D 框回归。

(2) PointNet。

PointNet 是基于原始点云的方法,输入的全部点云数据首先经过空间变换网络,从而保证模型对特定空间转换的不变性,接着使用全连接层提取特征,重复多次,提取高级语义特征,最后使用最大池化得到最终的特征,最大池化可以解决点云的无序性问题。

(3) PointNet++。

PointNet++是 PointNet 的改进版本,也是基于原始点云的方法。PointNet 直接提取每个点云的特征,这种方法有一个缺陷,它没有提取局部特征,会导致模型的泛化能力较低。PointNet++从全部点云中随机选取 N 个点,并在每个点的周围采集 K 个点形成子区域,再提取该子区域的特征,从而提高模型的泛化能力,同时也提高了运行速度。

（4）VoxelNet。

VoxelNet 是基于体素的方法，其网络结构如图 3-12 所示。

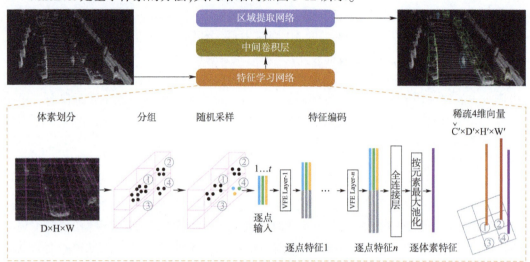

图 3-12　VoxelNet 网络结构

VoxelNet 将 3D 点云数据看成一个个的立体块进行处理，VoxelNet 的网络结构包括特征学习网络、中间卷积层、区域提取网络三部分。特征学习网络先将输入点云划分为多个体素，在每个体素内部进行随机采样机归一化，之后使用多个体素特征编码器进行局部特征提取得到逐体素特征，中部卷积层进一步增大感受野并提取高级语义信息，最后区域提取网络层对物体进行分类和位置回归。

第4章 机器视觉定位技术

机器视觉定位技术主要借助视觉传感器完成,机器人借助单目、双目摄像头、深度摄像机、视频信号数字化设备或基于 DSP 的快速信号处理器等其他外部设备获取图像,然后对周围的环境进行光学处理,将采集到的图像信息进行压缩,反馈到由神经网络和统计学方法构成的学习子系统,由子系统将采集到的图像信息与机器人的实际位置联系起来,完成定位。由于成本低、感知信息丰富,摄像头已经成为众多智能设备的标配,利用摄像头进行定位也在实际中得到广泛应用。

4.1 机器视觉定位技术概述

4.1.1 机器视觉定位技术背景

将视觉技术用于定位可以追溯至 20 世纪,但让视觉定位技术声名大噪、为公众熟知,估计是 2003 年美国宇航局发射的"机遇号"火星探测器(图 4-1)。火星探测器登陆的火星属于未知环境的星球,在上面进行科学研究时,面对复杂的环境,且无法对其进行实时遥控时,必须通过同步实现定位与地图创建才能完成导航任务,因此,火星车上配置有视野较大、黑白的导航相机,且使用了大家熟知的 SLAM 技术。

图 4-1 "机遇号"火星探测器

除了在科研、军事领域有其相关应用外,视觉定位技术在当今的商业领域也有着广泛的应用。例如,微软的混合现实头戴式显示器 Hololens 2(图 4-2),特斯拉具有 Autopilot 智能辅助驾驶功能的 Model Y 系列汽车(图 4-3),荣获 2020 5G 全球应用大赛唯一金奖的华为河图

(图 4-4),iRobot 搭载摄像头、可实现高效全景导航的 Roomba i7 + 系列扫地机器人(图 4-5),贝壳如视的 VR 看房系统(图 4-6),大疆科技的 Mavic、精灵、FPV,零零无限的 V-Coptr(图 4-7)等系列消费级无人机。

图 4-2　微软 Hololens 2

图 4-3　特斯拉的 Model Y

图 4-4　华为河图 Cyberverse

图 4-5　iRobot Roomba i7 +

图 4-6　如视 VR 看房系统

图 4-7　V-coptr Falcon

4.1.2　机器视觉定位技术分类

根据是否使用先验的视觉地图,可将视觉定位技术分为基于视觉地图的定位与无先验地图的定位。

基于视觉地图的定位假定能够构建先验的视觉地图,然后基于先验视觉地图进行视觉定位,该方法得到的定位结果与先验视觉地图在相同的坐标系,属于绝对定位,能较好地保证全局一致性,基本上会涉及视觉地图构建、重定位、图像检索、特征点提取及匹配、多传感器融合等方面技术。

无先验地图的视觉定位方法无法依赖先验视觉地图,需要估计本体位姿与周围环境结构,属于相对定位,尤其在没有绝对位置信息(如 GNSS)情况下,定位结果不具有全局一致性,这也是在室内相同场景多次运行 SLAM 系统、坐标系并不一致的原因。而根据视觉定位问题是否需要在线实时运行,无先验地图的视觉定位通常又可以分为 SLAM 与运动恢复结构(Structure from Motion,SfM)。SLAM 概念起源于机器人社区,相较于建图、更加注重定位,并且更注重实时性,根据应用需求会采用滤波或优化算法作为后端,在实际使用中通常会融合 IMU 等传感器;而 SfM 概念起源于计算机视觉社区,更加注重场景结构的恢复,并且更关注结构的精准度,通常的 SfM 过程都采用优化方法、非实时运行。

关于视觉定位技术的分类可简单总结如图 4-8 所示。随着深度学习的崛起,基于数据驱动的视觉定位方法也吸引了诸多研究,在介绍各种类别的视觉定位技术后,也会对深度学习在视觉定位技术方面的研究与应用进行探讨。

图 4-8　视觉定位技术的分类

4.1.2.1　基于视觉地图的定位

图 4-9 展示了一个基于视觉地图的定位框架。相较于通常意义上的基于视觉地图的定位方案,该框架还添加了融合步骤,尝试融合 IMU、GPS、轮式里程计等传感器信息。

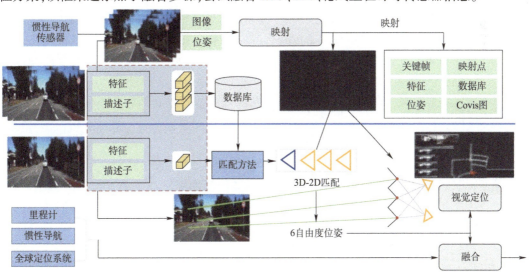

图 4-9　基于视觉地图的定位框架

基于视觉地图的定位通常包括视觉地图构建与更新、图像检索、精确定位等步骤。该方案中,视觉地图是该方案的核心,在构建视觉地图过程中,根据图像帧是否具有精确先验位姿信息,可将构建视觉地图的过程分为基于先验位姿的视觉地图构建与无先验位姿的视觉地图构建。在基于先验位姿的视觉地图构建方案中,图像帧的先验位姿可来源于与相机同步且标定的高精激光雷达数据,该类型数据在自动驾驶领域的高精采集车上很常见;在小范围场景,尤其室内,先验位姿还可从视觉运动捕捉系统如 Vicon、OptiTrack 获取。而对于无先验位姿的视觉地图构建,则采用与 SfM 类似的离线提取特征点、离线优化位姿与场景结构的方式进行处理。

另外,在视觉地图构建过程中,还需要关注视觉地图到底由哪些元素构成,例如除了通常提取特征点并构建 3D 点云外,是否还进行物体识别、语义分割来提取语义信息并构建语义地图。若不考虑语义信息,构建的几何视觉地图一般包括图像帧、特征点与描述子、3D 点、图像帧之间的关联关系、2D 点与 3D 点的关联关系等。实际使用过程中,由于现实场景的改变,构建完成的视觉地图还需要同步更新,该过程的核心为需要及时发现新增、过期等变化,然后将对应改变更新至视觉地图。当拥有先验视觉地图后,面对新来到的图像帧,通常可进行图像检索与精确定位步骤,完成对该新来图像帧的定位。

图像检索可以简单理解为从视觉地图中,根据二维图像信息判断出最相似的场景,试图寻找当前帧与历史帧最像的候选帧。但由于视角、光照、天气、场景等因素变化影响,该数据关联过程通常具有较大挑战性。当没有位置先验信息时,该图像检索过程类似于 SLAM 的回环检测过程,可利用传统的词袋模型来求解,当然也可采用基于数据驱动的深度学习方法来解决。当利用 GNSS 先验位置或融合其他传感器进行航位推算后,可利用该位置信息作为先验,在邻近图像帧进行局部搜索。

精确定位也即 SfM 领域常说的图像注册或图像配准过程。在完成图像检索、得到当前帧的历史候选帧后,进行相应的特征匹配,以特征点匹配为例,然后可根据视觉地图中 2D 点与 3D 点的关联关系得到视觉地图中的 3D 点与当前图像帧中的 2D 点的关联关系,该视觉定位问题变成了经典的 PnP(Perspective-n-Point) 问题,可利用 P3P、EPnP、DLT 等方法求取初值,然后再利用光束法平差(Bundle Adjustment,BA)进行优化求解。

基于视觉地图的定位方案,与自动驾驶领域常采用的基于高精地图定位有很多相似之处,二者在数据源(摄像头与激光雷达)、处理对象(二维图像与三维点云)、配准方法(3D-2D、3D-3D)等细节方面存在差异,但在整体方案、处理流程等方面都存在不少可以相互借鉴之处。

4.1.2.2 SLAM

SLAM 中文叫作同步定位与建图,属于"鸡生蛋、蛋生鸡"的问题:即准确的定位需要精准的地图,而地图的构建又依赖准确的定位。SLAM 问题的提出源于机器人社区,最初主要用于解决无先验地图场景下,机器人的定位问题;由于定位是后续机器人导航、规划、控制等方面的基础,因此,SLAM 定位具有在线、实时等特性。根据使用的传感器的不同,SLAM 主要可分为视觉 SLAM 与激光 SLAM;由于本章主要对视觉定位问题进行概述,因此,除非特别指定,后续对 SLAM 问题的探讨均指代视觉 SLAM。

由于 SLAM 问题注重实时性,因此,早期的 SLAM 系统大都采用滤波框架,例如 1987 年 R. Smith 与 P. Cheeseman 利用扩展卡尔曼滤波(Extended Kalman Filter,EKF)初步实现的定位方案。然而,由于优化方案更优的精准度,随着计算平台算力的提升及认识到视觉 SLAM 问题中的稀疏特性,后续视觉 SLAM 方案大都采用优化框架。2012 年,Hauke Strasdat 等人对视觉 SLAM 使用滤波、优化框架的优劣进行了详细比对,并得出基于关键帧的优化框架优于滤波框架的结论。

纵观视觉 SLAM 发展历程,大致经历了如下阶段:经典算法阶段(1986 年至 2004 年),即主要利用 EKF、粒子滤波等滤波方法,构建概率模型,来解决 SLAM 问题;算法分析阶段(2004 年至 2015 年),该阶段主要对 SLAM 算法的可观性、一致性、收敛性等从理论上进行分析,例如单目 SLAM 具有七个不可观自由度、双目 SLAM 具有六个不可观自由度,而融合了 IMU 的视觉 SLAM 具有四个不可观自由度;鲁棒感知阶段(2015 年至今),该阶段主要期望解决系统鲁棒性问题,例如解决动态场景、纹理缺失、传感器失效、时间戳不同步等具体问题。

视觉 SLAM 具有各种不同类型,根据不同标准可分为不同类别。

(1) 根据视觉前端是否提取特征,可分为直接法与特征法。直接法利用光度不变性假设、构建光度误差,可分为稀疏、半稠密、稠密三类,稀疏直接法(如 SVO)对图像关键点进行处理、半稠密直接法(如 LSD-SLAM)对梯度变化明显像素进行处理、稠密直接法对所有像素进行处理。特征法提取特征、进行特征匹配、并构建重投影关系,通常使用的特征主要包括点特征、线特征等。基于点特征的视觉 SLAM 方法较为常见,且在实际中应用较广,如 FAST 特征(如 PTAM、BASALT)、ORB 特征(如 ORB-SLAM3)、Shi Tomasi 特征(如 Mono_SLAM、VINS_Fusion、MSCKF);另外,随着深度学习的崛起,基于学习方法的特征点在 SLAM 领域也有较广阔的应用前景,如 SuperPoint、Patch-NetVLAD。线特征类型的视觉 SLAM 通常利用人造场景规则的几何特征信息,提取线特征并进行线特征的匹配,该类型特征在室内、纹理缺失的场景能起到较好的补充作用,通常可利用 LSD 方法进行线条特征的提取,空间直线可采用普吕克参数、直线正交进行参数化表达,PL_SLAM、Struct_SLAM 是比较典型地利用了线特征的视觉 SLAM。

(2) 根据后端使用的融合方法,可分为基于滤波的方法与基于优化的方法。上文已经提过纯视觉 SLAM 中基于优化的方法已经占有主导地位。在利用特征点信息的优化问题中,通常利用重投影误差信息,构建成 BA 问题;而在直接法的优化问题中,则是构建成最小化光度误差问题。另外,视觉 SLAM 的一个重要发展趋势是与其他传感器的融合,尤其是 IMU。在这过程中,衍生出一个独特、且广泛应用的方案,即 VIO(Visual Inertial Odometer,视觉惯性里程计)。由于 IMU 数据频率很高(几百~几千赫兹),为减小计算量、保证实时性,滤波方法在 VIO 中具有较广泛的应用。近几年来,为了解决高频率 IMU 数据在优化过程中计算量大的问题,IMU 预积分策略在 OKVIS 中得到第一次应用,VINS_Mono 将预积分策略从欧拉角维度拓展到四元数维度,从而使得 IMU 预积分是优化类 VIO 系统中的一个标配。

(3) 根据图像数据与其他传感器(如 IMU)的融合方式,可分为松耦合与紧耦合。松耦合方案是视觉与其他传感器分别计算得到位姿信息后,对各自的位姿信息进行融合;紧耦合方案则是对视觉与其他传感器的原始数据信息进行融合,从而得到最终的位姿信息。理论上说,紧耦合方案的性能会优于松耦合的方案,但紧耦合方案对时间戳同步、准确外参等更为敏感,实际应用中使用哪种方案需根据实际情况而定。综合考虑后端方法、耦合方式,一些典型的 VIO 方案的分类如图 4-10 所示。

上述方案中,MSCKF 框架 2007 年由 Anastasios I. Mourikis 在明尼苏达大学上学期间提出,他的学生李名杨后续在一致性等方面进行大幅完善,通常称该版本为 MSCKF 2.0,传闻 Google 的 Tango 使用的就是该算法,但他们并未将 MSCKF 相关代码开源;后续宾夕法尼亚大学 Daniilidis-group 实现了 Mono-MSCKF、宾夕法尼亚大学 GRASP Lab 实现了 Stereo-MSCKF 并进行开源。另外,VINS_Mono/Fusion 框架则是出自香港科技大学沈劭劼课题组,该框架从 2018 年公开伊始,便在业界引发了极大反响。由于该框架吸收了动态初始化、IMU 预积分、滑窗优化等较新的技术点,并对系统鲁棒性方面进行了诸多考虑,因此,该框架的综合性能较优,被研究、应用较广。

图 4-10　VIO 框架分类

(4)根据求解过程中,位姿相对于固定的全局坐标系或变化的局部坐标系,可分为 World-centric 和 Robo-centric 两大类。World-centric 方案顾名思义是采用固定的全局坐标系为基准,例如可使用第一帧图像的相机坐标系作为全局坐标系,大部分 SLAM 系统属于该类别,如 ORB_SLAM、VINS_Fusion、MSCKF、OKVIS 等。Robo-centric 方案则是利用变化的局部坐标系为基准,例如可使用上一帧图像的相机坐标系为局部坐标系,采用局部坐标系理论上可解决一致性问题,例如 ROVIO、R_VIO。另外,采用局部坐标系的思想在 SLAM 研究中的其他方面也有广泛使用,例如 AHP(Anchored Homogeneous Points)类型的路标点参数化、相对边缘化、IMU 预积分等。

不同类型的视觉 SLAM 系统具有不同模块、构成不同类型框架。通常的视觉 SLAM 系统框架如图 4-11 所示,主要包括传感器数据获取、视觉里程计、后端、建图、回环检测等。传感器数据获取主要用于获取图像数据,如若存在多传感器融合,还需同步获取其他传感器数据及时间戳;视觉里程计主要利用两视图关系、进行位姿递推,以特征点法为例会涉及特征点提取与匹配、PnP 计算、Local BA 等;后端过程则会综合考虑共视图像帧数据、最小化误差,从而保证局部共视图像帧之间的局部一致性;建图过程利用准确的相机位姿及 3D 信息,根据具体任务需求构建相应的地图,特征点方法构建稀疏点云地图为主;回环检测则主要检测是否回到同一个场景、并利用相同场景的数据关联关系、消累积误差、保证全局一致性,该过程的当前实际应用通常利用词袋模型进行回环检测。

另外,对于优化框架的 SLAM 方案,通常还具有初始化模块,主要为了解决优化过程陷入局部最优的问题。实际应用中,初始化模块的性能(精度、耗时、鲁棒性等)对具体使用效果具有重要影响。

经过几十年发展,已经涌现出诸多优秀的 SLAM 框架结构。Carlos Campos 等人在 2020 年对一些典型的 SLAM 框架从特征选取、估计类型、回环/重定位、传感器配置、精度、鲁棒性等维度进行了对比,具体比较结果见表 4-1。

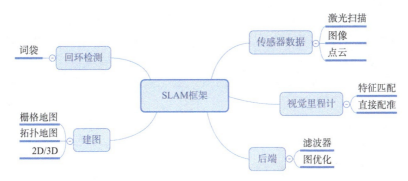

图 4-11 SLAM 系统框架

一些典型 SLAM 框架的对比   表 4-1

SLAM 框架	框架类型	特征名称	估计类型	回环/重定位	精度	稳定性
Mono-SLAM	SLAM	Shi Tomasi	扩展卡尔曼滤波	—	较好	较好
PTAM	SLAM	FAST	光束法平差	缩略图	很好	较好
LSD-SLAM	SLAM	Edgelets	—	—	一般	一般
SVO	VO	FAST + HI. gtad.	本地化光束法平差	—	很好	很好
ORB-SLAM2	SLAM	ORB	本地化光束法平差	词袋模型	非常好	很好
DSO	VO	High. grad	本地化光束法平差	—	一般	很好
DSM	SLAM	High. grad	本地化光束法平差	—	很好	很好
MSCKF	VO	Shi Tomasi	扩展卡尔曼滤波	—	很好	很好
OKVIS	VO	BRISK	本地化光束法平差	—	很好	很好
ROVIO	VO	Shi Tomasi	扩展卡尔曼滤波	—	一般	一般
ORBSLAM-V1	SLAM	ORB	本地化光束法平差	词袋模型	很好	很好
VINS-Fusion	VO	Shi Tomasi	本地化光束法平差	词袋模型	很好	非常好
VI-DSO	VO	High. grad	本地化光束法平差	—	很好	非常好
BASALT	VO	FAST	本地化光束法平差	—	很好	非常好
Kimera	VO	Shi Tomasi	本地化光束法平差	—	非常好	非常好
ORB-SLAM3	SLAM	ORB	本地化光束法平差	词袋模型	非常好	非常好

4.1.2.3 SfM

(1)SfM 概念。

SfM 即从运动中恢复结构,起源于计算机视觉社区,属于三维重建中构建稀疏点云图阶段,完整的三维重建过程通常还包括立体视觉(Multi View Stereo, MVS)步骤。SfM 与视觉 SLAM 都使用了很多共通的视觉底层技术,如视觉特征处理、多视图几何、鲁棒估计方法等,但二者还是存在较多差异。

(2)SfM 与视觉 SLAM 异同。

①对图像序列性质的要求不同:视觉 SLAM 处理的图像具有序列性质,而 SfM 对图像是否具有序列性无严格要求;视觉 SLAM 主要用于实时定位,随着本体的运动,处理的图像会按照时间关系、序列性地进行处理,如果进行多源图像处理、通常还会进行时空标定,而 SfM

主要用于建图、恢复场景的结构,随着处理场景的差异、所处理的图像也千差万别,有自采的、也有来自网络的,有同源的、也有异源的,有标定的、也有未标定的,因此,SfM 也没法要求所处理的图像具有序列性质,这也是开源 SfM 框架 COLMAP 存在 Exhaustive Matching、Sequential Matching、Vocabulary Tree Matching、Spatial Matching 等匹配方法的原因。

②对图像特征的侧重不同:视觉 SLAM 注重实时性,需要保证提取的关键点(特征点或直接法)在鲁棒性不太差的前提下足够快,因此,侧重 FAST、ORB、图像梯度等轻量级提取方法;而相较于速度,SfM 更关注精度,因此,偏爱 SIFT 这类比较重、但精度更高的提取算法,当前随着深度学习发展,很多基于深度学习的特征点提取方法在 SfM 中也得到了广泛使用。

③在建图处理方面,二者存在较大差异:在视觉 SLAM 方法中,相机的位姿是随着时间增量式进行计算的,为了实时性,在得到相机位姿与 3D 点后,还会边缘化老的状态,并把边缘化的状态作为先验信息添加到后续约束中,从而在滑动窗口中只优化固定数量的状态;另外,为了解决累积误差、保持全局一致性,通常还会加上回环检测模块,通过估计变换矩阵(如对于单目 SLAM 估计 sim3、对于 VINS 估计偏航 + XYZ 的四自由度变换),进行全局 BA 处理。而对于 SfM,由于在进行后续优化处理前,已经对所有图像进行了匹配处理、构建了包括所有图像的 scene graph,所有的匹配关系是提前已知的,而相应的回环检测信息也就隐式包含了。

(3) SfM 基本分类。

根据对图像数据处理流程的差异,SfM 通常可以分为增量式 SfM、全局式 SfM、分布式 SfM、混合式 SfM 四大类。其中,后两类通常用于解决非常大规模的数据场景,是以前两类为基础的。

增量式 SfM 通常是对图像一个个进行处理,经过图像注册、三角化后得到相机位姿及对应点云,然后进行局部 BA,而通常当恢复的图像帧数目占一定比例时,还会进行全局 BA。由于进行增量的 BA 处理,增量式 SfM 的精度通常较高、且鲁棒性较好,但随着图像增多,BA 处理的规模越来越大,因此,也存在效率低、占用内存大等缺点。另外,由于图像增量式地添加,增量式 SfM 也会存在累积漂移问题。比较典型的 SfM 框架有 Bundler、COLMAP,COLMAP 的 SfM 流程如图 4-12 所示。

对于累积漂移问题,有一些通过全局式 SfM 的方式进行解决。在进行图像匹配过程中,已经得到了图像间的基础/本质矩阵,可以通过分解得到图像间的相对旋转与相对平移,利用相对旋转作为约束,可以恢复出全局旋转,即"旋转平均"步骤。然后,再利用全局旋转与相对平移约束,可以恢复出全局平移,即"平移平均"步骤。上述的"平均"概念是在有了相对旋转与平移运动约束前提下,构建全局优化问题,将相机位姿的误差均摊到每个相机位姿上。由于构建全局 BA、进行优化的次数少,全局式 SfM 的效率较高。然而,由于相对平移约束仅仅约束平移方向、而尺度未知,因此,"平移平均"较难求解。另外,"平移平均"求解过程对外点很敏感,实际应用中,全局式 SfM 比较受局限。

SfM 是三维重建的第一步,是后续 MVS 等步骤的基础。在计算机三维视觉领域发展的几十年中,已经涌现了诸多优秀的开源的或商业的三维重建框架,比较典型的开源三维重建框架有 COLMAP、OpenMVG 等,一些优秀的商业三维重建框架有 Reality Capture、Agisoft Metashape 等。Peter L. Falkingham 等人在 2020 年对一些典型的三维重建框架从重建质量、耗时等维度进行了评估。

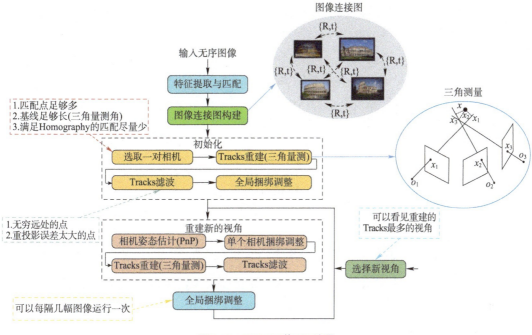

图 4-12　COLMAP 的 SfM 流程

4.2　传感器模型

4.2.1　摄像头(相机成像模型)

摄像头仿真就是通过计算机图形学对三维景物(CAD)模型添加颜色与光学属性,生成逼真的图像。现在流行的 Unreal Engine 或者 Unity 3D,就是基于物理的渲染引擎,实现一些 CAD 模型的绘制算法,比如光线跟踪(ray tracing)或者光线投射(ray casting),来实现图像合成(展示光线和图像的关系),如图 4-13 所示。一些开源的自动驾驶仿真系统如 Intel Carla (Car Learning to Act) 和 Microsoft AirSim 都采用了这些渲染引擎。

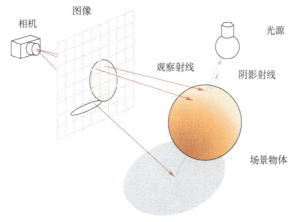

图 4-13　相机成像模型

有一些开源的虚拟图像库,已经在计算机视觉的研究中得到应用,例如 Virtual KITTI、FCAV(UM Ford Center for Autonomous Vehicles)和 Synthia 等,图 4-14 有一些各自的图像例子。

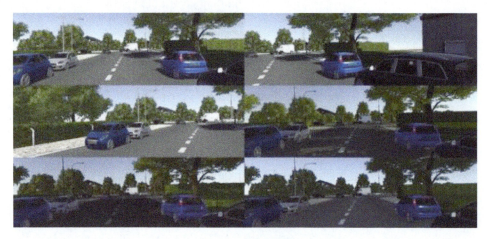

图 4-14 虚拟图像库

4.2.2 相机

理论上,在计算机图形学有各种光照模型和绘制模型,当年 Nvidia 在 GPU 硬件对图形学算法加速作出了重大贡献,包括著名的 voxel shader 和 pixel shader(fragment shader)。大家说计算机视觉是计算机图形学的逆过程,只是它和计算机图形学也可以结合,结果有两个重要输出,一个是增强现实(AR),另一个是基于图像的绘制(IBR)。

AR 的思想在仿真系统也可以体现,比如在真实的街景中可以插入合成的车辆或者行人。IBR 在虚拟环境生成的过程中可以通过一些拍摄的图像生成一些背景以简化实际渲染的计算量。更甚至,通过机器学习,比如 GAN,在大量真实图像数据的训练情况下与图形学的 CAD 模型结合,也可以合成新场景图像。

除了 3D 几何和物理模型之外,还需要对相机镜头的结构与光学特性、内部数据采集过程进行仿真,例如焦距、畸变、亮度调节、伽玛调节、景深(depth of field)、白平衡和高动态范围(HDR)色调调整等。

相机成像的过程实际上是将真实的三维空间中的三维点映射到成像平面(二维空间)过程,可以简单地使用小孔成像模型来描述该过程,以了解成像过程中三维空间到二维图像空间的变换过程。

相机可以抽象为最简单的形式:一个小孔和一个成像平面,小孔位于成像平面和真实的三维场景之间,任何来自真实世界的光只有通过小孔才能到达成像平面。因此,在成像平面和通过小孔看到的真实三维场景存在着一种对应关系,也就是图像中的二维像点和真实三维世界的三维点存在某种变换关系。找到了这种变换关系,就可以利用图像中的二维点信息来恢复场景的三维信息。

图 4-15 是小孔成像的模型。为了简化模型,将成像平面放在了小孔的前面,并且成的像也是正立的。

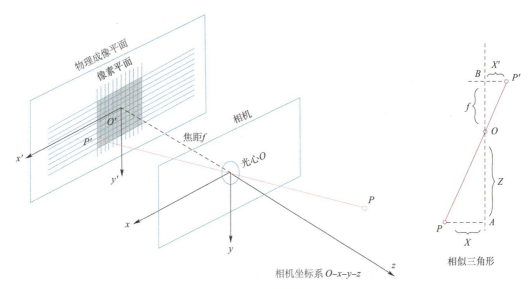

图 4-15 小孔成像模型

4.2.2.1 坐标系

在描述小孔的成像过程前,首先来定义两个坐标系。

(1)相机坐标系(三维坐标系)。

相机的中心被称为焦点或者光心,以焦点 O_c 为原点和坐标系 X_c,Y_c,Z_c 组成相机坐标系。

(2)图像坐标系(二维坐标系)。

(3)成像平面中,以成像平面的中心为原点 O' 和坐标轴 x',y' 组成了图像坐标系。

假设,三维空间中点 P,其在相机坐标系中的坐标是 $P_c=[X,Y,Z]^T$;其像点 p,在图像坐标系中的坐标是 $p=[x,y]^T$,由于光轴垂直于成像平面,那么可以知道像点 p 在相机坐标系中的坐标是 $p=[x,y,z]^T$,其中 $z=f$(f 是焦点到成像平面之间的距离,被称为焦距)。

由上图根据三角形的相似关系,可以得到如下公式:

$$\frac{Z}{f}=\frac{X}{x}=\frac{Y}{y} \tag{4-1}$$

将上面公式整理后可以得到:

$$\begin{cases} x=f\dfrac{X}{Z}\\ y=f\dfrac{Y}{Z}\\ z=f \end{cases} \tag{4-2}$$

上面的公式就是小孔相机模型的基础公式。有了此公式,可以推导出更详细的小孔相机模型的参数:内参数、外参数。

4.2.2.2 内参数、外参数

相机的成像过程实际是将三维空间的点 $P=(X,Y,Z)$ 变换到成像平面的过程,这个过程也可以被称为射影变换(更多关于射影变换的内容可参考《计算机视觉中的多视图几

何》)。如上面描述的,设射影变换的中心 O 作为相机坐标系的原点,该点到成像平面的距离为 f,P 在成像平面的投影点为 $p = (x,y)$ 根据相似三角形原理,可以得到公式:

$$\begin{cases} x = f\dfrac{X}{Z} \\ y = f\dfrac{Y}{Z} \\ z = f \end{cases} \tag{4-3}$$

上面的公式就描述了三维空间到二维平面的映射,但是该映射对于坐标 ZZ 来说却是非线性(作为分母),通过上面的公式方便地统一处理 X,Y,Z 这三个坐标轴的数据。就需要引入新的坐标(扩展坐标的维度)将其线性化,如下:

$$\begin{bmatrix} x \\ y \end{bmatrix} \Leftrightarrow \begin{bmatrix} \hat{x} \\ \hat{y} \\ \hat{z} \end{bmatrix} = \begin{bmatrix} f & 0 & 0 & 0 \\ 0 & f & 0 & 0 \\ 0 & 0 & 1 & 0 \end{bmatrix} \begin{bmatrix} X \\ Y \\ Z \\ 1 \end{bmatrix} \tag{4-4}$$

这样,可以使用矩阵的乘法统一地处理 X,Y,Z 这三个坐标。坐标 $(\hat{x},\hat{y},\hat{z})$ 就是像点 $p = (x,y)$ 的齐次坐标,其中:

$$\begin{cases} x = \dfrac{\hat{x}}{\hat{z}} \\ y = \dfrac{\hat{y}}{\hat{z}} \\ \hat{z} \neq 0 \end{cases} \tag{4-5}$$

通过上面的公式可以很容易地推导出,怎么通过扩展坐标维度构建齐次坐标。具体步骤就是将 x 和 y 同时除以一个不为0的 z,并且将 z 作为其添加维度的坐标,通常可以选择 $z = 1$。这就可以发现齐次坐标的一个重要性质,齐次坐标缩放一个常量因子是不变:

$$s(a,b,c)^T = (sa,sb,sc)^T \tag{4-6}$$

(1)内参数。首先求解相机的内参数,相机的内参数由下面的两部分组成:

①射影变换本身的参数,相机的焦点到成像平面的距离,也就是焦距 f。

②从成像平面坐标系到像素坐标系的变换。

上面推导中使用的像点坐标 $p = (x,y)$ 是成像平面坐标系下,以成像平面的中心为原点。而实际像素点的表示方法是以像素来描述,坐标原点通常是图像的左上角,X 轴沿着水平方向向左,Y 轴竖直向下。像素是一个矩形块,这里假设其在水平和竖直方向的长度分别为:α 和 β。所以像素坐标和成像平面坐标之间,相差了一个缩放和原点的平移。

假设像素坐标的水平方向的轴为 μ,竖直方向的轴为 v,那么将一个成像平面的坐标 (x,y) 在水平方向上缩放 α 倍,在竖直方向上缩放 β 倍,同时平移 (c_x,c_y),就可以得到像素坐标系的坐标 (μ,v),其公式如下:

$$\begin{cases} u = \alpha x + c_x \\ v = \beta y + c_y \end{cases} \tag{4-7}$$

将上面求得的 (x,y) 带入上面公式可得到:

$$\begin{cases} u = \alpha f \dfrac{X}{Z} + c_x \\ v = \beta f \dfrac{Y}{Z} + c_y \end{cases} \Rightarrow \begin{cases} u = f_x \dfrac{X}{Z} + c_x \\ v = f_y \dfrac{Y}{Z} + c_y \end{cases} \text{其中}, f_x = \alpha f, f_y = \beta f \qquad (4\text{-}8)$$

将上面的公式写为齐次坐标的形式：

$$\begin{bmatrix} \mu \\ v \\ 1 \end{bmatrix} = \dfrac{1}{Z} \begin{bmatrix} f_x & 0 & c_x \\ 0 & f_y & c_y \\ 0 & 0 & 1 \end{bmatrix} \begin{bmatrix} X \\ Y \\ Z \end{bmatrix} \qquad (4\text{-}9)$$

上面提到对于齐次坐标，缩放一个常量因子仍然是相等的，将 Z 移到左边：

$$Z\begin{bmatrix} \mu \\ v \\ 1 \end{bmatrix} = \begin{bmatrix} f_x & 0 & c_x \\ 0 & f_y & c_y \\ 0 & 0 & 1 \end{bmatrix} \begin{bmatrix} X \\ Y \\ Z \end{bmatrix} \qquad (4\text{-}10)$$

通过上面的推导，就得到了相机的内参数矩阵（Camera Intrinsics）K：

$$K = \begin{bmatrix} f_x & 0 & c_x \\ 0 & f_y & c_y \\ 0 & 0 & 1 \end{bmatrix} \qquad (4\text{-}11)$$

K 有 4 个未知数和相机的构造相关，f_x，f_y 和相机的焦距，像素的大小有关；c_x，c_y 是平移的距离，和相机成像平面的大小有关。

求解相机内参数的过程被称为标定，在 SLAM 中可以假定相机的内参是已知的，而在三维重建中内参则是未知的，需要手动的标定（比如使用标定板），也有自标定的方法，不过精度较低。

（2）外参数。经过相机内参数的求解，接下来可以推导相机的外参数，通过上面的推导，知道了相机成像的过程：

$$p = KP \qquad (4\text{-}12)$$

其中，p 是图像中像点的像素坐标，K 是相机的内参数矩阵，P 是相机坐标系下的三维点坐标。

上面推导使用的三维点坐标是在相机坐标系下的，相机坐标系并不是一个"稳定"的坐标系，其会随着相机的移动而改变坐标的原点和各个坐标轴的方向，用该坐标系下坐标进行计算，显然不是一个明智的选择。需要引进一个稳定不变坐标系：世界坐标系，该坐标系是绝对不变，SLAM 中的视觉里程计就是求解相机在世界坐标系下的运动轨迹。

设 P_c 是 P 在相机坐标系坐标，P_w 是其在世界坐标系下的坐标，可以使用一个旋转矩阵 R 和一个平移向量 t，将 P_c 变换为 P_w：

$$P_c = RP_w + t \qquad (4\text{-}13)$$

其中，R 是一个 3×3 的旋转矩阵，t 是 3×1 的平移向量，上面运算的过程还需要做加法运算，为了方便计算，现将其改写为齐次坐标的形式：

$$\begin{bmatrix} X_c \\ Y_c \\ Z_c \end{bmatrix} = \begin{bmatrix} R_{11} & R_{12} & R_{13} \\ R_{21} & R_{22} & R_{23} \\ R_{31} & R_{32} & R_{33} \end{bmatrix} \begin{bmatrix} X_w \\ Y_w \\ Z_w \end{bmatrix} + \begin{bmatrix} t_1 \\ t_2 \\ t_3 \end{bmatrix} \qquad (4\text{-}14)$$

其齐次坐标的形式：

$$\begin{bmatrix} X_c \\ Y_c \\ Z_c \\ 1 \end{bmatrix} = \begin{bmatrix} R_{11} & R_{12} & R_{13} & t_1 \\ R_{21} & R_{22} & R_{23} & t_2 \\ R_{31} & R_{32} & R_{33} & t_3 \\ 0 & 0 & 0 & 1 \end{bmatrix} \begin{bmatrix} X_w \\ Y_w \\ Z_w \\ 1 \end{bmatrix} \tag{4-15}$$

将旋转矩阵 R 和平移向量 t 带入：

$$\begin{bmatrix} X_c \\ Y_c \\ Z_c \\ 1 \end{bmatrix} = \begin{bmatrix} R & t \\ \mathbf{0}^T & 1 \end{bmatrix} \begin{bmatrix} X_w \\ Y_w \\ Z_w \\ 1 \end{bmatrix} \tag{4-16}$$

上面就推导得到相机的外参数（Camera Extrinsics）T：

$$T = \begin{bmatrix} R & t \\ \mathbf{0}^T & 1 \end{bmatrix} \tag{4-17}$$

其中，R 是旋转矩阵，t 是平移向量。

（3）相机矩阵。最终将相机的内外参数组合，其中 $p=(\mu,v)$ 是图像中的像点，其坐标系是像素坐标系；$P_c=(X_c,Y_c,Z_c)$ 是场景中的三维点，其坐标系是相机坐标系：

$$\begin{bmatrix} \mu \\ v \\ 1 \end{bmatrix} = \begin{bmatrix} f_x & 0 & c_x \\ 0 & f_y & c_y \\ 0 & 0 & 1 \end{bmatrix} \begin{bmatrix} X_c \\ Y_c \\ Z_c \end{bmatrix} \tag{4-18}$$

为了能够和外参数联合，需要将上式齐次化：

$$\begin{bmatrix} \mu \\ v \\ 1 \end{bmatrix} = \begin{bmatrix} f_x & 0 & c_x & 0 \\ 0 & f_y & c_y & 0 \\ 0 & 0 & 1 & 0 \end{bmatrix} \begin{bmatrix} X_c \\ Y_c \\ Z_c \\ 1 \end{bmatrix} \tag{4-19}$$

这里使用的三维点坐标 P_c 是相机坐标系下的，带入外参数，将其该坐标变换为世界坐标系 $P_w=(X_w,Y_w,Z_w)$：

$$\begin{bmatrix} \mu \\ v \\ 1 \end{bmatrix} = \begin{bmatrix} f_x & 0 & c_x & 0 \\ 0 & f_y & c_y & 0 \\ 0 & 0 & 1 & 0 \end{bmatrix} \begin{bmatrix} R & t \\ \mathbf{0}^T & 1 \end{bmatrix} \begin{bmatrix} X_w \\ Y_w \\ Z_w \\ 1 \end{bmatrix} \tag{4-20}$$

可以将内外参数组合到一起称为相机矩阵，其作用是将真实场景中的三维点投影到二维的成像平面。

4.3 同时定位与地图构建

4.3.1 三维几何变换

4.3.1.1 几何变换概述

三维基本几何变换皆是相对于坐标原点和坐标轴进行的几何变换。与二维变换类似，引入齐次坐标表示，即三维空间中某点的变换可以表示成点的齐次坐标与四阶的三维变换矩阵相乘。

$$\boldsymbol{p}' = \begin{bmatrix} x^* & y^* & z^* & 1 \end{bmatrix} = \begin{bmatrix} x & y & z & 1 \end{bmatrix} \begin{bmatrix} a & b & c & p \\ d & e & f & q \\ g & h & i & r \\ l & m & n & s \end{bmatrix} \tag{4-21}$$

$$\boldsymbol{T}_{3d} = \begin{bmatrix} a & b & c & p \\ d & e & f & q \\ g & h & i & r \\ l & m & n & s \end{bmatrix} \tag{4-22}$$

$\boldsymbol{T}_1 = \begin{bmatrix} a & b & c \\ d & e & f \\ g & h & i \end{bmatrix}$ 对点进行比例、对称、旋转、错切变换

$\boldsymbol{T}_2 = \begin{bmatrix} l & m & n \end{bmatrix}$ 对点进行平移旋转

$\boldsymbol{T}_3 = \begin{bmatrix} p \\ q \\ r \end{bmatrix}$ 进行透视投影变换

$\boldsymbol{T}_4 = \begin{bmatrix} s \end{bmatrix}$ 产生整理比例变换

4.3.1.2 平移变换

$$\begin{bmatrix} x' & y' & z' & 1 \end{bmatrix} = \begin{bmatrix} x & y & z & 1 \end{bmatrix} \boldsymbol{T}_t = \begin{bmatrix} x & y & z & 1 \end{bmatrix} \begin{bmatrix} 1 & 0 & 0 & 0 \\ 0 & 1 & 0 & 0 \\ 0 & 0 & 1 & 0 \\ T_x & T_y & T_z & 1 \end{bmatrix}$$

$$= \begin{bmatrix} x + T_x & y + T_y & z + T_z & 1 \end{bmatrix} \tag{4-23}$$

4.3.1.3 比例变换

局部比例变换：

$$\begin{bmatrix} x' & y' & z' & 1 \end{bmatrix} = \begin{bmatrix} x & y & z & 1 \end{bmatrix} \boldsymbol{T}_s = \begin{bmatrix} x & y & z & 1 \end{bmatrix} \begin{bmatrix} a & 0 & 0 & 0 \\ 0 & e & 0 & 0 \\ 0 & 0 & i & 0 \\ 0 & 0 & 0 & 1 \end{bmatrix} = \begin{bmatrix} ax & ey & iz & 1 \end{bmatrix}$$

$$\tag{4-24}$$

整体比例变换：

$$[x'\ y'\ z'\ 1] = [x\ y\ z\ 1]\boldsymbol{T}_s = [x\ y\ z\ 1]\begin{bmatrix} 1 & 0 & 0 & 0 \\ 0 & 1 & 0 & 0 \\ 0 & 0 & 1 & 0 \\ 0 & 0 & 0 & s \end{bmatrix} = [x\ y\ z\ s]$$

(4-25)

4.3.1.4 旋转变换

三维立体的旋转变换是指给定的三维立体绕三维空间某个指定的坐标轴旋转一定角度。旋转后，立体的空间位置将发生变化，但形状不变。

(1) 右手定则：右手大拇指指向旋转轴的正向，其余四指指向旋转角的正向，如图 4-16 所示。

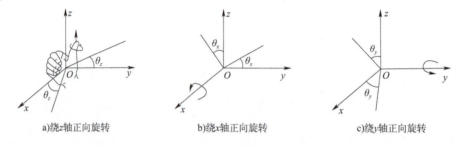

a) 绕 z 轴正向旋转　　　　b) 绕 x 轴正向旋转　　　　c) 绕 y 轴正向旋转

图 4-16　右手定则示意图

(2) 绕 z 轴旋转：

$$[x\ y\ z\ 1]\begin{bmatrix} \cos\theta & \sin\theta & 0 & 0 \\ -\sin\theta & \cos\theta & 0 & 0 \\ 0 & 0 & 1 & 0 \\ 0 & 0 & 0 & 1 \end{bmatrix} = [x\cos\theta - y\sin\theta\ \ x\sin\theta + y\cos\theta\ \ z\ \ 1]$$

(4-26)

(3) 绕 x 轴旋转：

$$[x\ y\ z\ 1]\begin{bmatrix} 1 & 0 & 0 & 0 \\ 0 & \cos\theta & \sin\theta & 0 \\ 0 & -\sin\theta & \cos\theta & 0 \\ 0 & 0 & 0 & 1 \end{bmatrix} = [x\ \ y\cos\theta - z\sin\theta\ \ y\sin\theta + z\cos\theta\ \ 1]$$

(4-27)

(4) 绕 y 轴旋转：

$$[x\ y\ z\ 1]\begin{bmatrix} \cos\theta & 0 & -\sin\theta & 0 \\ 0 & 1 & 0 & 0 \\ \sin\theta & 0 & \cos\theta & 0 \\ 0 & 0 & 0 & 1 \end{bmatrix} = [x\sin\theta + x\cos\theta\ \ y\ \ z\cos\theta - x\sin\theta\ \ 1]$$

(4-28)

(5) 绕任意轴旋转：

① 先将轴移动到坐标原点，再将轴旋转到坐标轴上；

② 进行几何变换；
③ 将轴反旋转，再反平移到原来位置。

4.3.1.5 对称变换

根据前文对 T_{3d} 的定义，对称变化即将需要对称的坐标轴取相反数，例如，以下关于 xOy 平面对称需要将 z 坐标轴对称，因此，将 z 轴对应矩阵参数取为 -1。对于对称变换分为以下两种情况。

(1) 关于坐标平面的对称

① 关于 xOy 平面对称：$T = \begin{bmatrix} 1 & 0 & 0 & 0 \\ 0 & 1 & 0 & 0 \\ 0 & 0 & -1 & 0 \\ 0 & 0 & 0 & 1 \end{bmatrix}$ $\begin{bmatrix} x' & y' & z' & 1 \end{bmatrix} = \begin{bmatrix} x & y & -z & 1 \end{bmatrix}$

② 关于 yOz 平面对称：$T = \begin{bmatrix} -1 & 0 & 0 & 0 \\ 0 & 1 & 0 & 0 \\ 0 & 0 & 1 & 0 \\ 0 & 0 & 0 & 1 \end{bmatrix}$ $\begin{bmatrix} x' & y' & z' & 1 \end{bmatrix} = \begin{bmatrix} -x & y & z & 1 \end{bmatrix}$

③ 关于 zOx 平面对称：$T = \begin{bmatrix} 1 & 0 & 0 & 0 \\ 0 & -1 & 0 & 0 \\ 0 & 0 & 1 & 0 \\ 0 & 0 & 0 & 1 \end{bmatrix}$ $\begin{bmatrix} x' & y' & z' & 1 \end{bmatrix} = \begin{bmatrix} x & -y & z & 1 \end{bmatrix}$

(4-29)

(2) 关于坐标轴的对称

① 关于 x 轴对称：$T = \begin{bmatrix} 1 & 0 & 0 & 0 \\ 0 & -1 & 0 & 0 \\ 0 & 0 & -1 & 0 \\ 0 & 0 & 0 & 1 \end{bmatrix}$ $\begin{bmatrix} x' & y' & z' & 1 \end{bmatrix} = \begin{bmatrix} x & -y & -z & 1 \end{bmatrix}$

② 关于 x 轴对称：$T = \begin{bmatrix} -1 & 0 & 0 & 0 \\ 0 & 1 & 0 & 0 \\ 0 & 0 & -1 & 0 \\ 0 & 0 & 0 & 1 \end{bmatrix}$ $\begin{bmatrix} x' & y' & z' & 1 \end{bmatrix} = \begin{bmatrix} -x & y & -z & 1 \end{bmatrix}$

③ 关于 z 轴对称：$T = \begin{bmatrix} -1 & 0 & 0 & 0 \\ 0 & -1 & 0 & 0 \\ 0 & 0 & 1 & 0 \\ 0 & 0 & 0 & 1 \end{bmatrix}$ $\begin{bmatrix} x' & y' & z' & 1 \end{bmatrix} = \begin{bmatrix} -x & -y & z & 1 \end{bmatrix}$

(4-30)

4.3.1.6 投影变换

投影变换在机器视觉定位算法中主要是解决三维输出到二维的过程，主要的分类如图 4-17 所示。

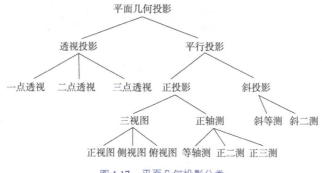

图 4-17 平面几何投影分类

投影法分类,其区别在于投影中心到投影面之间的距离是有或无限。平面几何投影分为透视投影与平行投影。透视投影法即中心投影法,比如建筑透视,生成真实感视图但不保持相关比例。

平行投影法主要分为正投影法和斜投影法。正投影法如工程样图。斜投影法表示保持物体的有关比例不变,物体的各个面的精确视图由平行投影而得,没有给出三维物体外表的真实性表示。

4.3.2 光束法平差

经典的 BA 目的是优化相机的位姿和地标,其在 SfM 和 SLAM 领域中扮演着重要角色。BA 最早是 19 世纪由搞大地测量学(测绘学科)的人提出来的,19 世纪中期的时候,大地测量学的学者就开始研究大型三角剖分(large scale triangulations)。20 世纪中期,随着图像传感器和计算机的出现,摄影测量学(photogrammetry)也开始研究调整计算。21 世纪,机器人学领域开始兴起 SLAM,最早用的递归贝叶斯滤波(recursive bayesian filter),后来把问题建模为图,然后用最小二乘方法求解。

在解析摄影测量中,将外方位元素(局外点)和模型点坐标(局内点)的计算放在一个整体内进行,此时称其为光束法。光束法平差是以共线方程式作为数学模型,像点的像平面坐标观测值是未知数的非线性函数,经过线性化后按照最小二乘法原理进行计算。该计算也是在提供一个近似解的基础上,逐次迭代来达到趋近于最佳值的。

(1)共线方程式的表达。

设 S 为摄影中心,在世界坐标系下的坐标为(x_S, y_S, z_S);M 为空间一点,在世界坐标系下的坐标为(X, Y, Z),m 是 M 在影像上的构象,其像平面和像空间辅助坐标分别为$(x, y, -f)$,(x_m, y_m, z_m),此时可知 S, m, M 三点共线。可得:

$$\frac{X_m}{X-X_S} = \frac{Y_m}{Y-Y_S} = \frac{Z_m}{Z-Z_S} = \lambda \tag{4-31}$$

再根据像平面坐标和像空间辅助坐标的关系有:

$$\begin{bmatrix} x \\ y \\ -f \end{bmatrix} = \boldsymbol{R}^{\mathrm{T}} \begin{bmatrix} X_m \\ Y_m \\ Z_m \end{bmatrix} = \begin{bmatrix} a_1 & b_1 & c_1 \\ a_2 & b_2 & c_2 \\ a_3 & b_3 & c_3 \end{bmatrix} \begin{bmatrix} X_m \\ Y_m \\ Z_m \end{bmatrix} \tag{4-32}$$

由式(4-31)和式(4-32)可解得共线方程式为:

$$\begin{cases} x - x_0 = -f \dfrac{a_{1(X-X_S)} + b_{1(Y-Y_S)} + c_{1(Z-Z_S)}}{a_{3(X-X_S)} + b_{3(Y-Y_S)} + c_{3(Z-Z_S)}} \\ y - y_0 = -f \dfrac{a_{2(X-X_S)} + b_{2(Y-Y_S)} + c_{2(Z-Z_S)}}{a_{3(X-X_S)} + b_{3(Y-Y_S)} + c_{3(Z-Z_S)}} \end{cases} \quad (4\text{-}33)$$

其中，x_0、y_0、f 是影像内方位元素。

（2）共线方程式的线性化。

该方程式一次项展开式为：

$$F_x = F_{x0} + \frac{\partial F_x}{\partial X_S} d_{X_S} + \frac{\partial F_x}{\partial Y_S} d_{Y_S} + \frac{\partial F_x}{\partial Z_S} d_{Z_S} + \frac{\partial F_x}{\partial \varphi} d_\varphi + \frac{\partial F_x}{\partial \omega} d_\omega + \frac{\partial F_x}{\partial \kappa} d_\kappa + \frac{\partial F_x}{\partial X} d_X + \frac{\partial F_x}{\partial Y} d_Y + \frac{\partial F_x}{\partial Z} d_Z$$

$$F_y = F_{y0} + \frac{\partial F_y}{\partial X_S} d_{X_S} + \frac{\partial F_y}{\partial Y_S} d_{Y_S} + \frac{\partial F_y}{\partial Z_S} d_{Z_S} + \frac{\partial F_y}{\partial \varphi} d_\varphi + \frac{\partial F_y}{\partial \omega} d_\omega + \frac{\partial F_y}{\partial \kappa} d_\kappa + \frac{\partial F_y}{\partial X} d_X + \frac{\partial F_y}{\partial Y} d_Y + \frac{\partial F_y}{\partial Z} d_Z$$

$$(4\text{-}34)$$

式中 F_{x0}、F_{y0} 为共线方程函数近似值，d_{X_S}、d_{Y_S}、d_{Z_S}、d_φ、d_ω、d_κ 为外方位元素改正数，d_X、d_Y、d_Z 为待定点的坐标改正数。

在保证共线条件下有：

$$\begin{cases} \dfrac{\partial F_x}{\partial X} = -\dfrac{\partial F_x}{\partial X_S}, \dfrac{\partial F_x}{\partial Y} = -\dfrac{\partial F_x}{\partial Y_S}, \dfrac{\partial F_x}{\partial Z} = -\dfrac{\partial F_x}{\partial Z_S} \\ \dfrac{\partial F_y}{\partial X} = -\dfrac{\partial F_y}{\partial X_S}, \dfrac{\partial F_y}{\partial Y} = -\dfrac{\partial F_y}{\partial Y_S}, \dfrac{\partial F_y}{\partial Z} = -\dfrac{\partial F_y}{\partial Z_S} \end{cases} \quad (4\text{-}35)$$

此时，根据式（4-31）以及旋转矩阵可得到式（4-36）：

$$\begin{cases} a_{11} = \dfrac{\partial F_x}{\partial X_S} = \dfrac{1}{z}(a_1 f + a_3 F_x) \quad a_{12} = \dfrac{\partial F_x}{\partial Y_S} = \dfrac{1}{z}(b_1 f + b_3 F_x) \\ a_{13} = \dfrac{\partial F_x}{\partial Z_S} = \dfrac{1}{z}(c_1 f + c_3 F_x) \quad a_{21} = \dfrac{\partial F_y}{\partial X_S} = \dfrac{1}{z}(a_2 f + a_3 F_y) \\ a_{22} = \dfrac{\partial F_y}{\partial Y_S} = \dfrac{1}{z}(b_2 f + b_3 F_y) \quad a_{23} = \dfrac{\partial F_y}{\partial Z_S} = \dfrac{1}{z}(c_2 f + c_3 F_y) \\ a_{14} = \dfrac{\partial F_x}{\partial \varphi} = y\sin\omega - \left[\dfrac{x}{f}(x\cos\kappa - y\sin\kappa) + f\cos\kappa\right]\cos\omega \\ a_{15} = \dfrac{\partial F_x}{\partial \omega} = -f\sin\kappa - \dfrac{x}{f}(x\sin\kappa + y\cos\kappa) \\ a_{16} = \dfrac{\partial F_x}{\partial \kappa} = y \\ a_{24} = \dfrac{\partial F_y}{\partial \varphi} = -x\sin\omega - \left[\dfrac{y}{f}(x\cos\kappa - y\sin\kappa) + f\sin\kappa\right]\cos\omega \\ a_{25} = \dfrac{\partial F_y}{\partial \omega} = -f\cos\kappa - \dfrac{y}{f}(x\sin\kappa + y\cos\kappa) \\ a_{26} = \dfrac{\partial F_y}{\partial \kappa} = -x \end{cases} \quad (4\text{-}36)$$

（3）误差方程式的建立。

据此可得到误差方程式为：

$$\begin{cases} V_x = a_{11}d_{X_S} + a_{12}d_{Y_S} + a_{13}d_{Z_S} + a_{14}d_\varphi + a_{15}d_\omega + a_{16}d_\kappa - a_{11}d_X - a_{12}d_Y - a_{13}d_Z - l_x \\ V_y = a_{21}d_{X_S} + a_{22}d_{Y_S} + a_{23}d_{Z_S} + a_{24}d_\varphi + a_{25}d_\omega + a_{26}d_\kappa - a_{21}d_X - a_{22}d_Y - a_{23}d_Z - l_y \end{cases} \quad (4\text{-}37)$$

其中有：

$$\begin{cases} l_x = F_X - F_{X0} = x + f\dfrac{a_{1(X-X_S)} + b_{1(Y-Y_S)} + c_{1(Z-Z_S)}}{a_{3(X-X_S)} + b_{3(Y-Y_S)} + c_{3(Z-Z_S)}} \\ l_y = F_y - F_{y0} = y + f\dfrac{a_{2(X-X_S)} + b_{2(Y-Y_S)} + c_{2(Z-Z_S)}}{a_{3(X-X_S)} + b_{3(Y-Y_S)} + c_{3(Z-Z_S)}} \end{cases} \quad (4\text{-}38)$$

将误差方程式改写成矩阵形式可为：

$$\begin{bmatrix} V_x \\ V_y \end{bmatrix} = \begin{bmatrix} a_{11} & a_{12} & a_{13} & a_{14} & a_{15} & a_{16} \\ a_{21} & a_{22} & a_{23} & a_{24} & a_{25} & a_{26} \end{bmatrix} \begin{bmatrix} d_{X_S} \\ d_{Y_S} \\ d_{Z_S} \\ d_\varphi \\ d_\omega \\ d_\kappa \end{bmatrix} + \begin{bmatrix} -a_{11} & -a_{12} & -a_{13} \\ -a_{21} & -a_{22} & -a_{23} \end{bmatrix} \begin{bmatrix} d_X \\ d_Y \\ d_Z \end{bmatrix} - \begin{bmatrix} l_x \\ l_y \end{bmatrix}$$

$$(4\text{-}39)$$

也可简写成：

$$V = \begin{bmatrix} A & B \end{bmatrix} \begin{bmatrix} X \\ t \end{bmatrix} - L = AX + Bt - L \quad (4\text{-}40)$$

在式(4-40)中有：

$$\begin{cases} V = \begin{bmatrix} V_x & V_y \end{bmatrix}^T \\ A = \begin{bmatrix} a_{11} & a_{12} & a_{13} & a_{14} & a_{15} & a_{16} \\ a_{21} & a_{22} & a_{23} & a_{24} & a_{25} & a_{26} \end{bmatrix} \\ B = \begin{bmatrix} -a_{11} & -a_{12} & -a_{13} \\ -a_{21} & -a_{22} & -a_{23} \end{bmatrix} \\ X = \begin{bmatrix} d_{X_S} & d_{Y_S} & d_{Z_S} & d_\varphi & d_\omega & d_\kappa \end{bmatrix}^T \\ t = \begin{bmatrix} d_X & d_Y & d_Z \end{bmatrix}^T \\ L = \begin{bmatrix} l_x & l_y \end{bmatrix}^T \end{cases}$$

(4) 法方程式的建立。

根据平差原理可知其法方程式为：

$$\begin{bmatrix} A^T A & A^T B \\ B^T A & B^T B \end{bmatrix} \begin{bmatrix} X \\ t \end{bmatrix} - \begin{bmatrix} A^T L \\ B^T L \end{bmatrix} = 0 \quad (4\text{-}41)$$

此时,对于加密点,只需列出误差方程式,权赋 1；对于控制点,列出误差方程式,还要列出虚拟误差方程式权 P。

虚拟误差方程式为：

$$权\ P \begin{cases} V_X = \Delta X \\ V_Y = \Delta Y \\ V_Z = \Delta Z \end{cases} \quad (4\text{-}42)$$

列出各类点的误差方程式后,按照最小二乘法原理建立法方程式,即按 $\sum PVV$ 为最小建立的法方程式为:

$$\begin{bmatrix} A^{\mathrm{T}}PA & A^{\mathrm{T}}PB \\ B^{\mathrm{T}}PA & B^{\mathrm{T}}PB \end{bmatrix} \begin{bmatrix} X \\ t \end{bmatrix} - \begin{bmatrix} A^{\mathrm{T}}PL \\ B^{\mathrm{T}}PL \end{bmatrix} = 0 \tag{4-43}$$

也可简写成:

$$\begin{bmatrix} N_{11} & N_{12} \\ N_{12}^{\mathrm{T}} & N_{22} \end{bmatrix} \begin{bmatrix} X \\ t \end{bmatrix} - \begin{bmatrix} L_1 \\ L_2 \end{bmatrix} = 0$$

在根据上式进行展开消元可得改化法方程式为:

$$[N_{11} - N_{12}N_{22}^{-1}N_{12}^{\mathrm{T}}]X = L_1 - N_{12}N_{22}^{-1}L_2 \tag{4-44}$$

或者

$$[N_{22} - N_{12}^{\mathrm{T}}N_{11}^{-1}N_{12}]t = L_2 - N_{12}^{\mathrm{T}}N_{11}^{-1}L_1 \tag{4-45}$$

根据式(4-44)可以求解出外方位元素的改正值;式(4-45)可以求解出点的坐标改正值。

(5)结果判定。

将改正数和规定的限差相比较,若小于限差则迭代完成,否则用未知数的新值作为近似值继续迭代,直至满足条件。

由此可知,开始时提供的初始值越接近最佳值,解的收敛速度就愈快。所以,通常的处理方法是先进行空间后方交会,求出相片的外方位元素,将其作为光束法平差时未知数的初始值。

4.3.3 单目和双目算法

4.3.3.1 相机分类

相机分类见表4-2。

相 机 分 类   表4-2

相机种类	定 义	优 点	缺 点	方 法	其 他
单目相机(Monocular)	二维投影通过尺度不变性确定深度	结构简单、成本低、便于标定和识别	单张图片里无法确定物体真实大小	线激光器、单CCD相机、小孔成像和激光面约束模型	移动的单目相机通过比较多帧差异确实可以得到深度信息,运动恢复结构(Structure from Motion,SfM)
双目相机(Stereo,立体摄像头)	由两个单目相机组成,相机间距离(基线)已知来估计像素空间位置	基线距离越大测量越远,可以用于室内和室外	配置与标定复杂,深度量程与精度受基线与分辨率限制,需要GPU/FPGA加速,计算量大	两个已知距离的单目相机获得特征点坐标,即可确定特征点位置	—

续上表

相机种类	定义	优点	缺点	方法	其他
深度相机（RGB-D）	三维成像,和距离的测量	—	测量范围窄,噪声大,视野小,易受日光干扰,无法测量透射材质等问题,主要用在室内	通过红外结构光/ToF原理,通过发射接收光测距	代表:Kinect/xtion pro/Real Sense
全景相机	一种成像视角可以覆盖整个球面或者至少可以覆盖水平面上环形视野的相机	视场360°	实际上是单目视觉系统,没有场景的深度信息;图像分辨率低,图像存在畸变,对反射镜加工精度要求多	通过图像拼接（单个或多个相机旋转）或折反射光学元件(CCD摄像机)实现	—
Event相机	记录场景变化运动、避障	高动态范围、低时延,相邻Event之间的时间可以小于1微秒;由于低时延,在拍摄高速物体时传统相机会发生模糊（由于会有一段曝光时间）,而事件相机几乎不会	数据难以处理,只有轮廓信息缺乏光强信息。在时间域上取值是连续的但在值域的取值是离散的	—	主要有两种,DVS(Dynamic Vision Sensor)以及DAVIS(Dynamic and Active Pixel Vision Sensor)。DVS是普通的事件相机,而DAVIS就是在回传事件的同时还可以回传灰度图
多目相机	三个或以上摄像机,不同焦距摄像头的集合	解决频繁变焦,不同距离识别清晰度	三目视觉系统要合理安置三个摄像机的相对位置,其结构配置比双目视觉系统更烦琐,而且匹配算法更复杂需要消耗更多的时间,实时性更差	多边形近似宕的边界点段作为特征的三目匹配算	—

4.3.3.2 基于单目视觉的深度估计

单目深度估计算法的分类如图4-18所示。

(1)传统方法。

①基于线索的传统方法。

A.深度线索。人类在观察周围环境时,除了依靠双目获得立体感外,大脑还能根据经验仅从单个视角捕获的各种启发式线索感知深度。常用的单目深度线索有:线性透视、聚焦/散焦、大气散射、阴影、纹理、遮挡和相对高度等。

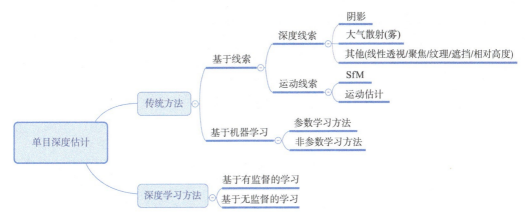

图 4-18　单目深度估计算法分类

B. 运动线索。

根据运动线索求解深度是最常用的一个方法。这里包含两种运动类型：一类是物体自身的运动，一类是摄像机的运动。

基于物体自身运动的深度估计方法是利用运动视差近大远小的原理。利用摄像机的运动进行深度估计，称为运动恢复结构(Structure from Motion, SfM)。假定场景静止不变，仅存在摄像机的运动，SfM技术可以从拍摄的图像序列中恢复出摄像机的内外参数和场景的深度信息。

②基于机器学习的传统方法。

基于统计模式的深度估计算法由于不受特定的场景条件的限制，并且具有较好的适用性，得到了越来越广泛的研究。该类算法主要通过机器学习的方法，将大量有代表性的训练图像集和对应的深度集输入定义好的模型中进行有监督的学习，训练完成之后，将实际输入图像输入到训练好的模型中进行深度的计算。

基于传统机器学习的单目深度估计方法可分为参数学习方法与非参数学习方法。

A. 参数学习方法。

参数学习方法是指能量函数中含有未知参数的方法，训练的过程是对这些参数的求解。

2005年，斯坦福大学的Saxena等人利用马尔科夫随机场(Markov Random Field, MRF)学习输入图像特征与输出深度之间的映射关系。

上述方法需人为假设RGB图像与深度之间的关系满足某种参数模型，而假设模型难以模拟真实世界的映射关系，因此预测精度有限。非参数学习方法使用现有的数据集进行相似性检索推测深度，不需要通过学习来获得的参数。

B. 非参数学习方法。

基于非参数学习的深度估计算法是一种数据驱动算法。给定一幅测试图像，该类方法通过融合RGBD数据库中与其三维场景内容相似的图像的深度得到测试图像的深度。

(2) 深度学习方法。

①基于有监督的深度学习方法。

随着深度学习技术的广泛应用，基于深度学习的单目深度估计方法成为研究的热点。

然而,此时的单目深度估计方法都是基于监督学习的,在模型训练时需要依赖真实深度,同时需要依赖庞大的数据进行网络模型的训练,数据集一般包括单目图像和对应的深度真值。

2014 年,Eigen 等人使用 Deep CNN 估计单幅图像的深度。两个分支以 RGB 图片作为输入,第一个分支网络粗略预测整张图像的全局信息,第二个分支网络细化预测图像的局部信息。2015 年,Eigen 等人基于上述工作,提出了一个统一的多尺度网络框架。使用了更深的基础网络 VGG,利用第 3 个细尺度的网络进一步增添细节信息,提高分辨率。

考虑到场景由远及近的特性,可以利用分类的思想。2018 年 Cao 等人将深度估计问题看作像素级的分类问题。

②基于无监督学习的深度估计方法。

基于有监督学习的单目深度估计方法中,网络模型的训练需要依赖真实深度值。真实深度值的获取成本高昂,且范围有限,需要精密的深度测量设备和移动平台,而且,采集的原始深度标签通常是稀疏点,不能与原图很好地匹配。

基于无监督学习的单目深度估计方法由于在网络训练时不依赖深度真值,因此成为单目深度估计研究中的热点。无监督学习根据图像对之间的几何关系重建出对应的图像,从而通过图像重建损失监督网络的训练。

2016 年 Garg 等人提出利用立体图像对实现无监督单目深度估计,不需要深度标签,其工作原理类似于自动编码机。

2017 年 Godard 等人对上述方法进行了进一步改进,利用左右视图的一致性实现无监督的深度预测。

2016 年 Chen 等人创建了一个新的数据集"Depth in the Wild",包含任意图像以及图像中随机点对之间的相对深度关系,同时也提出了一个利用相对深度关系估计数值深度的算法。

相对于传统计算机视觉算法和有监督学习算法,基于无监督学习的单目深度估计方法在网络模型训练时只依赖多帧图像,不需要深度真值,在预测深度时只需输入单目图像,具有数据集易获得、结果准确率高和易于应用等优点。

4.3.3.3 基于双目视觉的深度估计

(1)双目视觉算法简介。

双目视觉广泛应用在机器人导航,精密工业测量、物体识别、虚拟现实、场景重建,勘测领域。

双目视觉是模拟人类视觉原理,使用计算机被动感知距离的方法。从两个或者多个点观察一个物体,获取在不同视角下的图像,根据图像之间像素的匹配关系,通过三角测量原理计算出像素之间的偏移来获取物体的三维信息。

得到了物体的景深信息,就可以计算出物体与相机之间的实际距离,物体三维大小,两点之间实际距离。目前也有很多研究机构进行三维物体识别,来解决 2D 算法无法处理遮挡,姿态变化的问题,提高物体的识别率。

(2)一般算法流程。

基于双目视觉的深度估计算法一般流程如图 4-19 所示。

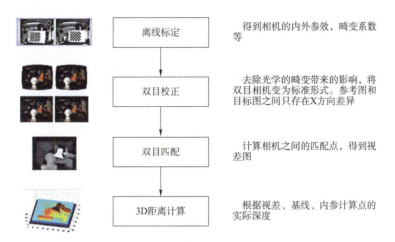

图4-19 双目视觉算法流程图

①离线标定。标定的目的是获取相机的内参(焦距,图像中心,畸变系数等)和外参[R(旋转)矩阵 T(平移)矩阵,用于对其两个相机]。目前,比较常用的方法为张正友的棋盘格标定方法,Opencv 和 Matlab 上均有实现。但是,一般为了获取更高的标定精度,采用工业级的(60×60 格子)玻璃面板效果会更好。

离线标定步骤为:

第一步,左摄像头标定,获取内外参数。

第二步,右参数摄像头标定获取外参。

第三步,双目标定,获取相机之间的平移旋转关系。

②双目校正。矫正的目的是得到的参考图与目标图之间只存在 X 方向上的差异。提高视差计算的准确性,如图 4-20 所示。

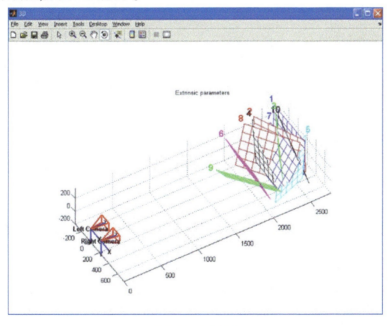

图4-20 双目标定

校正分为两个步骤:
第一步,畸变校正,如图 4-21 所示。

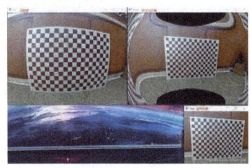

图 4-21　畸变校正

第二步,将相机转化为标准形式,如图 4-22 所示。

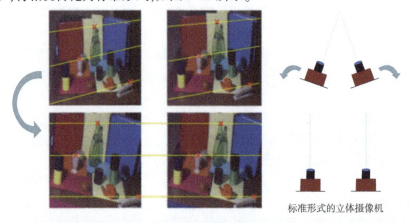

图 4-22　标准相机形式

因为校正部分会对图像所有点的位置进行重新计算,因而,算法处理的分辨率越大,耗时越大,而且一般需要实时处理两张图像。而且,这种算法并行化、强标准化程度较高,建议使用 IVE 进行硬化。类似 OpenCV 中的加速模式,先得到映射 Map,再并行化使用映射 Map 重新得到像素位置。OpenCV 中的矫正函数为 cvStereoRectify。

③双目匹配。

双目匹配是双目深度估计的核心部分,发展了很多年,也有非常多的算法,主要目的是计算参考图与目标图之间像素的相对匹配关系,分为局部和非局部的算法。一般有下面几个步骤:匹配误差计算、误差集成、视差图计算/优化、视差图校正。

一般局部算法,使用固定大小或者非固定大小窗口,计算与之所在一行的最优匹配位置。图 4-23 所示为最简单的局部方式,求一行最佳对应点位置,左右视图 X 坐标位置差异为视差图。为了增加噪声,光照的鲁棒性可以使用固定窗口进行匹配,也可以对图像使用 LBP 变换之后再进行匹配。一般的匹配损失计算函数有:SAD、SSD、NCC 等。一般采用最大视差也可以限制最大搜索范围,也可以使用积分图和 Box Filter 进行加速计算。目前,效果较好的局部匹配算法为基于 Guided Filter 的使用 Box Filter 和积分图的双目匹配算法,局部算法易于并行化,计算速度快,但对于纹理较少的区域效果不佳。一般对图像分割,将图像分为纹理丰富和纹理稀疏的区域,调整匹配窗大小,纹理稀疏使用小窗口,来提高匹配效果。

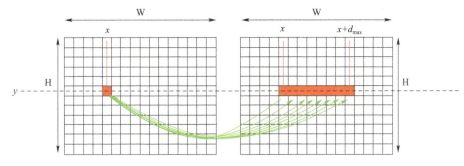

图 4-23　局部算法视差图

非局部的匹配算法,将搜索视差的任务看作最小化一个确定的基于全部双目匹配对的损失函数,求该损失函数的最小值即可得到最佳的视差关系,着重解决图像中不确定区域的匹配问题,主要有动态规划(Dynamic Programming)、信任传播(Blief Propagation)、图割算法(Graph Cut)。目前,效果最好的也是图割算法,Opencv 中提供的图割算法匹配耗时很大。

图割算法主要是为了解决动态规划算法不能融合水平和竖直方向连续性约束的问题,将匹配问题看成是利用这些约束在图像中寻求最小割问题,如图 4-24 所示。

图 4-24　最小割问题示意图

因为考虑到全局能量最小化,非局部算法一般耗时较大,不太好使用硬件加速。但是对于遮挡,纹理稀疏的情况解决得较好。

得到了匹配点之后,通过左右视线一致性的方式,检测和确定具有高置信度的匹配点。类似前后向光流匹配的思想,只有通过左右视线一致性检验的点才认为是稳定匹配点。这样也可以找出因为遮挡、噪声、误匹配得到的点。

关于视差图的后处理,一般采用中值滤波的方法,对当前点的灰度值使用邻域像素的中值来代替。这种方法可以很好地去除椒盐噪声,可以去除因为噪声或者弱纹理匹配失败的孤立点。

4.4　视觉匹配定位

图像匹配(Image Matching)旨在将两幅图像中具有相同/相似属性的内容或结构进行像素上的识别与对齐。一般而言,待匹配的图像通常取自相同或相似的场景或目标,或者具有相同形状或语义信息的其他类型图像对,从而具有一定的可匹配性。

4.4.1 图像匹配常用方法

从定义出发,图像匹配主要包含匹配目标和匹配准则两个部分,即以什么信息为目标载体和以何种规则或策略进行匹配。最直接的匹配目标便是整张图像或截取的图像块(Image Patch),一般被称为基于区域(Area-Based)的方法,其主要分为两种。

(1)直接根据图像或图像块灰度信息进行像素上的对齐,该方法主要思想是直接最小化图像信息差异,一般包括交叉相关法(或互相关法)、相关系数度量法、互信息法等。

(2)基于图像域变换的图像匹配,其先将图像信息进行域变换,然后在变换域中对图像进行相似性匹配,包括傅里叶变换法、相位相关法、沃尔什变换法等。

基于区域的图像匹配方法对成像条件、图像形变(特别是要求图像对具有极高的重叠度)以及噪声极其敏感,同时,具有较高的计算复杂度,从而限制了其应用能力。

为解决上述问题,基于特征(Feature-Based)的图像匹配方法得到了广泛研究,其首先从图像中提取的具有物理意义的显著结构特征,包括特征点、特征线或边缘以及具有显著性的形态区域,然后对所提取的特征结构进行匹配并估计变换函数将其他图像内容进行对齐。尽管特征的提取需要额外的算力消耗,但针对整个基于特征的匹配框架而言,由于特征可以看做整张图像的精简表达,减少了许多不必要的计算,同时能够减少噪声、畸变及其他因素对匹配性能的影响,是目前实现图像匹配的主要形式,也是本文研究重点。

对于特征而言,点特征通常表示图像中具有显著特性的关键点(Key Point)或兴趣点(Interest Point),因而最为简单且稳定,同时,其他特征的匹配均可转化为基于点特征来进行,如线的端点、中点、或离散采样形式,形态区域中心等。因此,特征点匹配在图像匹配中是一个最为基本的问题,而我们所说的特征匹配(Feature Matching)通常意义上指基于特征点的匹配问题,待匹配的点一般由图像像素空间的坐标点表示,而相应的图像匹配则转化为从两幅图像中提取对应的点集并配对的问题。

4.4.2 图像匹配的应用

近年来,随着科技水平日益提高,逐步形成了全球自动化的格局,随之而来的人工智能技术也蓬勃发展。人工智能技术主要目的是令机器联合计算机像人类一样感知、理解与行动。视觉感知作为最主要的感知技术之一,在此次人工智能热潮下占据着举足轻重的地位,推动着计算机视觉技术迅猛发展,图像匹配技术也因此有了广泛的应用场景,如图4-25所示。

同时,如何理解多个视觉目标之间的区别与联系并根据特定的需求对感知的信息作相应的处理,已然成为整个计算机视觉领域的研究热点之一,而特征匹配作为其中的一个基础而关键的过程,连接着具有相同或相似属性的两个图像目标,是低层视觉通往高层视觉的纽带,是实现信息识别与整合以及从低维图像恢复高维结构的有效途径。

特征匹配的定义和任务目标极为简单且明确,它是一项底层视觉处理技术,直接对图像本身进行特征提取与配对,是许多具体大型视觉任务的首要步骤。

据美国自动成像协会(Automated Imaging Association)统计,40%以上的视觉感知应用依赖于图像匹配的精度与效率,包括计算机视觉、模式识别、遥感、军事安防以及医学诊断等各领域。具体来讲,根据数据获取条件或者成像条件的差异,特征匹配问题可以划分为不同时间、不同视角以及不同传感器,或者进行模板图像的匹配,并且每一类型的图像获取形式都有着对应的应用目的。

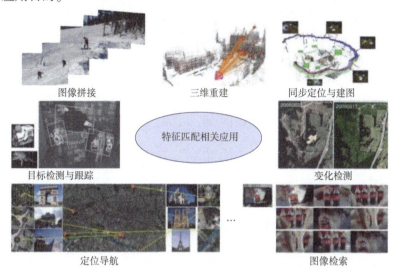

图 4-25　图像特征匹配相关应用

（1）基于不同成像时间的特征匹配。其主要是对同一场景或目标在不同时间拍摄的图像进行匹配,一般用于场景的变化检测、安防监控与目标跟踪以及医学诊断治疗中病情跟踪等。

（2）基于不同视角的特征匹配。其主要目的是匹配从不同视角拍摄的同一目标或场景的序列图像进行匹配,旨在从低维的图像内容恢复高维结构,如恢复相机姿态并建立相机移动轨迹、目标或场景的三维重建以及遥感全景影像拼接等。

（3）基于不同传感器的特征匹配。鉴于不同传感器所获取的图像有着各自的优势且包含不同的感知信息,对不同的图像信息进行整合并得到更全面的场景或目标表示是十分必要的,而特征匹配便是将包含多源信息的图像进行关键点配对并估计变换函数从而将图像进行逐像素对齐,便于后续的信息融合,因而又称为多源图像特征匹配。这类匹配常用于医学图像分析中多模图像匹配,安防及军事领域中如红外可见光配准,遥感图像处理中不同分辨率且包含不同光谱信息的影像配准与融合等。

（4）基于模板的特征匹配。这类匹配一般给定图像模板,然后将获取的图像与模板进行比较与匹配,常用于模板识别、差异检测或内容检索,如基于视觉的模式识别（字符识别,车牌识别）、图像检索,医学图像分析中病情诊断、标本分类以及遥感图像中航空或卫星图像在已知的其他地理信息地图中的匹配与定位等。

由此可见,特征匹配作为一项基础而关键的技术在诸多领域有着重要地位,因而,对其展开深入研究有着重要实际应用价值。此外,作为许多高层视觉任务的底层输入,基于特征点的图像匹配问题也面临着多方面的挑战,其中包括准确性、鲁棒性（普适性）和高效性。

4.4.3　图像匹配的难点

首先,特征匹配精度在许多基于匹配的精准估计应用上有着极高的要求,匹配误差会保留在后续处理环节中并逐渐累积从而严重制约最终视觉任务的有效实施。例如，根据特征点匹配结果求解相机运动参数从而恢复高维结构的任务，错误的匹配将产生相机姿态的错误估计，使得类似于三维重建和同步定位与建图等任务的结果严重偏离于真实情形，同时，图像融合、图像拼接和变化检测等任务同样严重依赖于图像配准的结果。

精度问题通常来自两个方面——特征提取精度和特征匹配精度。特征点匹配一般需要对从图像中提取出来的关键点进行定位，即以像素坐标的形式表示，通常该坐标要精确到亚像素级且两个待匹配点集应具有较高的重复率，保证所检测的特征点是真正意义上可匹配的。特征匹配精度则表现为所配对的两个特征点在真实空间中应当属于精确的同名位置，或者具有相同的语义特征，同时，匹配结果中需要保证尽可能多的正确匹配以及尽可能少的错误匹配。

其次，设计一种鲁棒的特征匹配方法以满足多方面的需求是十分必要的。待匹配图像通常来自不同时间、不同视角和不同传感器，成像条件多样性不可避免地造成了图像的匹配难度，况且图像本身的局部形变或畸变以及图像之间的复杂变换等因素，同样对特征匹配问题造成了严重阻碍。除此之外，如何减少因噪声、畸变、重复图像内容以及遮挡等问题造成的错误匹配也是特征匹配中亟须解决的问题。

另一方面，为了满足大规模以及具有实时性要求的视觉任务，特征匹配方法应当满足较少的时间和空间消耗。然而，特征点的匹配问题本质上是一个复杂组合优化难题，为了将 N 个特征点与另外 N 个特征点对齐，尽管这两组点是完全可匹配的，同样也需要 $N!$ 种排列组合，况且离群点和噪声的引入将大大增加问题的求解难度，因而在建模求解过程中，如何减少解的搜索空间，降低问题的计算复杂度也是特征匹配的重要难题。

综上所述，基于特征的图像匹配技术存在多方面的难题，有待进一步深入的研究，以满足众多视觉任务的应用需求，因而开展特征匹配相关的课题具有重要的理论研究与实际应用价值。

第 5 章 无线定位技术

随着无线通信技术的发展和数据处理能力的提高,通信和定位两大系统正在相互融合、相互促进。利用无线通信和参数测量确定移动终端位置,而定位信息又可以用来支持位置业务和优化网络管理,提高位置服务质量和网络性能。所以,在各种不同的无线网络中,快速、准确、稳定地获取移动位置信息的定位技术及其定位系统,已经成为当前的研究热点。

5.1 无线定位技术概述

无线定位技术是利用射频识别、传感器等设备,通过测量接收到的无线电波的时间、幅度、相位等参数,根据相关算法判断被测量物体的位置,实现定位、监测和追踪特定目标位置,广泛应用于导航、机器人跟踪、虚拟现实和军事目标定位等方面。

无线定位技术可以分为广域定位和短距离无线定位。广域定位可分为卫星定位和移动定位;短距离无线定位主要包括 RFID、UWB、蓝牙、微波、WLAN 等。如图 5-1 所示,不同方法的精度与应用场景都有所区别,下面将介绍几种汽车高精定位中较有应用价值的定位技术:射频识别定位、UWB 定位、微波定位、蜂窝网定位。

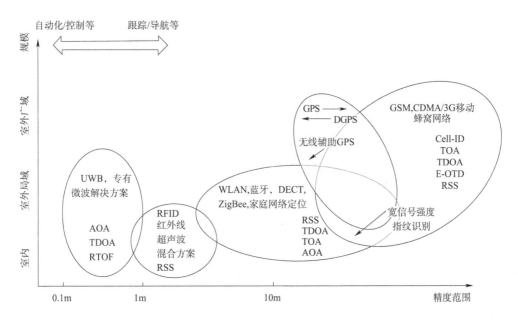

图 5-1 无线定位技术与定位测量方法关联示意图

5.2 射频识别定位

射频识别(RFID)定位技术是一种无线通信技术,可以通过无线电信号识别特定目标并读写相关数据,而无须识别系统与特定目标之间建立机械或者光学接触。

无线电的信号是通过调成无线电频率的电磁场,把数据从附着在物品上的标签上传送出去,以自动辨识与追踪该物品。某些标签在识别时从识别器发出的电磁场中就可以得到能量,并不需要电源;也有标签本身拥有电源,并可以主动发出无线电波(调成无线电频率的电磁场)。标签包含了电子储存的信息,数米之内都可以识别。与条形码不同的是,射频标签不需要处在识别器视线之内,也可以嵌入被追踪物体之内。

5.2.1 射频识别定位技术原理

依据标签内部有无供电,RFID 标签分为被动式、半被动式(也称作半主动式)、主动式三类。

5.2.1.1 被动式标签

被动式标签没有内部供电电源,其内部集成电路通过接收到的电磁波进行驱动,这些电磁波是由 RFID 读取器发出的。当标签接收到足够强度的讯号时,可以向读取器发出数据。这些数据不仅包括 ID 号(全球唯一代码),还可以包括预先存在于标签内 EEPROM(电可擦拭可编程只读内存)中的数据。

由于被动式标签具有价格低廉、体积小巧、无须电源等优点,目前市场所运用的 RFID 标签以被动式为主。

被动式射频标签借由读取器发射出的电磁波获得能量,并回传相对应的反向散射信号至读取器。然而在传播路径衰减的环境下,限制了标签的读取距离。

一般而言,被动式标签的天线有两种作用:

(1)接收读取器所发出的电磁波,借以驱动标签内的IC。

(2)标签回传信号时,需要借由天线的阻抗作信号的切换,才能产生 0 与 1 的数字变化。关键是,想要有最好的回传效率,天线阻抗必须设计在"开路与短路",这样又会使信号完全反射,无法被标签的 IC 接收,半被动式的标签设计就是为了解决这样的问题。

5.2.1.2 半被动式标签

半被动式的规格类似于被动式,只不过它多了一颗小型电池,电力恰好可以驱动标签内的 IC,若标签内的 IC 仅收到读取器所发出的微弱信号,标签还是有足够的电力将标签内的内存资料回传到读取器。这样的好处在于,半被动式标签的内建天线不会因读取器电磁波信号强弱,而无法执行任务,并自有足够的电力回传信号。相较之下,半被动式标签比被动式标签在反应上速度更快,距离更远及效率更好。

5.2.1.3 主动式标签

与被动式和半被动式不同的是,主动式标签本身具有内部电源供应器,用以供应内部 IC 所需电源以产生对外的信号。一般来说,主动式标签拥有较长的读取距离和可容纳较大的内存容量可以用来储存读取器所传送来的一些附加讯息。主动式与半被动式标签差异为:

主动式标签可借由内部电力,随时主动发射内部标签的内存资料到读取器上。

主动式标签又称为有源标签,内建电池,可利用自有电力在标签周围形成有效活动区,主动侦测周遭有无读取器发射的呼叫信号,并将自身的资料传送给读取器。

许多行业都运用了射频识别技术。将标签附着在一辆正在生产中的汽车,厂方便可以追踪此车在生产线上的进度。仓库可以追踪药品的位置。射频标签也可以附于牲畜与宠物上,方便对牲畜与宠物的积极识别(防止数只牲畜使用同一个身份)。射频识别的身份识别卡可以使员工得以进入建筑锁住的部分,汽车上的射频应答器也可以用来征收收费路段与停车场的费用。

5.2.2 射频识别定位技术应用

目前,常见的对车牌的定位和识别基本还是依赖图像识别,检测到车牌号后与数据库中的名单进行比对处理,但是图像识别受环境因素影响大,识别车牌容易出错,而且,在采集图像时也经常会出现盲区,这些不可控的因素限制了图像识别的进一步发展。

为了解决这一系列问题,基于RFID技术或不停车电子收费(ETC)技术,智能电子车牌应运而生。RFID、ETC技术作为一种新兴的非接触式自动识别技术,与传统的视频和图像处理车牌识别技术相比,车辆识别准确性高,不易受环境的影响,无盲区,可以准确、全面地获取车辆的状态信息以及路网交通状况。

另外,电子车牌还有以下技术优势:数据加密,标签通讯过程中采用独有的算法,第三方设备无法读取;安装简易,无须任何特殊安装工具或材料;独有的人卡、车库编组匹配算法,可以准确判断出非法使用的机动车辆;全天候,可以在任何天气情况下可靠地工作。未来的发展趋势将会是电子车牌识别逐步替代传统车牌的识别方式。

智慧停车最主要的技术就是车牌识别技术和ETC技术。装有电子车牌的车辆在进入停车场前,智慧停车系统通过电子车牌识别设备可以远距离准确识别车辆身份,记录车辆进出场时间以准确收费,使车辆快速通过,无须停车进行人工记录。在车场内部,也可以通过分布在各个通路的电子车牌识别设备,识别出车辆的行驶路径以致停车位置。当停车结束车辆驶出停车场时,智慧停车系统会通过车牌识别天线与电子车牌进行短程通讯,在不需要驾驶人停车和其他收费人员采取任何操作的情况下,自动完成收费处理全过程。

这样的智慧停车系统可提高通过效率,防止出入口交通"瓶颈"的发生。同时,通过ETC技术实现无人为干预的收费,有效地遏制了偷逃停车费、收费人员玩忽职守、徇私舞弊等行为,降低停车场的管理成本,更快地收回基础设施的投资。

RFID技术也可以作为交通调度系统信息采集的有效手段,在交通调度管理系统中得以应用。比如将RFID应用于公交车场管理系统,可以实现装有电子车牌的公交车进出站时信息自动、准确、远距离、不停车采集,使公交调度系统准确掌握公交停车场公交车进出的实时动态信息,获取公交车在线路中的位置。通过实施该系统,可有效提高公交车的管理水平,对采集的数据利用计算机进行研究分析,可以掌握车辆使用规律,杜绝车辆管理中存在的漏洞,实现公交车辆的智能化管理。

此外,采用RFID作为技术手段具有很高的经济性,同时,也可以针对一些垃圾运输车辆、危险品运输车辆等特殊服务车辆进行专门的调度和管理。通过车辆上安装的电子车牌,在特定路段的监控点放置识别设备来监控车辆是否按照规定的路线行驶,在有泄漏等突发情况出现时可以及时定位事故车辆的位置。

5.3 超宽带定位

5.3.1 超宽带定位原理

超宽带(Ultra Wide Band,UWB)技术是一种使用1GHz以上频率带宽的无线载波通信技术,它不采用正弦载波,而是利用纳秒级的非正弦波窄脉冲传输数据,因此,其所占的频谱范围很宽。

UWB技术具有系统复杂度低、发射信号功率谱密度低、对信道衰落不敏感、截获能力低和定位精度高等优点,尤其适用于室内等密集多径场所的高速无线接入。其所占的频谱范围很大,尽管使用无线通信,但其数据传输速率可以达到几百兆比特每秒以上。使用UWB技术可在非常宽的带宽上传输信号,美国联邦通信委员会(FCC)对UWB技术的规定为:在3.1~10.6GHz频段中占用500MHz以上的带宽。

UWB通过发送和接收极窄脉冲来实现无线传输,由于脉冲时间宽度极窄,使用的带宽在500MHz以上。最初UWB是作为一种通信技术出现,目的是用于短距离、宽带无线通信,后因其超宽频的特点优势,人们意识到它在高精度定位领域的价值,UWB在定位领域应用逐渐成为主流。

UWB定位技术第一步是测距,第二步是定位。UWB定位技术采用飞行时差(TOF)测距方法。TOF测距方法属于双向测距技术,主要利用信号在两个收发机之间飞行时间来测量节点间的距离。模块从启动开始即会生成一条独立的时间戳。模块A的发射机在其时间戳上的a1发射请求性质的脉冲信号,模块B在b2时刻发射一个响应性质的信号,被模块A在自己的时间戳a2时刻接收。通过公式就可以计算出脉冲信号在两个模块之间的飞行时间,从而确定飞行距离。因为在视距视线环境下,基于TOF测距方法是随距离呈线性关系,所以,测算结果会更加精准。

5.3.2 UWB定位应用

UWB定位技术可提供室内/室外厘米级高精度定位,为人车物增加了位置、距离等空间信息,使得系统决策具有更高精细度。UWB定位系统是当前地下停车场车辆定位系统应用的重要定位方式,对于地下停车场汽车车辆定位而言,有非常重要的作用,目前已有多项相关研究成果。

由于地下停车场内没有导航定位卫星信号,每个停车位的尺寸有限,且大多数停车场限速5km/h,要对行驶过程中的车辆进行定位,避免相邻的停车位过于靠近而错误地将停车位定位于相邻停车位的问题,定位技术的精度应达到分米级别。在众多的室内无线定位技术中,UWB技术的数据是由纳秒至微秒级别的脉冲来传输的,穿透性强、抗干扰性强、测距精度可以达到厘米级别,符合地下停车场车辆定位与导航需求,因此,有研究提出利用UWB技术对地下停车场进行定位导航。

5.4 微波定位

5.4.1 微波定位原理

微波定位主要依赖微波测距。微波测距是利用波长为 0.8~10cm 的微波作为载波的电磁波测距方法,是将主、副两台仪器安置在测线两端,主台发射的测距信号被副台接收后,再由副台转发给主台,且在主台发射信号时,副台也同时发射信号给主台,经混频处理即可算出主台发射的信号往返于测线所产生的后滞相位差,进而推求待测距离,通常用于海上定位。

其工作原理为,由微波发射器定向发出微波信号,遇到被测物体时,微波信号部分被检测物体吸收,部分则被反射。利用接收天线接收被测物反射回来的微波信号,检测其电磁参数,再由测量电路处理,就实现了微波检测。微波测距就是将微波发射器和微波接收器架设在相距为 d 的位置,当发射器发出移动功率的微波信号,该微波信号到接收器将有一部分功率损耗,微波接收天线接收到的微波功率大小即可换算出待测面和微波发射器的距离 h,从而实现了微波测距。

5.4.2 微波定位应用

微波定位在海洋、环境、军事等领域都有着重要应用。

微波定位系统在我国各大港疏浚工程及国外工程中应用后,取得了显著的效益,为港口建设发展立下了"汗马功劳",如天津新港主航道工程、黄河口胜利油田试坑工程、孟加拉吉大港工程等。

俄罗斯的"塔马拉"无源探测系统研究工作开始于 20 世纪 60 年代初,其目的是对付美国的"斗牛士"地对地导弹。其第一代无源探测系统称为"科帕奇",20 世纪 70 年中期改进成"拉莫拉"系统,到了 20 世纪 80 年代初,再次改进成称之为"塔马拉"的无源探测系统。在俄罗斯研究发展微波无源探测系统的同时,美国也不甘落后,美国 Lockheed Martin 公司在 1983 年就开始这方面的研究。

5.5 蜂窝网定位

5.5.1 蜂窝网定位原理

利用移动蜂窝网络对移动台定位的方法主要有三类:基于电波场强的定位技术、基于电波到达入射角(AOA)的定位技术和基于电波到达时间(TOA)或到达时间差(TDOA)的定位技术。

5.5.1.1 场强定位技术

电波场强定位技术根据移动台接收的信号强度与移动台至基站的距离成反比关系,通过测量接收信号的场强值和已知信道衰落模型及发射信号的场强值可以估算出收发信机之间的距离,由多个距离测量值(至少三个)可以估算移动台的位置。这一技术的关键在于如何建立一个能够准确地反映服务传播范围内的无线电波传播模型,这在实际应用中很难实现。除此之外,由于小区基站的扇形特性、天线有可能倾斜、无线系统的不断调整以及地理环境、车辆等因素,都会对定位精度产生影响。由于移动通信环境中电波传播的复杂性,决定了这一技术在定位精度上的局限性。但是,由于该技术比较简单易行,在对精度要求不是很高的情况下仍被采用。为了改善其性能,人们开始研究利用电波传播中的射线跟踪方法来进一步提高定位的精度。

5.5.1.2 到达入射角的定位技术

电波到达入射角的定位技术利用基站的阵列天线来测出移动台来波信号的入射角,构成从基站到移动台的径向连线,即测位线,这两条连线的交点即为目标移动台的位置。由于两条直线只能相交于一点,这种方法不会产生定位模糊性。但是,它需要在每个小区基站上放置4至12组的天线阵。这些天线阵一起工作,从而确定移动台发送信号相对于基站的角度。当有多个基站都发现了该信号源时,那么,它们分别从基站引出射线,这些射线的交点就是移动台的位置。该方法的优点在于,它仅需要两个基站参与便可实现移动台定位,同时,不存在移动台位置的模糊性问题。但是,该技术需要在现有的基站增加天线阵列,由此增加了大量的建设费用。与此同时,电波到达入射角估计会受到由多径和其他环境因素所引起的无线信号波阵面扭曲的影响,移动台距离基站较远时,基站定位角度的微小偏差也会导致定位距离的较大误差。

5.5.1.3 到达时间/到达时间差的定位技术

到达时间/到达时间差的定位技术是基于蜂窝网络的无线定位系统应用最广泛的一项技术。到达时间定位技术通过测量从目标移动台发出的信号以直线到达基站的时间,根据电磁波在空中的传播速度可以得到移动台与基站之间的距离。移动台即位于以基站为圆心,移动台到基站的电波传播距离为半径的圆上。通过多个基站进行上述测量计算,移动台的二维位置坐标可由三个圆的交点确定。到达时间定位技术要求接收信号的基站知道移动台发送信号的时间,并要求基站有非常精确的时钟。为了克服这一缺点,人们提出了到达时间差的定位技术,它是通过检测移动台信号到达两个基站的时间差来实现移动台定位的,而不是以到达的绝对时间来确定移动台的位置,这就大大降低了对时间同步要求。很明显,移动台一定位于以两个基站为焦点的双曲线上。所以,通过建立两个以上双曲线方程,求解双曲线的交点即可得到移动台的二维位置坐标。

5.5.2 蜂窝网定位应用

蜂窝网无线定位技术是蜂窝网无线技术研究的重要方面,它具有极高的学术研究价值和市场价值,由于它具有先天的可以主动定位移动终端优势,在公安、消防、医疗等公共安全健康领域具有一定程度的不可替代性。中国联通建设了不同精度、不同准确度的多种定位能力,并实现了定位能力的产品化、商品化,以满足多样化的场景需求,助力国家公共安全事业的发展升级。

结合移动核心网和互联网的网络信息资源,蜂窝网定位技术有着广阔的应用前景。从商业服务角度来说,它主要可以分为个人定位应用和企业级定位应用。个人定位应用通常是指面向移动台用户提供定位服务,主要包括基于位置的信息查询和发布、导购导游导航以及弱势群体监护和救助。企业级应用则是一种面向集团手机或专用终端客户提供定位服务,如交通监控和车辆调度、防盗保安、基于位置差别收费和欺诈管理等。下面将列举几种主要的具体应用。

5.5.2.1 移动台位置敏感型计费

基于用户位置的计费方式将是未来移动通信运营商拓展业务、吸引客户的重要手段。不同的用户,在移动电话的使用和收费上对运营商提出的要求也各不相同,运营商为了适应用户的这种需求,采取了不同的收费方式来满足各种用户的需要,例如,按照移动台使用的频率和时间段不同实行不同的资费标准。随着移动定位业务的提出,移动通信运营商又可以增加一种新型的收费方式,即按移动台的使用位置灵活收费,在呼叫频率高的区域收取较高的通话费,而在呼叫频率低的区域收取较低的费用,达到调节蜂窝系统容量、提高系统整体利用率的目的,这将有利于运营商扩大业务,增加收入,实现移动通信网络资源的经济效益最大化。基于移动台位置信息的计费系统可以采用以下的收费策略:在家里和/或办公室内,可以适当降低通话价格,从而与固定电话运营商展开竞争;用户进行大范围漫游时,则需支付较高的通信费用;在密集的商业区内提高收费标准,减小该区域的系统负载。

这种基于移动台位置信息的计费策略,对于运营商和用户而言是双赢互惠的。

5.5.2.2 紧急救助

对于紧急情况移动用户只能通过手机进行报警和求助,例如无线 E911 呼叫,定位信息能够在不知呼叫方来源、呼叫方不能通话的情况下有快速反应。利用蜂窝网络定位技术,报警者在拨打应急服务号码后,移动定位系统就能立即识别出来,并对呼叫手机进行自动地快速定位,手机的位置信息就会被传输到 PSAP,从而大大改善公众安全系统的反应能力。蜂窝网络定位技术为公众安全提供了一种有效手段。

5.5.2.3 移动黄页查询

移动互联网技术与移动定位业务相结合,可以轻而易举地实现个性化的移动黄页查询。移动网络首先得到移动用户的位置信息,然后根据互联网提供的信息通过短消息或者电子地图的方式为用户提供其所处位置附近的相关信息,例如,提供离用户最近的餐馆、加油站、旅馆、自动取款机的位置以及用户所处区域的天气、交通状况等信息。

5.5.2.4 网络规划和管理

移动定位技术的另一个重要应用就是无线网络本身的规划和优化。由于移动通信网络的不断扩大,其频谱资源不易再扩展,无线网络的设计者必须对频率的再用进行精心地规划,以保证有效的覆盖,同时防止干扰和串话。利用蜂窝网络无线定位技术,用户的呼叫位置可以被确定,相应地,处理该呼叫的蜂窝和接收到的信号功率也可以被确定。根据这些信息,系统规划人员就可以更易对网络进行规划、扩展、部署和运营。在微观上还能准确地监测移动台的移动情况,使网络方面能更好地决定什么时候进行切换。目前,主要应用于网络优化以及对无线资源进行智能化管理和分配。

5.5.2.5 智能交通系统(ITS)

目前,各大城市开始建设智能交通系统(ITS),来解决车辆和交通的管理、导航等问题。利用蜂窝网络无线定位技术,我们只需要在车辆上安装移动电话(或其收发模块),就能够以最小的投资成本、最快的建设速度方便地实现 ITS,提供监测交通事故,疏导交通,对车辆进行定位跟踪、调度和管理等服务,促进城市数字化的进程。这项应用对于出租车、公交车辆、警用车辆以及一些特种用途车辆的管理是非常有吸引力的。

5.5.2.6　人员或物资的安全性管理

在这一应用中,一种特殊的微型收发信机(Widget)将取代手机。这种微型收发信机具有和手机相同的收发模块,但没有用户接口,如话筒、耳机、键盘和显示屏等,因此,其体积小,隐蔽性强,成本也较低。这些微型的收发信机可由个人(如老人和儿童)携带,或者被固定在各种物品(如汽车和贵重资产)上,并间歇地收发信号。通过移动通信网络,有关部门就可以有效地实现对人员的安全监护、对货物运输存放的监控和管理,提高货物运输和存放的安全性等。

第6章 高精度地图与地图匹配技术

6.1 高精度地图定义与发展现状

在过去,当来到一个陌生环境的时候,我们总是需要靠纸质地图来为我们指引方向。在互联网时代,我们的地图则被各种 App 取代,输入我们想要抵达的地点,这些 App 就会为我们自动规划好路线,我们只需要跟随导航,就可以到达目的地。然而,不论是纸质地图还是在线地图,都是给人看的,而非给车看的。这些地图在精度、信息量上的不足都难以让车辆实现自动驾驶的功能。因此,我们有必要给车辆提供包含更多信息、更加精确、更加实时的地图——这也就是所谓的高精地图。

6.1.1 高精地图定义

高精地图的定义为:绝对精度在1m以内的高精度、高丰富度、高新鲜度的电子地图。高精地图的相对精度达到 10～20cm 级别,大幅领先于普通导航地图的 5m 精度。除此之外,高精地图要求包含的信息也更多,相比于普通导航地图只描述道路的位置与形态,高精地图所包含的信息极为丰富(图 6-1),它还存储着车道、车道边界、车道中心线、车道限制信息等车道信息以及静态显示的道路网、道路交通设施、车道网和安全辅助设施,同时,还包括了路边的基础设施、障碍物、交通标志等环境对象信息,还有交通流量、红绿灯状态信息等一系列的实时动态信息。

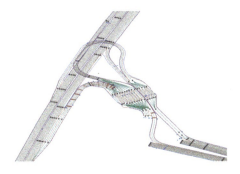
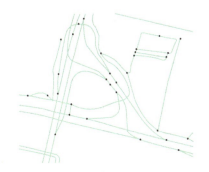

a)高精度道路导航地图(车道级)　　b)普通导航地图(道路级)

图 6-1　传统导航地图和高精度导航地图的对比

高精地图的高新鲜度则体现在它是实时地图,每时每刻它都根据传感器最新采集的信息更新地图上的信息,为了使这一过程更有效率,通常高精地图根据信息的实时性要求,将地图划分为 4 个层级：静态地图、准静态地图、准动态地图和动态地图。静态地图主要包括极少发生变动的道路网、车道网与道路设施等信息；准静态地图主要包含了交通标志牌、路面标志等道路部件信息；准动态信息包含了车况路况，道路施工信息，交通管制信息与实时天气信息；动态信息则包含周边的其他车辆，行人与交通事故等信息。这四个层级在信息更新频率上递增。这一对地图的分层设置提高了高精地图系统的运行效率，同时，又保证了信息的实时性、准确性。

6.1.2 高精地图的发展现状

20 世纪 80 年代末，在北美与欧洲的部分发达国家已经开始了高精电子地图的生产。在 20 世纪 90 年代，高精地图主要应用在实车携带的导航仪上，随后拓展到手持导航仪（PND）上。PND 以它的低成本、操作方便等优势迅速席卷了市场，扩大了高精地图的普及率。自 2007 年至今，电子地图的应用逐渐从车载端转移到移动端。这也就是我们所见到的各家互联网企业的地图类 App，它们已经成为现代人日常开车出行的标配。

当前，国际上电子地图的标准主要分为三类：GDF 标准、KIWI 标准与 SDAL 标准。GDF 标准由欧洲制定，定义了地理要素、属性数据与相互关系，主要用于导航系统；KIWI 格式由日本提出，同样为针对导航电子数据的公开格式，其特点是数据物理存储和逻辑结构相结合；SDAL 格式则是由 NavTech 公司制定的公开数据格式，提供对地图的查询以及显示的优化。

电子地图在数据结构上同样可以分为三类，分别是：栅格图、几何特征图与拓扑地图。这当中，2D 栅格图将地图分成一个个等长等宽的小方格，方格上 0 或 1 的数据表示了方格是否被占据，若是未被占据，则其数字为 0，若已被占据，则数字为 1。而 3D 栅格图的信息更为丰富，每一个格子标明了当前格地块的高度信息，若高度为 0，则该地块没有障碍物。栅格地图的精度由格子的个数决定，更多的格子代表了更高的分辨率，但同时也带来了更大的空间负担，研究者也因此提出了利用诸如四叉树、八叉树等数据结构进行空间复杂度的优化。几何特征图将地图抽象为几何结构，例如将道路抽象成线，将路标牌抽象成点线面组合的几何图形，这一操作也极大地降低了地图占据的内存空间。不过，过于抽象的表示方法也使得通过传感器收集的许多信息无法在地图上很好地表示出来。拓扑地图则更为抽象，它以图结构表示地图，将交叉路口表示为节点，将道路表示为边，整个地图以这种节点——边的图结构所表示。

由于自动驾驶领域对高精地图的迫切需求，国内外许多企业都已经开始逐步构建自家的高精地图，或为其他企业提供高精地图。国外的企业例如 Alphabet 旗下的 Waymo，来自荷兰的 TomTom，来自日本的 Zenrin 与来自以色列的 Mobileye 以及国内的百度、高德、四维图新以及 Momenta 都已经开始加入这场高精地图领域的商业大战。

6.2 高精度地图的采集和生产

高精度地图（high-definition map）的采集和生产，通常是由以下步骤所组成。
(1) 通过车载移动绘图系统（MMS）采集 3D 点云；
(2) 使用点云数据进行 3D 绘图；

(3)构建道路拓扑信息并转化为可供自动驾驶系统使用的地图。

6.2.1　高精度地图的数据采集

绘制地图的第一步即是用车载移动绘图系统(MMS)收集点云数据,车载移动绘图系统其实是一系列传感器的集合,包括激光雷达、环绕摄像头、双目相机与惯性测量单元(IMU)。这些传感器可以看作是绘图系统的眼睛,绘图系统通过它们完成收集数据的任务。

这当中,绘图系统主要采集的数据是通过激光雷达收集的点云数据。数据采集过程中,在普通道路上,采集车辆通常以最高50km/h的速度行驶在高速公路上,采集车辆以80km/h的速度行驶。对于激光雷达来说,地面控制点维持在每公里2~4个点,其精度可以设定为小于10cm、20cm或者30cm,根据实际所需要的精度而定。数据的质量很大程度由激光雷达的点密度而决定,点密度越大,则分辨率越高,能完成到精度更高的目标检测任务。

6.2.2　高精度地图的生成

完成3D点云数据的收集后,需要通过3个步骤进行3D绘图任务。首先是解释,该步骤利用MMS采集到的点云数据的反射强度与高度等信息对道路上的地理特征进行识别。如果反射强度低,无法提取特征,则有必要借用MMS中的相机数据进行补充。在绘图步骤中,这些特征将被利用于构建由线、多边形和点组成的几何地图。最后,数据将被结构化,然后交由CAD软件完成3D制图工作。

在完成绘图任务之后,系统需要从绘制好的地图中进行目标检测任务,如识别线性物体:车道、车道边缘、车道中心线、停车线等。绘制顺序一般为:提取道路外侧线和车道中心线,然后利用灰度图提取路边、路肩等信息。这当中,车道中心线并非真实存在的,而是根据道路外线与道路中心线的偏移量推测得到。而车道中心线因其有助于确定车辆在道路上的行驶位置而被加入图中。

除了车道信息,一些非车道信息,但是对车辆行驶同样重要的诸如停车线、十字路口、人行横道等特征同样被提取出来。如果图片灰度信息或者照相机无法获得这些信息,则可以通过无人机的航拍照片对信息进行补充。由于线的属性复杂多样,一条线既可能是车道线,又可能是人行横道线,如果不进行区分,就会有大麻烦。因此,在绘图过程中,一般由专业的操作人员负责线的绘制与属性的输入。

路标、交通灯等杆状物体被识别为点状物体,路标的内容与交通灯的颜色则被看作物体的属性内容。由于这一过程的动态变化程度较大,一座城市数千盏交通灯一天变化的次数无法用人力去跟踪记录,因此,在这一过程中多采用人工智能特征提取的办法。例如,路标的内容通过计算机视觉图像技术进行目标识别,准确率可达90%以上;交通灯颜色也可以用同样的方式进行识别,将整个流程自动化,相比于手动标注,人工智能识别的速度约为手动标注的2倍,而且可以减少了雇佣标注人员雇佣成本,大大提高了这一系统的运行效率与经济效益。

除此之外,高精地图还需要根据各国各地区交通法律法规进行调整,这些调整通常通过人工输入的规则来进行。最后,还需要根据国际标准进行评估,如ISO 19157(地理信息数据质量),需要符合一系列标准的规定,如绝对定位的精度与相对定位的精度等。

最后，地图将转化为客户要求的数据格式。这就是高精地图采集与生产的整个流程。

6.3 地图匹配算法概述

建立了高精地图后，对全局交通地理信息有了一个基本的认识。然而，只有对环境的认识是不够的，就像仅仅拿到地图是不足够帮助我们知道到达目标的路径的，我们还需要知道我们在地图上所处的位置。对于车辆来说，由于 GPS 等传感器数据的不精确以及所处城市环境带来的一定干扰，我们要对自己在地图上所处的位置有一个精确的认识，就需要有一个好的地图匹配算法。

地图匹配算法包含许多种类，各种算法分别适用于不同的场景，模型所使用的数学工具也各有不同。通常的做法是将地图匹配通过以下的方法进行分类：

根据使用的主要方法进行分类、根据方法所应用的场景进行分类和根据方法所使用的数学工具进行分类。

然而，随着地图匹配方法的不断迭代，之前所使用的分类法已经不再适用了，无论是何种分类法，都很难将算法明确地分开。这是因为随着主流方法的不断进步，所能应用的场景越来越多，所使用的数学工具也愈加复合，难以区分清楚一种方法到底是属于哪一个类别的。在这里，我们根据各个方法所使用的核心匹配模型将它们进行分类，匹配模型决定了算法的匹配框架与匹配原则，可以说是匹配算法的最关键一环。

我们根据地图匹配模型，将地图匹配算法分为以下几类：相似度模型、状态转移模型、进化模型和打分模型。

6.3.1 相似度模型

相似度模型基于一个很直观的假设，既然车辆是在车道上行驶的，那么车辆不可能瞬间从一个车道跳到另一个相距很大的车道上。既然如此，只需要比较车辆行驶的轨迹与实际的各个车道之间的相似度，确定最大相似度即为车辆所属的车道，从而完成地图匹配。不难看出，在这一类模型中，最为关键的就是如何定义相似度。

基于距离的模型将相似度定义为轨迹的距离，轨迹的距离又可以分类为点到曲线的距离或者曲线到曲线的距离。这当中，点到曲线的距离将车辆行驶轨迹上的每一个点投影到离轨迹点最近的距离，而曲线到曲线的距离则通过将每个轨迹段投影到最接近的边上完成。这其中，所采用的距离的定义也有所不同，如 Frechet 距离就是一个常用的距离衡量指标，因为它同时考虑了曲线的单调性与连续性。然而，这一距离指标对误差极为敏感，当出现轨迹测量误差的时候，它的表现就极为不稳定。除此之外，还有一种另外的距离度量方式名为最长公共子序列，这一方法将轨迹划分成多份，并在地图上找到每个轨迹起点到终点的最短路径，将每个最短路径拼接起来作为对车辆路径的修正，每个路径的 LCSS 得分相加并得到一个总分，总分大于一定阈值的就作为最终结果。

基于模式匹配的模型通过查询一段路途上的历史轨迹数据进行地图匹配，这一方法的假设是：在同一段路途，人们通常会走同样的路径。因此，基于模式的模型通过查询与当前轨迹相似的历史轨迹获得候选轨迹，再从候选轨迹中挑选根据评分函数达到最高评分的轨迹。LCSS克服了轨迹样本的稀疏性问题，但是这一方法存在着冷启动问题，即面对缺少历史数据的路径轨迹难以处理，需要有一定数据量样本才可以良好运行。

6.3.2 状态转移模型

状态转移模型用一个拓扑图的结构进行地图匹配。在这样的一个拓扑图结构中，节点代表了车辆当前在道路上的状态，而边则是车辆从一种状态转移到另一种状态的转移方程，边权的大小决定了转移概率的大小。而车辆所驶过的轨迹则由图中概率最大的一条路径上的状态所决定。在这里介绍两种常用的求解全局路径状态的方法，分别是：隐马尔科夫模型与条件随机场。

隐马尔科夫模型是最为常用的地图匹配模型之一。在隐马尔科夫模型中，状态是无法观察到的未知量，而可以观测到的车辆的轨迹则由隐状态的发射概率所决定，也就是：由隐状态所发射出的一系列的带概率观测量，它们代表了车辆所处的真实位置。隐马尔科夫模型根据历史数据绘制成这样的一幅带权拓扑图，转移概率与发射概率由历史数据所决定。在实际匹配过程中，车辆的轨迹是通过求解全局最优路径来得到的，而求解这一问题的维特比算法则利用了动态规划的技巧。隐马尔科夫模型的大体思路就是如此，而其他隐马尔科夫模型的变体多是在转移方程与发射方程上做文章。例如，有的方法对转移方程进行了修改，考虑到行驶过程中速度的改变、转弯的限制等信息。隐马尔科夫模型同样还可以用于在线匹配场景，但是它的匹配有着一定延迟。

条件随机场模型和隐马尔科夫模型作为状态转移模型，同样得到了广泛运用，与隐马尔科夫模型不同，条件随机场对观测量之间的交互关系进行了建模，而这一关系在隐马尔科夫模型中并没有得到体现，观测量在隐马尔科夫模型中仅由当前状态量与之前一个状态量所直接决定，而不与其他观测量有关。隐马尔科夫模型和条件随机场的一个共同缺点在于，一旦确定了一条路径，后续的候选状态也就确定了，这将会极大地限制在线场景的地图匹配。

6.3.3 进化模型

进化模型通常有一系列候选，例如在粒子滤波模型中就是一系列的粒子，每一个粒子代表了一条可能的路径。在匹配过程中，每一个候选随着观测量的改变而从上一个状态进行转移，再挑选出那些更符合观测量的候选，按照这样的步骤不断循环，获得一个比较好的对汽车轨迹的估计。这样的方法类似于生物学中的自然选择学说，只有那些符合观测的假设才能留下来，其余的被淘汰。

在进化模型中，最为典型的就是粒子滤波模型了。粒子滤波模型结合了蒙特卡洛采样与贝叶斯推理的方法，广泛地在传感器融合与地图匹配领域中被采用。粒子滤波的思路就是，递归地估计车辆轨迹的概率分布，每一次概率分布都用一定数量的粒子来表示，初始化的时候所有位置的粒子分布是均匀的，随着时间的推移，概率大的位置粒子增多，概率小的位置粒子减少。这样的过程循环地进行，当某位置的粒子数量大于一定阈值即认为其为当前位置。

6.3.4 打分模型

同时有一系列的算法并不使用预先定义好的模型，而仅仅包含一个打分函数。打分函数对车辆轨迹找到数个道路候选,然后在道路候选中根据打分函数选择得分最高的道路。在实时匹配场景,这一道路被系统作为结果返回,而在离线场景时,该道路与轨迹的其他段所匹配到的道路相互拼接起来,形成车辆在道路上的行驶轨迹。最近这一类的方法在地图匹配任务中取得了不错的效果。这一算法首先将地图上的车道网格化,在轨迹上找到周边网格,并对每个时间步的每个网格进行打分,返回得分最高的网格。打分函数的输入为以下特征,分别是:轨迹与网格的相似度,车辆在下一时间步根据估计所处的位置以及从当前网格出发的可到达概率与转弯概率。打分函数根据这些特征并通过一个线性函数对网格进行打分。这当中,每个特征的系数是由历史数据所训练得到。

6.4 基于曲线匹配的地图匹配算法

基于曲线匹配的地图匹配算法主要分为三类,分别为基于几何信息的匹配算法、基于拓扑信息的匹配算法和基于概率预测的匹配算法。

基于几何信息的匹配算法属于较为早期提出的算法,它通过考虑形状、角度等常规信息对曲线进行匹配,它的实现相对简单而准确率也偏低。基于拓扑信息的地图匹配算法准确率更高,因而应用也更广。基于概率预测的地图匹配算法由于实现困难,在实际上应用并不多。

除了以匹配所依赖的信息对算法进行划分以外,还可以根据计算的实时性将匹配算法划分为实时算法和离线算法。实时算法多用于在线导航,对算法的处理速度要求高;离线算法则主要用于处理离线数据,对算法的准确率要求高。

基于曲线匹配的地图匹配算法,主要用各种来源的信息进行距离的度量,然后根据距离的远近进行曲线的匹配。距离的度量是多种多样的,常用的距离有以下几种。

6.4.1 闵可夫斯基距离(Minkowski Distance)

对于两个点 X 与 Y,其中 $X=(x_1,x_2,\cdots,x_n)$ 而 $Y=(y_1,y_2,\cdots,y_n)\in \mathbb{R}^n$,那么,闵可夫斯基距离的计算为:

$$D(X,Y) = \left(\sum_{i=1}^{n}|x_i - y_i|^p\right)^{\frac{1}{p}} \tag{6-1}$$

6.4.2 欧几里得距离(Euclidean Distance)

$$d(p,q) = \sqrt{(q_1-p_1)^2 + (q_2-p_2)^2} \tag{6-2}$$

6.4.3 曼哈顿距离(Manhattan Distance)

$$d(p,q) = \|p-q\|_1 = \sum_{i=1}^{n}|p_i - q_i| \tag{6-3}$$

6.4.4 切比雪夫距离(Chebyshev Distance)

$$D_{\text{Chebyshev}}(X,Y) = \max_{i}(|x_i - y_i|) \tag{6-4}$$

6.4.5 汉明距离(Hamming Distance)

$$d(X,Y) = \sum_{i=1}^{n} x_i \oplus y_i \tag{6-5}$$

6.4.6 杰卡德相似系数(Jaccard Similarity Coefficient)

$$J(A,B) = \frac{|A \cap B|}{|A \cup B|} \tag{6-6}$$

6.4.7 豪斯多夫距离(Hausdorff Distance)

$$d_H(X,Y) = \max\left\{\sup_{x \in X}\inf_{y \in Y} d(x,y), \sup_{y \in Y}\inf_{x \in X} d(x,y)\right\} \tag{6-7}$$

6.4.8 弗雷歇距离(Fréchet distance)

弗雷歇距离是最常用的一个距离度量。Fréchet distance 是法国数学家 Maurice René Fréchet 在 1906 年提出的一种路径空间相似性描述,可以通俗地理解为狗绳距离。如图 6-2 所示,主人走路径 A,狗走路径 B,双方完成路径过程中所需要的最短狗绳长度。

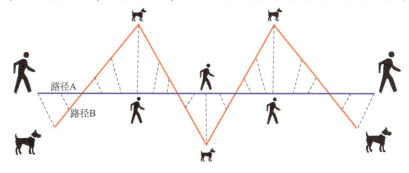

图 6-2 弗雷歇距离

其严格的数学定义如下:

设二元组 (S,d) 是一个度量空间,其中 d 是 S 上的度量函数:

在单位区间 $[0,1]$ 上的映射 $\gamma:[0,1] \to S$ 是连续映射,则称 γ 为 S 上的连续曲线。

从单位区间到其自身的映射 $\zeta:[0,1] \to [0,1]$,满足三个条件,分别为:

(1) ζ 是连续的;

(2) ζ 是非降的,即对任意 $x,y \in [0,1]$,且 $x \leq y$,都有 $\zeta(x) \leq \zeta(y)$ 成立;

(3) ζ 是满射,则称函数 ζ 为单位区间 $[0,1]$ 的重参数化函数,且此时有 $\zeta(0) = 0$, $\zeta(1) = 1$。

特别地,当 ζ 为恒等式函数 $\zeta(x) = x$ 时,称 ζ 为平凡重参数化函数,否则,称 ζ 为非平凡重参数化函数。

显然,单位区间的重参数化函数有无穷多个。

设 A 和 B 为 S 上的两条平凡曲线,即 $A:[0,1] \to S, B:[0,1] \to S$,又设 α,β 为单位区间的两个重参数化函数,即 $\alpha:[0,1] \to S, \beta:[0,1] \to S$,则曲线 A 和曲线 B 的弗雷歇距离 F(A,B)

定义为：

$$F(A,B) = \inf_{\alpha,\beta} \max_{t\in[0,1]} \{d(A(\alpha(t)),B(\beta(t)))\} \quad (6-8)$$

在实际运算中，弗雷歇距离通常是用 K-WALK 的方法进行求解，给定一个有 n 个点的路链 $p = \langle p_1,p_2,\cdots,p_n \rangle$，一个沿着 P 的 k 步分割为 k 个不相交的非空子集，称为 K-WALK。给定两个路链 $A = \langle a_1,a_2,\cdots,a_n \rangle$，$B = \langle b_1,b_2,\cdots,b_n \rangle$，一个沿着 A 和 B 的组合步由 A 与 B 的 K-WALK 构成。链 A 和 B 间的离散 Fréchet 距离，就是一个沿着链 A 和 B 的组合步的最小花费，这个组合步成为链 A 和 B 的 Fréchet 排列，也成为最佳组合步。

Fréchet 距离的计算实际上就是不断遍历，尝试找出最佳组合步的过程。

6.5 基于隐马尔科夫模型的地图匹配算法

地图匹配任务本质上就是在高精地图上找到车辆的位置。通常定位信息中包含了噪声，会干扰地图匹配。除此之外，如图 6-3 所示，p_a,p_b,p_c 是根据 GPS 定位信息在地图上的先后定位结果，如果根据每一个定位结果单独进行定位，那么在 b 时刻，就会将车辆定位到竖直的那一条道路上，然而，如果同时关注 a 与 c 时刻的结果，就应该将车辆定位到水平的路段。为了解决这样的问题，有必要关注历史序列信息，隐马尔科夫模型就是一个可以解决这一问题的地图匹配算法。

图 6-3 全球卫星定位系统观测图

隐马尔科夫模型基于马尔科夫链，马尔科夫链假设当前状态仅由前一个状态所决定，这一假设可以表达如下：

$$P(X_{n+1} = x \mid X_0,X_1,X_2,\cdots,X_n) = P(X_{n+1} \mid X_n) \quad (6-9)$$

隐马尔科夫模型的"隐"则是指，状态变量无法被观测到，只能观测到 $Y_1,Y_2,\cdots,Y_n$ 等可观测变量，而可观测变量则由它们对应的状态变量所决定。

隐马尔科夫模型有三个典型问题，分别是：

(1) 概率计算问题：已知模型参数，计算输出特定序列的概率；

(2) 预测问题：已知模型参数，求解一条使得实际观测序列概率最大的状态序列；

(3) 学习问题：已知观测序列，估计模型参数，使得在该模型下产生观测序列的概率最大。

基于隐马尔可夫模型的地图匹配属于预测问题。一般采用历史数据估计模型参数，包括状态概率转移矩阵 A 与观测概率矩阵 B，构造这两个参数是地图匹配算法的关键。

6.5.1 参数计算

观测概率也被称作发射概率，确定了给定一定的状态值，产生各个对应观测结果的概率。具体到地图匹配中，可以理解为车辆在一定路段 r_i 时，在传感器中观测到位置 z_t 的概率 $p(z_t|r_i)$。而这一概率一般由距离决定：与观测路段 r_i 越近的位置，这一概率 $p(z_t|r_i)$ 才会越大，如图 6-4 所示。

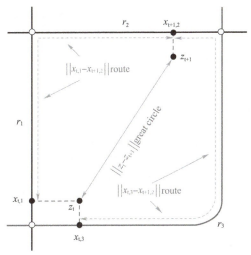

图 6-4 观测概率计算的符号示意图

当车辆的位置在 r_2 或者 r_3 上，他们都有可能产生观测值 z_t，而各个路段产生观测值的概率则由式(6-10)得出：

$$p(z_t|r_i) = \frac{1}{\sqrt{2\pi}\sigma} e^{-0.5\left(\frac{\|z_t - x_{t,i}\|_{\text{greatcircle}}}{\sigma_z}\right)^2} \tag{6-10}$$

式中：σ_z ——GPS 的测量标准差。

在计算观测概率矩阵的时候，也需要计算初始的观测概率 $\pi_i = p(z_1|r_i), i=1,2,\cdots,N_r$，即对各个路段给出车辆最初始位置的概率。同时，在实际运算过程中，一般不考虑距离观测点过远的路段，这样可以减少计算量，增加运算效率。

观测值 z_t 都有一系列可能的匹配路段，而下一个观测值 z_{t+1} 也有对应的匹配路段，状态转移概率就是从一个路段转移到下一个路段的概率。直觉上来讲，有一些路段转移发生的可能很小，例如图 6-3 中提到的 U 形转弯，状态转移概率的构造就是要使概率符合这样的直观。

已知有观测 z_t，将观测点投影到路段 r_i 的点记作 $x_{t,i}$。将驾驶距离记为 $\|x_{t,i} - x_{t+1,i}\|_{\text{route}}$，将观测距离记为 $\|z_t - z_{t+1}\|_{\text{greatcircle}}$。经实验证明，对于匹配的从 z_t 到 z_{t+1} 的转移，驾驶距离与观测距离的值通常是接近的。因此，一般使用式(6-11)进行从 z_t 到 z_{t+1} 的状态转移概率的计算：

$$p(d_t) = \frac{1}{\beta} e^{-\frac{d_t}{\beta}} \tag{6-11}$$

$$d_t = |\ \|z_t - z_{t+1}\|_{\text{greatcircle}} - \|x_{t,i} - x_{t+1,i}\|_{\text{route}}\ | \tag{6-12}$$

6.5.2 算法求解

获得了模型的参数后,就可以开始着手解决预测问题。

预测问题是指求解一条使得实际观测序列概率最大的状态序列,在地图匹配中,观测序列就是我们通过 GPS 等传感器数据在地图上观测到的位置,而状态序列是车辆真实位置。预测问题一般使用维特比算法进行求解。

维特比算法通过动态规划的思想求得产生观测序列概率最大路径,也即最优路径。维特比算法中动态规划的思想为:如果最优路径通过 i_t^*,那么 i_t^* 到终点 i_T^* 的路径同样也应该是最优的,如若不然,则必然存在一条更优路径,与已知不符。因此,我们只需要先前向递推地求得 $t=T$ 时候的最大概率 P^* 与结点 i_T^*,然后再反向逐步求得 $i_{T-1}^*, i_{T-2}^*, \cdots, i_1^*$,从而得到最优路径 $I^* = (i_1^*, i_2^*, \cdots, i_T^*)$。

首先导入变量 δ 与 ψ:

$$\delta_t(i) = \max_{i_1, i_2, \cdots, i_{t-1}} P(i_t = i, i_{t-1}, \cdots, i_1, o_t, \cdots, o_1 \mid \lambda), i = 1, 2, \cdots, N \tag{6-13}$$

δ 为定义在 t 时刻,状态为 i 的所有单个路径 $(i_1, i_2, \cdots, i_t)$ 中的概率最大值:

$$\psi_t(i) = \mathop{\arg\max}_{1 \leq j \leq N} [\delta_{t-1}(j) a_{ji}], i = 1, 2, \cdots, N \tag{6-14}$$

ψ 定义在 t 时刻,状态为 i 的所有单个路径 $(i_1, i_2, \cdots, i_{t-1}, i)$ 中概率最大的路径的第 $t-1$ 个结点。

维特比算法的过程如下:

输入:模型 $\lambda = (A, B, \pi)$ 与观测 $O = (o_1, o_2, \cdots o_T)$

输出:最优路径 $I^* = (i_1^*, i_2^*, \cdots, i_T^*)$

(1)初始化。

$$\delta_1(i) = \pi_i b_i(o_1), i = 1, 2, \cdots, N \tag{6-15}$$

$$\psi_1(i) = 0, i = 1, 2, \cdots, N \tag{6-16}$$

(2)递推。

对于 $t = 2, 3, \cdots, T$

$$\delta_t(i) = \max_{1 \leq j \leq N} [\delta_{t-1}(j) a_{ji}] b_i(o_t), i = 1, 2, \cdots, N \tag{6-17}$$

$$\psi_t(i) = \mathop{\arg\max}_{1 \leq j \leq N} [\delta_{t-1}(j) a_{ji}], i = 1, 2, \cdots, N \tag{6-18}$$

(3)终止。

$$P^* = \max_{1 \leq i \leq N} \delta_T(i) \tag{6-19}$$

$$i_T^* = \mathop{\arg\max}_{1 \leq i \leq N} [\delta_T(i)] \tag{6-20}$$

(4)最优路径回溯。

对 $t = T-1, T-2, \cdots, 1$

$$i_t^* = \psi_{t-1}(i_{t+1}^*) \tag{6-21}$$

求得最优路径 $I^* = (i_1^*, i_2^*, \cdots, i_T^*)$

这就是用隐马尔可夫模型完成地图匹配的算法。

第 7 章
组合定位技术

组合定位是基于两种及两种以上的定位技术的联合定位方法。组合定位技术是将不同传感器对某一目标或环境特征描述的信息融合成统一的特征表达信息及其处理的过程,以突破单一定位技术的技术局限,提高定位的精度。

7.1 组合定位技术概述

定位问题的核心可以归结为当前时刻的状态估计和预测,而进行状态估计之前必须观测状态估计所需的位置或姿态信息以及掌握一些实际的模型。在此条件的限制下,传感器显得尤为重要。虽然从数学模型上分析这个问题并不复杂,但是现实场景是多变且杂乱的,会出现千奇百怪的问题。例如,在视觉 SLAM 中,特征纹理变化不明显、曝光量大、车载条件下惯性测量单元退化等情况下,单一视觉传感器的 SLAM 方法容易失效,鲁棒性不强,如图 7-1 所示。对于这些极端场景,单一传感器的局限性会逐渐放大,会给实际应用造成极大的困惑。

a)纹理少

b)四季、天气变化

c)光照剧烈变化

d)车载条件IMU退化

图 7-1　单一视觉传感器的 SLAM 失效场景

为了解决上面所及问题,传感器多源融合的方法逐渐被提出,并逐步被大家所接受。以 SLAM 为例,按照融合机制可以分为:基于多传感器的多元融合 SLAM、基于多特征基元的多元融合 SLAM 以及基于几何语义的多元融合 SLAM,如图 7-2 所示。

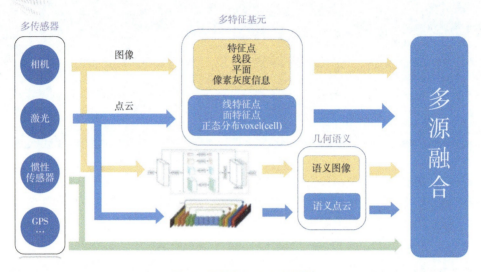

图 7-2　多源融合 SLAM 结构图

第一个类别是多传感器的融合,比如多目相机、雷达系统或定位导航系统。第二个类别是多目标特征融合,可以通过提取环境场景中的纹理信息,再对纹理信息进行数学建模和参数预估。第三个类别主要是把图像和采集到的点云信息作为深度学习神经网络的输入,通过端到端的架构帮助将传感器图像信息进行翻译,就能够把纹理信息和特征信息进行结合。本章主要介绍基于多传感器的多元融合 SLAM 在不同领域方向的应用,对于后两个类别的工作不详细展开叙述。

多传感器的融合能够帮助应对比较复杂的场景和环境,降低使用成本。目前,国内外多源融合 SLAM 可与激光、相机、加速计、陀螺仪、雷达等相结合,实现各种各样的状态估计系统,比较优秀的方法有环视鱼眼相机、轮速计陀螺仪融合方法,实现了基于环视相机和陀螺仪的融合估计。除此之外,还有结合了激光、相机、加速计和陀螺仪紧耦合的多传感器融合的里程计框架,称之为 LIC-Fusion。还有根据双目相机-惯性导航定位系统演化出来的基于先验雷达地图约束的视觉惯性导航定位和基于双目视觉和惯性测量单元信息的 SLAM。

实现多传感器组合定位的算法有很多种。卡尔曼滤波算法作为一种经典的最优状态估计算法,由于其实时性强、融合精度高等优点,在自动驾驶领域中被广泛使用。卡尔曼滤波相比于直接利用观测系统给出的估计状态,同时利用了观测目标的实时状态信息和观测结果。卡尔曼滤波算法利用先验信息对每一时刻的系统状态进行估计,预测下一个时刻系统的大致状态,再根据测量的结果对预测状态进行修正,从而完成对系统更加准确的估计。

7.2　最优状态估计理论

估计就是从带有随机干扰的观测数据中提取有用信息。估计理论所研究的对象是随机现象,是根据受干扰的观测数据来估计关于随机变量、随机过程或系统的某些特性的一种数学方法。估计问题分为两类:参数估计(静态估计)和状态估计(动态估计)。前者是依据量测方程由量测数据估计系统的参数,后者是依据动态的状态方程和量测方程,由量测数据估计系统的状态。

7.2.1 状态估计理论概述

7.2.1.1 事件

(1) 随机试验。从某一研究任务出发,对随机现象进行观察和实验。

(2) 随机事件。在一定条件下,随机试验中可能出现也可能不出现的事件。在一定条件下必然发生的事件称为必然事件,在一定条件下必然不发生的事件称为不可能事件。

(3) 基本事件。试验中每一种可能产生的结果。

(4) 样本空间。所有的基本事件组成一个空间。其中,每一个基本事件称为样本空间的一个样本。

7.2.1.2 概率

(1) 概率。概率是对随机事件发生的可能性的一种定量描述。

假定在相同的条件下进行了 n 次试验(n 足够大),其中事件 A 发生了 m 次,则事件 A 发生的频率 $f(A)$ 定义为:

$$f(A) = \frac{m}{n} \tag{7-1}$$

当试验次数 n 足够大时,利用各批试验所求得的频率 $f(A)$ 将接近某一个固定的常数 $P(A)$,称 $P(A)$ 为事件 A 发生的概率。

(2) 条件概率。已知事件 B 发生的条件下,事件 A 发生的概率表示为:

$$P(A \mid B) = \frac{P(AB)}{P(B)} \tag{7-2}$$

7.2.1.3 随机变量

每次试验可能取不同值的量,记为 X。

随机变量在不同条件下由于偶然因素的影响,可能取不同的值,具有不确定性和随机性,但这些取值落在某个范围内的概率是一定的,即对于任何实数 x,$X \leq x$ 具有确定的概率。

随机变量是在一定范围内以一定的概率分布随机取值的量。

7.2.1.4 概率分布

随机变量 x 的取值小于或等于实数 x 事件的概率 $P\{x<X\}$ 是 x 的函数,称为 x 的概率分布函数,简称分布函数,记为 $F(x)$,即 $F(x) = P\{X \leq x\}$。如果 x 为连续型随机变量,则其概率分布函数 $F(x)$ 也是连续函数。如果 $F(x)$ 是可微的,则其导数 $f(x) = F(x)$ 称为随机变量 x 的概率密度函数:

$$F(x) = \int_{-\infty}^{x} f(t) \, dt \tag{7-3}$$

7.2.1.5 随机变量的数字特征

描述随机变量的量包括数学期望、方差、协方差等。

(1) 数学期望。对于连续随机变量 X 的期望定义为:

$$E(X) = \int_{-\infty}^{+\infty} x f(x) \, dx = m_x \tag{7-4}$$

对于离散随机变量 X,定义为:

$$E(X) = \sum_{k=1}^{n} x_k p_k$$

(2) 方差。对于连续的随机变量 X，定义为：

$$D(X) = E[(X-m_x)^2] = \int_{-\infty}^{+\infty}(x-m_x)^2 f(x)\mathrm{d}x \tag{7-5}$$

对于离散的随机变量 X，定义为：

$$D(X) = E[(X-m_x)^2] = \sum_{k=1}^{n}(x_k-m_x)^2 p_k \tag{7-6}$$

(3) 协方差。对于随机变量 X 和 Y，定义为：

$$Cov(X,Y) = E[(X-EX)(Y-EY)] \tag{7-7}$$

7.2.2 线性高斯系统的状态估计

首先提出批处理离散时间估计的问题，然后讨论解决的方法。

设运动模型和观测模型如下：

$$\text{运动模型}: x_k = \boldsymbol{A}_{k-1}x_{k-1} + v_k + w_k, k=1\cdots K \tag{7-8}$$

$$\text{观测模型}: y_k = \boldsymbol{C}_k x_k + n_k, k=0\cdots K \tag{7-9}$$

其中，k 是下标，K 是最大值，系统状态为 x_k，输入为 v_k，处理噪声 (process noise) 为 w_k，观测为 y_k，观测噪声 (measurement noise) 为 n_k。

这些都是随机变量，除了 v_k，它是确定性的假设噪声变量和初始状态知识彼此不相关 (在不同的时间步长下也不相关)。矩阵 $\boldsymbol{A}_k$ 称为转移矩阵。矩阵 $\boldsymbol{C}_k$ 称为观测矩阵。基于这些信息来估算 x^k：

(1) 初始状态知识 $\hat{x_0}$，相关协方差矩阵 $\hat{\boldsymbol{P}}_0$；

(2) 输入 v_k，通常来自控制器的输出，因此是已知的，还有相关的过程噪声协方差在后文中将解析 $\boldsymbol{Q}_k$；

(3) 测量 $y_{k,meas}$，它和 y_k，$\boldsymbol{R}_k$ 相关。

在后文中将解析一套解决状态估计问题的技术。它不仅是试图得出一个状态估计，而且还要量化估计中的不确定性。

批处理解决方案对于在事件发生后计算状态估计非常有用，因为它在对所有状态的估计中同时使用了所有测量值 (因此使用了"批处理")。然而，批处理方法不能实时使用，因为，我们不能使用未来的测量来估计过去的状态。

根据系统是否线性、是否高斯，可以把系统分成四种，以 L 表示线性，G 表示高斯，即 LG、NLG、LNG、NLNG 四种系统。其中，最复杂的是非线性非高斯 (NLNG) 系统，最简单的是线性高斯 (LG) 系统。本节首先讨论 LG 系统的状态估计问题。

通常有两种方法来解决 LG 系统问题。

第一种，贝叶斯推理：用测量更新状态的先验密度 (基于初始状态知识、输入和运动模型)，以产生状态的后验 (高斯) 密度。

第二种，最大后验 (MAP)：使用优化来找到我们所拥有的信息 (初始状态知识，测量，输入) 中最可能的后验状态。

虽然这些方法在本质上有些不同，但最终可以得到 LG 系统问题的完全相同的答案。这是因为整个贝叶斯后验是完全高斯的。因此，优化方法会找到高斯分布的最大值 (即模态)，这与均值相同。

7.2.2.1 最大后验方法

在批量估计中,目标是解决以下 MAP 问题

$$\hat{x} = \underset{x}{\operatorname{argmax}} p(x \mid v, y) \tag{7-10}$$

也就是说,在给定先验信息 v 和测量值 y 的情况下,我们想要找到系统状态(在所有时间步长上)的最佳单一估计值 $\hat{x}$。有

$$x = x_{0:K} = (x_0, \cdots, x_K), v = (\check{x}_0, v_{1:K}) = (\check{x}_0, v_1, \cdots, v_K), y = y_{0:K} = (y_0, \cdots, y_K) \tag{7-11}$$

其中,为方便表示,时间步长范围可能会被舍弃(当该变量的范围最大时)。将初始状态信息包含在系统的输入中,共同定义了对状态的先验。测量用于改进这种先验信息。

于是可以重写贝叶斯估计的准则。

$$\begin{aligned}\hat{x} &= \underset{x}{\operatorname{argmax}} p(x \mid v, y) = \underset{x}{\operatorname{argmax}} \frac{p(y \mid x, v) p(x \mid v)}{p(y \mid v)} \\ &= \underset{x}{\operatorname{argmax}} p(y \mid x) p(x \mid v) \end{aligned} \tag{7-12}$$

去掉分母,因为它不依赖于 x。将 v 放入 $p(y \mid x, v)$ 中,因为如果 x 已知,它不会影响我系统中的 y(参见观察模型)。

而 w_k 和 n_k 是不相关的,可以用如下的方式使用贝叶斯法则。

$$p(y \mid x) = \prod_{k=0}^{K} p(y_k \mid x_k) \tag{7-13}$$

即

$$p(x \mid v) = p(x_0 \mid \check{x}_0) \prod_{k=1}^{K} p(x_k \mid x_{k-1}, v_k) \tag{7-14}$$

在线性模型中,高斯密度函数被以下形式给出:

$$p(x_0 \mid \check{x}_0) = \frac{1}{\sqrt{(2\pi)^N \det \check{P}_0}} \exp\left[-\frac{1}{2}(x_0 - \check{x}_0)^T \check{P}_0^{-1}(x_0 - \check{x}_0)\right] \tag{7-15}$$

$$p(x_k \mid x_{k-1}, v_k) = \frac{1}{\sqrt{(2\pi)^N \det Q_k}}$$

$$\exp\left[-\frac{1}{2}(x_k - A_{k-1} x_{k-1} - v_k)^T \times Q_k^{-1}(x_k - A_{k-1} x_{k-1} - v_k)\right] \tag{7-16}$$

$$p(y_k \mid x_k) = \frac{1}{\sqrt{(2\pi)^M \det R_k}} \exp\left[-\frac{1}{2}(y_k - C_k x_k)^T R_k^{-1}(y_k - C_k x_k)\right] \tag{7-17}$$

注意,上述式子均是可逆的,假设它们是正定的。

为了使得运算更容易,对两边取对数得:

$$\ln(p(y \mid x) p(x \mid v)) = \ln p(x_0 \mid \check{x}_0) + \sum_{k=1}^{K} \ln p(x_k \mid x_{k-1}, v_k) + \sum_{k=0}^{K} \ln p(y_k \mid x_k), \tag{7-18}$$

其中,

$$\ln p(x_0 \mid \check{x}_0) = -\frac{1}{2}(x_0 - \check{x}_0)^T \check{\boldsymbol{P}}_0^{-1}(x_0 - \check{x}_0)$$

$$\underbrace{-\frac{1}{2}\ln((2\pi)^N \det \check{\boldsymbol{P}}_0)}_{\text{independent of } x} \tag{7-19}$$

$$\ln p(x_k \mid x_{k-1}, v_k) = -\frac{1}{2}(x_k - \boldsymbol{A}_{k-1} x_{k-1} - v_k)^T$$

$$\times \boldsymbol{Q}_k^{-1}(x_k - \boldsymbol{A}_{k-1} x_{k-1} - v_k)$$

$$\underbrace{-\frac{1}{2}\ln((2\pi)^N \det \boldsymbol{Q}_k)}_{\text{independent of } x} \tag{7-20}$$

$$\ln p(y_k \mid x_k) = -\frac{1}{2}(y_k - \boldsymbol{C}_k x_k)^T \boldsymbol{R}_k^{-1}(y_k - \boldsymbol{C}_k x_k)$$

$$\underbrace{-\frac{1}{2}\ln[(2\pi)^M \det \boldsymbol{R}_k]}_{\text{independent of } x} \tag{7-21}$$

由于上述式子不依赖于 x，我们定义

$$J_{u,k}(x) = \begin{cases} \frac{1}{2}(x_0 - \check{x}_0)^T \check{\boldsymbol{P}}_0^{-1}(x_0 - \check{x}_0), & k = 0 \\ \frac{1}{2}(x_k - \boldsymbol{A}_{k-1} x_{k-1} - v_k)^T \times \boldsymbol{Q}_k^{-1}(x_k - \boldsymbol{A}_{k-1} x_{k-1} - v_k), & k = 1 \cdots K \end{cases} \tag{7-22}$$

$$J_{y,k}(x) = \frac{1}{2}(y_k - \boldsymbol{C}_k x_k)^T \boldsymbol{R}_k^{-1}(y_k - \boldsymbol{C}_k x_k), k = 0 \cdots K \tag{7-23}$$

显然，这是一个关于参数 x 的优化问题

$$J(x) = \sum_{k=0}^{K}(J_{v,k}(x) + J_{y,k}(x)) \tag{7-24}$$

将按原样使用 $J(x)$，但请注意，可以在此表达式中添加各种附加项，这些附加项会影响最佳估计的解决方案（例如，约束、惩罚项）。从优化的角度看，我们寻求解决以下问题：

$$\hat{x} = \underset{x}{\arg\min} J(x) \tag{7-25}$$

定义：

$$z = \begin{bmatrix} \check{x}_0 \\ v_1 \\ \vdots \\ v_K \\ y_0 \\ y_1 \\ \vdots \\ y_K \end{bmatrix}, x = \begin{bmatrix} x_0 \\ \vdots \\ x_K \end{bmatrix}$$

可以写出矩阵块为：

$$H = \begin{bmatrix} 1 & & & & & & & \\ -A_0 & 1 & & & & & & \\ & \ddots & \ddots & & & & & \\ & & -A_{K-1} & 1 & & & & \\ \hline & & & & C_0 & & & \\ & & & & & C_1 & & \\ & & & & & & \ddots & \\ & & & & & & & C_K \end{bmatrix},$$

$$W = \begin{bmatrix} P_0 & & & & & & & \\ & Q_1 & & & & & & \\ & & \ddots & & & & & \\ & & & Q_K & & & & \\ \hline & & & & R_0 & & & \\ & & & & & R_1 & & \\ & & & & & & \ddots & \\ & & & & & & & R_K \end{bmatrix},$$

故而，

$$J(\boldsymbol{x}) = \frac{1}{2}(\boldsymbol{z} - \boldsymbol{Hx})^\mathrm{T} \boldsymbol{W}^{-1}(\boldsymbol{z} - \boldsymbol{Hx}) \tag{7-26}$$

$$\left.\frac{\partial J(\boldsymbol{x})}{\partial \boldsymbol{x}^\mathrm{T}}\right|_{\hat{\boldsymbol{x}}} = -\boldsymbol{H}^\mathrm{T} \boldsymbol{W}^{-1}(\boldsymbol{z} - \boldsymbol{H}\hat{\boldsymbol{x}}) = 0, \tag{7-27}$$

$$\Rightarrow (\boldsymbol{H}^\mathrm{T} \boldsymbol{W}^{-1} \boldsymbol{H})\hat{\boldsymbol{x}} = \boldsymbol{H}^\mathrm{T} \boldsymbol{W}^{-1} \boldsymbol{z}$$

7.2.2.2 贝叶斯推理

现在已经了解了批量 LG 估计的优化方法，我们来看看计算完整的贝叶斯后验 $p(x|v,y)$，而不仅仅是最大值。这种方法要求我们从状态上的先验密度开始，然后将根据测量结果对其进行更新。

可以使用初始状态的知识以及系统的输入建立先验分布：$p(x|v)$。下面使用运动模型来构建这个先验分布。

$$x_k = \boldsymbol{A}_{k-1} x_{k-1} + v_k + w_k \tag{7-28}$$

可以写为：

$$x = \boldsymbol{A}(v + w) \tag{7-29}$$

其中，w 代表的是噪声，A 代表的是提升转移矩阵（lifted transition matrix）。

$$\boldsymbol{A} = \begin{bmatrix} 1 & & & & & \\ A_0 & 1 & & & & \\ A_1 A_0 & A_1 & 1 & & & \\ \vdots & \vdots & \vdots & \ddots & & \\ A_{K-2}\cdots A_0 & A_{K-2}\cdots A_1 & A_{K-2}\cdots A_2 & \cdots & 1 & \\ A_{K-1}\cdots A_0 & A_{K-1}\cdots A_1 & A_{K-1}\cdots A_2 & \cdots & A_{K-1} & 1 \end{bmatrix}$$

提升方差为：
$$\check{P} = E[(x-E[x])(x-E[x])^T] = AQA^T \tag{7-30}$$

其中，
$$Q = E[ww^T] = \text{diag}(\check{P}_0, Q_1, \cdots, Q_K) \tag{7-31}$$

先验分布能近似表现为：
$$p(x|v) = N(\check{x}, \check{P}) = N(Av, AQA^T) \tag{7-32}$$

可以将测量模型写为如下形式：
$$y = Cx + n \tag{7-33}$$

利用 SMW，显然
$$p(x|v,y) = N\left(\underbrace{(\check{P}^{-1} + C^T R^{-1} C)^{-1}(\check{P}^{-1}\check{x} + C^T R^{-1} y)}_{\hat{x},\text{mean}} \times \underbrace{(\check{P}^{-1} + C^T R^{-1} C)^{-1}}_{\hat{P},\text{covariance}}\right) \tag{7-34}$$

于是，
$$\underbrace{(A^{-T} Q^{-1} A^{-1} + C^T R^{-1} C)}_{\hat{P}^{-1}} \hat{x} = A^{-T} Q^{-1} v + C^T R^{-1} y \tag{7-35}$$

其中，
$$A^{-1} = \begin{bmatrix} 1 & & & & & \\ -A_0 & 1 & & & & \\ & -A_1 & 1 & & & \\ & & -A_2 & \ddots & & \\ & & & \ddots & 1 & \\ & & & & -A_{K-1} & 1 \end{bmatrix}$$

为了方便起见，我们定义
$$z = \begin{bmatrix} v \\ y \end{bmatrix}, H = \begin{bmatrix} A^{-1} \\ C \end{bmatrix}, W = \begin{bmatrix} Q & \\ & R \end{bmatrix}$$

于是，可以得到和最大后验方法同样的结果：
$$(H^T W^{-1} H)\hat{x} = H^T W^{-1} z \tag{7-36}$$

7.2.3 非线性高斯系统的状态估计

应该预先说明，非线性、非高斯（NLNG）估计仍然是一个重要的研究课题。本节仅提供了处理非线性和/或非高斯系统的一些更常见的方法。

在上一节中讨论了估计的两种观点：完全贝叶斯和最大后验。对于由高斯噪声驱动的线性运动和观测模型，这两种范式得出了相同的答案，即 MAP 点是完全贝叶斯方法的平均值。这是因为完整的后验完全是高斯的，因此，均值和众数（即最大值）是同一点。

一旦转向非线性模型，情况就不是这样了，因为完整的贝叶斯后验不再是高斯的。为了提供关于这个主题的一些直觉，本节考虑一个简化的一维非线性估计问题：从立体相机估计地标的位置。

7.2.3.1 非线性系统中的全贝叶斯估计和最大后验估计

首先,考虑简单的估计模型:

$$y = \frac{fb}{x} + n \tag{7-37}$$

图 7-3 是一种立体相机中典型的非线性模型。x 是位置,y 是观测,f 是焦距长度,b 是偏离,n 是测量噪声。

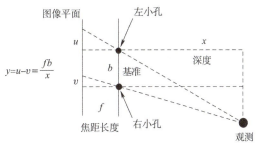

图 7-3 典型的非线性模型

根据贝叶斯推理:

$$p(x|y) = \frac{p(y|x)p(x)}{\int_{-\infty}^{\infty} p(y|x)p(x)dx} \tag{7-38}$$

虽然能够在简单立体相机示例中有效地计算精确的贝叶斯后验,但这通常不适用于实际问题。因此,多年来已经建立了各种策略来计算近似后验。例如,MAP 方法只关注寻找最可能的状态,或者换句话说,后验的模式或"峰值"。

如上所述,计算完整的贝叶斯后验通常是难以处理的。一种非常常见的方法是只寻找最大化真实后验的状态值。这称为最大后验(MAP)估计,如图 7-4 所示。

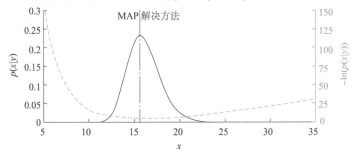

图 7-4 计算后验估计

在这个实验中,从估计器中使用的先验中得出了真实状态,可是仍然看到了偏差。在实践中,这种偏差可能会更糟,因为我们通常不知道真实状态是从哪个先验得出的,并且必须想想其他的方法。

7.2.3.2 递归离散时间估计(Recursive Discrete-Time Estimation)

就像在 7.2.2 一节中一样,需要一组运动和观察模型来作为估计器的基础。我们考虑离散时间、时不变方程,定义了以下运动模型和观测模型:

$$\text{运动模型}: x_k = f(x_{k-1}, v_k, w_k), k = 1 \cdots K \tag{7-39}$$

$$\text{观测模型}: y_k = g(x_k, n_k), k = 0 \cdots K \tag{7-40}$$

其中，k 再次是离散时间索引，K 是其最大值。函数 f(·) 是非线性运动模型，函数 g(·) 是非线性观测模型。这些变量具有与 7.2.2 中相同的含义。现在我们不对任何随机变量是高斯的做出任何假设。

其实，如果给定当前状态过程的未来状态的条件概率密度函数（PDF）仅取决于当前状态，而不取决于任何其他过去状态，则随机过程具有马尔可夫性质，即，它们有条件地独立于这些旧状态，如图 7-5 所示。这样的过程称为马尔可夫过程（Markov process）。

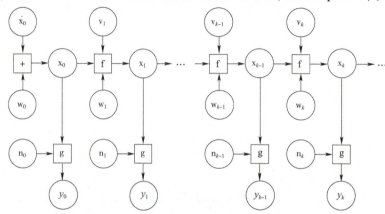

图 7-5　NLNG 系统中的马尔可夫决策过程

7.2.3.3　贝叶斯过滤器

在本节中，我们将从派生递归过滤器即贝叶斯过滤器（Jazwinski,1970）开始，并在本章结尾处返回批处理方法。这个顺序反映了估计世界中事件的历史顺序，并使我们能够准确地突出限制假设和近似值的位置。

贝叶斯过滤器（图 7-6）试图提出一个完整的 PDF 来表示状态 x_k 的可能性，只使用直到并包括当前时间的测量值。使用我们之前的符号，我们想要计算：

$$p(\boldsymbol{x}_k | \check{\boldsymbol{x}}_0, \boldsymbol{v}_{1:k}, \boldsymbol{y}_{0:k}) \tag{7-41}$$

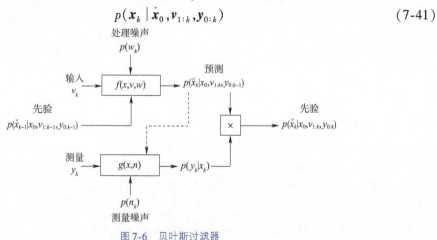

图 7-6　贝叶斯过滤器

回顾关于分解批量线性高斯解决方案的部分：

$$p(x_k | v, y) = \eta \underbrace{p(x_k | \check{x}_0, v_{1:k}, y_{0:k})}_{\text{forward}} \underbrace{p(x_k | v_{k+1:K}, y_{k+1:K})}_{\text{backward}} \tag{7-42}$$

积分后得：

$$p(x_k \mid \check{x}_0, v_{1:k}, y_{0:k-1}) = \int p(x_k, x_{k-1} \mid \check{x}_0, v_{1:k}, y_{0:k-1}) \mathrm{d}x_{k-1}$$

$$= \int p(x_k \mid x_{k-1}, \check{x}_0, v_{1:k}, y_{0:k-1}) p(x_{k-1} \mid \check{x}_0, v_{1:k}, y_{0:k-1}) \mathrm{d}x_{k-1} \quad (7\text{-}43)$$

虽然这个方法算比较准确，但贝叶斯滤波器假设的线性高斯是一种理想情况，很多实际问题是非线性系统。因此，对于一些实际问题，我们需要做近似处理：

（1）概率密度函数存在于无限维空间中（所有连续函数也是如此），因此需要无限量的内存（即无限数量的参数）来完全表示。为了解决这个问题，一种方法是将此函数近似为高斯PDF（即，跟踪前两个矩、均值和协方差）；另一种方法是使用有限数量的随机样本来近似PDF。

（2）贝叶斯滤波器中的积分在计算上非常昂贵，它需要大量的计算资源才能准确评估。为了解决这个计算资源问题，必须对积分进行近似评估。一种方法是将运动和观察模型线性化，然后以封闭形式评估积分；另一种方法是使用蒙特卡洛积分。

递归状态估计的大部分研究都集中在处理这两个问题的更好和更好的近似上，已经取得了相当大的成果，值得进行更详细地研究。下面介绍一些近似贝叶斯滤波器的经典和现代方法。

7.2.3.4　扩展卡尔曼滤波器

线性化运动和观察模型以便在贝叶斯滤波器中进行积分（以及归一化积），可以得出著名的扩展卡尔曼滤波器（EKF）。EKF仍然是目前许多应用中估计和数据融合的重要方法，通常对轻度非线性、非高斯系统有效。

EKF是美国国家航空航天局（NASA）阿波罗计划中用于估计航天器轨迹的关键工具。卡尔曼的原始论文发表后不久，他会见了美国宇航局艾姆斯研究中心的斯坦利 F. 施密特。施密特对卡尔曼滤波器印象深刻，他的团队继续对其进行修改，以完成航天器导航任务。他们将其扩展到非线性运动和观察模型，提出了对当前最佳估计进行线性化以减少非线性效应的想法，以及将原始滤波器重新设计为现在标准的单独预测和校正步骤（McGee 和 Schmidt，1985）。对于这些重要贡献，EKF有时被称为Schmidt-Kalman滤波器。Schmidt还继续研究EKF的平方根公式以提高数值稳定性。后来，在洛克希德导弹和航天公司，施密特对卡尔曼工作的普及也激发了Charlotte Striebel将KF与其他类型的轨迹估计联系起来的工作。

为了推导EKF，我们首先将x_k的置信函数限制（即约束）为高斯：

$$p(\mathrm{x}_k \mid \check{x}_0, v_{1:k}, y_{0:k}) = N(\hat{\mathrm{x}}_k, \hat{\mathbf{P}}_k) \quad (7\text{-}44)$$

其中，$\hat{x}$被认为是均值，$\hat{\mathbf{P}}_k$被认为是协方差。而其中，

$$\boldsymbol{w}_k \sim N(0, \boldsymbol{Q}_k) \quad (7\text{-}45)$$

$$\boldsymbol{n}_k \sim N(0, \boldsymbol{R}_k) \quad (7\text{-}46)$$

故而

$$\mathrm{f}(x_{k-1}, v_k, w_k) \approx \check{\mathrm{x}}_k + \boldsymbol{F}_{k-1}(x_{k-1} - \hat{\mathrm{x}}_{k-1}) + \boldsymbol{w}_k',$$

$$\mathrm{g}(x_k, n_k) \approx \check{\mathrm{y}}_k + \boldsymbol{G}_k(x_k - \check{\mathrm{x}}_k) + \boldsymbol{n}_k', \quad (7\text{-}47)$$

其中，

$$\check{x}_k = f(\hat{x}_{k-1}, v_k, 0), \quad \boldsymbol{F}_{k-1} = \frac{\partial f(x_{k-1}, v_k, w_k)}{\partial x_{k-1}}\bigg|_{\hat{x}_{k-1}, v_k, 0}$$

$$w'_k = \frac{\partial f(x_{k-1}, v_k, w_k)}{\partial w_k}\bigg|_{\hat{x}_{k-1}, v_k, 0} w_k,$$

$$\check{y}_k = g(\check{x}_k, 0), \quad \boldsymbol{G}_k = \frac{\partial g(x_k, n_k)}{\partial x_k}\bigg|_{\check{x}_k, 0}$$

$$n'_k = \frac{\partial g(x_k, n_k)}{\partial n_k}\bigg|_{\check{x}_k, 0} n_k.$$

化简得：

$$\underbrace{p(x_k \mid \check{x}_0, v_{1:k}, y_{0:k})}_{N(\hat{x}_k, \hat{\boldsymbol{P}}_k)} = \eta \underbrace{p(y_k \mid x_k)}_{N(\check{y}_k + \boldsymbol{G}_k(x_k - \check{x}_k), \boldsymbol{R}'_k)} \underbrace{\int p(x_k \mid x_{k-1}, v_k) p(x_{k-1} \mid \check{x}_0, v_{1:k-1}, y_{0:k-1}) dX_{k-1}}_{N(\check{x}_k, \boldsymbol{F}_{k-1}\hat{\boldsymbol{P}}_{k-1}\boldsymbol{F}^T_{k-1} + \boldsymbol{Q}'_k)}. \tag{7-48}$$

于是，

$$\underbrace{p(x_k \mid \check{x}_0, v_{1:k}, y_{0:k})}_{N(\hat{x}_k, \hat{\boldsymbol{P}}_k)} = \underbrace{\eta p(y_k \mid x_k) \int p(x_k \mid x_{k-1}, v_k) p(x_{k-1} \mid \check{x}_0, v_{1:k-1}, y_{0:k-1}) dX_{k-1}}_{N[\check{x}_k + \boldsymbol{K}_k(y_k - \check{y}_k), (1 - \boldsymbol{K}_k\boldsymbol{G}_k)(\boldsymbol{F}_{k-1}\hat{\boldsymbol{P}}_{k-1}\boldsymbol{F}^T_{k-1} + \boldsymbol{Q}'_k)]}, \tag{7-49}$$

对比左右等式后，得到：

预测器：
$$\begin{cases} \check{\boldsymbol{P}}_k = \boldsymbol{F}_{k-1}\hat{\boldsymbol{P}}_{k-1}\boldsymbol{F}^T_{k-1} + \boldsymbol{Q}'_k \\ \check{x}_k = f(\hat{x}_{k-1}, v_k, 0) \end{cases} \tag{7-50}$$

卡尔曼收益：
$$\boldsymbol{K}_k = \check{\boldsymbol{P}}_k \boldsymbol{G}^T_k (\boldsymbol{G}_k \check{\boldsymbol{P}}_k \boldsymbol{G}^T_k + \boldsymbol{R}'_k)^{-1} \tag{7-51}$$

纠正器：
$$\begin{cases} \hat{\boldsymbol{P}}_k = (1 - \boldsymbol{K}_k \boldsymbol{G}_k) \check{\boldsymbol{P}}_k \\ \hat{x}_k = \check{x}_k + \boldsymbol{K}_k \underbrace{[y_k - g(\check{x}_k, 0)]}_{\text{innovation}} \end{cases} \tag{7-52}$$

这就是经典的 EKF 等式。

7.2.4 无迹卡尔曼滤波

无损卡尔曼滤波又称无迹卡尔曼滤波(Unscented Kalman Filter, UKF)，是无损变换(Unscented Transform, UT)与标准卡尔曼滤波体系的结合，通过无损变换变换使非线性系统方程适用于线性假设下的标准卡尔曼体系。

UKF 使用的是统计线性化技术,这种线性化的方法叫作无损变换(unscented transformation)。这一技术主要通过 n 个在先验分布中采集的点(sigma points)的线性回归来线性化随机变量的非线性函数,由于我们考虑的是随机变量的扩展,所以,这种线性化要比泰勒级数线性化(EKF 所使用的策略)更准确。和 EKF 一样,UKF 也分为预测和更新。

UKF 的基本思想是卡尔曼滤波与无损变换,它能有效地克服 EKF 估计精度低、稳定性差的问题,因为不用忽略高阶项,所以对于非线性分布统计量的计算精度高。总的来说,无迹变换分为三个步骤:

(1)在高斯分布中按照一定规则采样;
(2)采样点经过非线性变换;
(3)加权分配变换结果。

UKF 相比于 EKF 的精度更高一些,其精度相当于二阶泰勒展开,但速度会略慢一点。UKF 另一个巨大优势是不需要计算雅克比矩阵,而有些时候雅克比矩阵也难以获得。

另外,UKF 与 PF(粒子滤波)也有相似之处,只是无迹变换中选择的粒子是明确的,而粒子滤波中的粒子是随机的。随机的好处是可以用于任意分布,但也有其计算量大的局限性。因此对于分布近似为高斯分布的情况,在保证效果的前提下采用 UKF 更有效率。

7.3 组合定位技术

7.3.1 基于环视相机和轮速计-陀螺仪的组合定位技术

该系统是基于 VINS 在汽车移动模型中会在竖直方向(Z 方向)上缺乏激励以致自动停车系统不理想而提出的。此时引入汽车里程计,能够较为有效地解决 VINS 缺乏激励的问题;除此之外,构建里程计模型引入也有效地解决汽车荷载条件下 VIO 状态位置退化问题,使基于多目视觉的定位系统荷载能力更强,鲁棒性能更强。

就目前的研究情况而言,汽车的自动驾驶依然是一个十分复杂的课题,因为仍然存在着许多挑战性的问题,例如车辆的运动估计就是其中一个非常关键的问题。经过研究人员多年来不断深入地研究,发现通过多个传感器一起测量和估计的方法,可以为这个问题提供一个比较好的解决方案。在此之中,基于视觉的方法更是其中最常用的方法,因为此方法的传感器或其他元件设备的质量较轻、成本更低,同时信息也足够充分,这也使得这种方法在运动估计领域的应用相当普遍。在现在的商用车辆中装配低成本的摄像头已经是非常普遍了。通过装配多个摄像头,构成一套多摄像头的系统,可以使得测量能够覆盖更广的范围,这可以足够大地提升遇汽车运动估计的性能,特别是在比较粗糙的环境。因此,许多人对此进行了一系列的研究。目前,已经有学者研究了商用传感器在城市中自动驾驶的应用,这给后续基于多摄像头的研究提供了一条思路。他们还研究了多相机在各种环境中自动驾驶的应用。但是,采用纯粹视觉的方法在运动估计中可能不够鲁棒,这对于自动驾驶这种可靠性要求很高的系统是相当致命的。

为了使得这种基于视觉的方法在实际应用中具有更高的可靠性,研究人员引入了各种各样的传感器来提升其鲁棒性。近年来,视觉惯性导航系统(VINS)的发展趋势日益显著,视觉惯性导航结合来自环视摄像头的视觉数据以及来自惯性测量单元的运动数据,实现了六自由度的定位,而且,同时具有了尺度的可观测性以及快速运动下的鲁棒性的优点。考虑到惯性测量单元(IMU)的低成本优势,以及视觉惯性导航系统在微型飞行器中具有的优秀的性能,期望它们在地面上行驶的自动驾驶车辆上也能有同样的表现。然而事实却并非如此,主要原因是车辆的运动不是一个完整的六自由度运动。车辆在地面上受到的受限运动是平面的,在大多数情况下具有恒定的速度或加速度,这可能导致部分状态(如公制比例)是不可观测到的。因此,考虑到现在我们的车辆通常都装有轮速计,有学者提出了一种利用车辆的轮速计实现与视觉方法的多传感器融合,进而解决这些部分状态不可观测的问题。

针对纯视觉方法和视觉惯性导航算法在车辆运动状态估计的不足,有人提出了一种结合环视相机、车辆轮速计以及陀螺仪结合的运动估计方法,主要有以下几点贡献:针对装备多摄像机系统、里程表和陀螺仪的车辆,提出了一种鲁棒高效的运动估计方法;推导出了轮速计-陀螺仪的预积分,并在紧耦合滑动窗口优化框架中估计传感器的偏差;为了提高运动估计的鲁棒性和效率,提出了一种基于轮速计-陀螺仪和多摄像头回环检测的初始化算法;在真实数据集上进行了充分的实验,验证了所提方法的性能。

实现该系统的方法如下。

(1)特征跟踪模块:跟踪模块可以处理每一帧图像,并采用KLT稀疏光流算法来实现角点的提取以及在帧与帧之间跟踪,同时,采用随机一致性采样(RANSAC)进行筛选,然后再为匹配点分配一个唯一的标识,以便于进行区分。

(2)姿态估计模块:估计模块的主要功能是对运动传感器(轮速计与陀螺仪)进行预积分,并通过图形优化的方法来对运动进行估计。同时,可以采用滑动窗口优化用来降低计算复杂度,关键帧可以由特征的平均视差和轨迹质量选择。保持关键帧在滑动窗口优化中活动状态,并被将其反馈送到姿态图模块。

(3)姿态图模块:姿态图模块是一个位置识别模块。在先前关键帧的描述符的时候,可以将其转换成词袋模型向量,并保存在存储场景描述的数据库中。新的帧通过查询数据库来检测闭合环路。一旦检测到闭环,执行四自由度全局姿态图优化,以校正轨迹的漂移。

7.3.2 基于激光雷达、惯性导航和相机结合的里程计组合定位技术

该系统采用的激光-惯导-相机定位方法具有轻量级、紧耦合、线程单一的特点,可以通过时域和空域上的变换解释来自不同传感器的数据信息,最终实现不同传感器数据的融合。

该算法可有效地融合IMU测量、稀疏的视觉特征和提取的激光雷达点,尤其是提出的LIC-Fusion能够在三个异步传感器之间执行在线的空间和时间传感器标定,以补偿可能的标定偏差。本方法的关键贡献在于,能够基于高效的MSCK框架,利用从激光雷达检测和跟踪到的系数边缘surf特征点以及稀疏的视觉特征与IMU读数,完成理想的(根据线性误差)多模态融合。

该系统在室内和室外环境中均进行了广泛的实验,结果表明,所提出的LIC-Fusion在估计精度和对剧烈运动的鲁棒性方面均优于最新的视觉惯性里程计(VIO)和激光雷达里程计方法;提出的LIC-Fusion算法融合了在图像中跟踪的稀疏视觉特征和点云中提取的激光雷

达特征,具体结果如图 7-7 所示,红色和蓝色的雷达点分别是边缘和平面特征,估计的轨迹用绿色表示。

图 7-7 算法下激光雷达特征

借鉴 LOAM,该系统在 MSCKF 中加入基于点线、点面距离的激光测量模型,实现紧耦合的激光-惯性-视觉 SLAM 方案。注意到 LOAM 的帧图匹配中包含构建全局地图,因此使用了隐式回环信息;而 LIC-Fusion 值是纯里程计方法,没有维护全局地图,也没有使用回环。实验设施如图 7-8 所示,包括 16 线激光、IMU 和相机,室外序列长越 800m,记录时长 4min。厘米级别的 RTK GPS 被用于作为评测真值。

图 7-8 自行组装的 Velodyne 激光雷达、Xsens 惯性导航仪、黑白相机三合一设备

每种算法运行六次,考虑到 RANSAC 等随机算法的使用。图 7-9 展示了提出的 LIC-Fusion 算法估计的轨迹(蓝色)以及 MSCKF(粉色)、LOAM(紫色)和 RTK GPS 给出的地面真值(黑色)。平方误差(MSE)展示如图 7-10 所示,LIC-Fusion(蓝色)、MSCKF(红色)、户外序列的 LOAM(粉色)。轨迹和 RTK 真值对齐使用"最优"变换以最小化轨迹误差。提出的 LIC-Fusion 展示了 2.5m 的降低在平均误差上相对标准 MSCKF,5m 的降低相对 LOAM。

室内试验包括正常和低光照以及缓慢和剧烈运动。由于室内没有真值轨迹,我们返回传感器平台到初始位置并评估开始-结束的误差。表 7-1 总结了平均开始-结束误差结果。结果展示了提出的 LIC-Fusion 能够高精度定位,并且能够处理端高速运动和低光照的条件,用于三种不同传感器模态的同时使用。

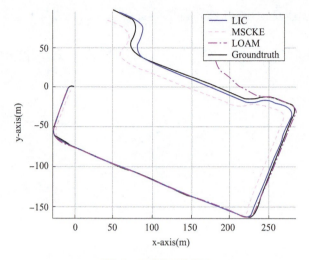

图 7-9 户外轨迹俯视图

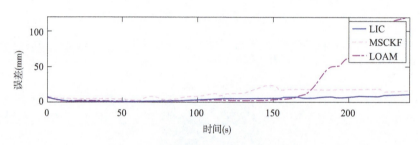

图 7-10 几种算法轨迹的均方误差

MSCKF 等的 AATEs 和 1 Sigma 实验结果　　　　　　　　　　　　　　表 7-1

误　差	MSCKF	LIC-Fusion	LOAM
Average ATEs（m）	10.75	4.06	23.08
1 Sigma（m）	3.56	3.42	2.63

表 7-2 为室内试验结果,室内-C 序列记录时,用力晃动设备,因此,它的运动非常剧烈。提出的 LIC-Fusion 能够在该序列中正确定位,其他两种对比方法的误差较大。

室内试验结果:平均轨迹起点-终点误差　　　　　　　　　　　　　　表 7-2

数　据　集	MSCKF	LIC-Fusion	LOAM
Indoor-A(39m)	0.99	0.98	0.66
Indoor-B(86m)	1.55	1.04	0.46
Indoor-C(55m)	49.94	1.55	2.44
Indoor0D(189m)	46.03	3.68	5.99

7.3.3　基于先验雷达地图约束的视觉惯导组合定位技术

该视觉定位系统可以被视为一种由相机决定的惯导定位系统,具有低成本、高鲁棒性的特性。该系统有效利用不同约束状态下的扩展 Kalman 滤波和汽车里程计相互融合的方法去预估先验雷达地图提供有界误差的三维导航的能耗。除了 VIO 中使用的标准的稀疏视觉特征点测量,在具有强相关性的多状态约束 Kalman 下更新和预估参数,并利用传感器所采集到的地图上特征信息进行全局参数预估,与此同时,我们也能解决误差逐渐累积的过程。通过这种视觉导航定位系统,一些较为复杂的约束问题有了新的解决方案。除此之外,我们对提出的系统进行 Monte Carlo 模拟和真实实验场地的参数调试。实验结果显示,标准 VIO 和该视觉定位系统的误差性能由于感知模型的建立也得到了有效的提升。

图 7-11 展示了在 EurocMac 数据集上运行的视觉惯导定位系统。图中所展示的参数轨迹已知的 LIDAR 地图所显示的颜色随水平高度变化而变化,而对于由导航系统所得到的真值和估计的运动模型轨迹在时间上连续,我们可以用一段连续的直线来代替,其中真实轨迹用绿色表示,估计值用紫色表示,部分重建场景的点云用黑色表示。

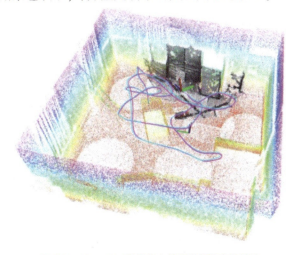

图 7-11　EurocMac 数据集上的视觉惯导定位系统

图 7-12 是人工搭建的露台的俯视图。图中的连续红色曲线表示该视觉系统的真实运动曲线。我们将该系统所在的运动单元的平均速度限制在 $v = 2.5 \pm 0.3 \mathrm{m/s}$。同时测试了均值为 m = 0.03 的高斯环境噪声下多状态约束 Kalman 和具有先验 LIDAR 测试场景的多状态约束 Kalman 位置和姿态。其测试下的均方根误差的实验结果如图 7-13 所示。

图 7-12　Gazebo 数据集的鸟瞰图

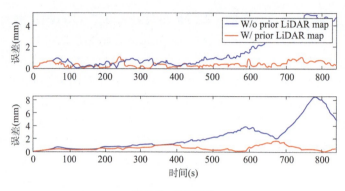

图7-13 仿真结果

在惯性导航中有如下形式：

$$\boldsymbol{w}_{ie}^n = \boldsymbol{C}_e^n \boldsymbol{w}_{ie}^e = \begin{bmatrix} w_e \cos\varphi & 0 & -w_e \sin\varphi \end{bmatrix}^T \quad (7-51)$$

$$\boldsymbol{w}_{en}^n = \begin{bmatrix} v_E/(R_N + h) \\ -v_N/(R_M + h) \\ -v_E \tan\varphi/(R_N + h) \end{bmatrix} \quad (7-52)$$

值得注意的是，由于相机和惯性测量单元的互补传感能力以及成本和尺寸的降低，它们正变得无处不在，因此，所提出的低成本轻质全球定位在诸如自动驾驶等广泛的实际应用中具有重要意义。在未来，研究如何有效地将先验地图的不确定性考虑到紧密耦合的估计框架中，以及如何使用视觉半稠密地图来更新先验地图，将成为自动驾驶研究的重点。

7.3.4 GNSS/IMU 组合定位技术

卫星导航系统能在全天候的情况下提供实时、高精度的服务，其不仅在军事领域、工业应用广泛，如今也在许多民用定位领域发挥了巨大的作用。根据定位模式的不同，卫星定位技术有单点定位和差分定位两种类型。其中，单点定位只需要使用一台接收机即可实现卫星定位，而实现差分定位需要加入参考站，利用两台接收机分别同时观测同一个卫星，利用两台接收机坐标之间的关系实现更加精确的定位。根据发送信息内容的不同，可以将差分卫星定位技术具体分类为位置差分技术、伪距差分技术、载波相位平滑伪距差分技术和实时载波相位差分技术。这四种差分卫星定位技术都是通过对参考站的定位误差修正量的计算，将传输给流动站解计算得到其定位误差修正量，修正流动站的位置信息，从而提高流动站的定位精度。但是四种差分卫星定位技术在技术难度、优缺点、精度和适用场景等方面都存在较大的差异。

随着网络化和信息化的迅猛发展，卫星导航定位技术发展得十分迅速，卫星导航定位技术被广泛应用于智能交通、地理与测绘产业、自动驾驶、交通运输、物流管理、地质灾害监测预报、工程测量、智慧城市等各个领域。卫星导航定位技术与无线通信技术和互联网相融合也使得卫星导航的应用领域越来越多、越来越广并产生出新的应用形式。卫星定位技术已经广泛地应用到人们的日常生活中，成为人们在日常生活必离不开的一种重要技术。

由于制作工艺的原因，IMU 测量的数据通常都会有一定误差。第一种误差是偏移误差，也就是陀螺仪和加速度计即使在没有旋转或加速的情况下也会有非零的数据输出。要想得到位移数据,需要对加速度计的输出进行两次积分。在两次积分后,即使很小的偏移误差会被放大,随着时间推进,位移误差会不断积累,最终导致无法再跟踪自动驾驶车辆的位置。第二种误差是比例误差,所测量的输出和被检测输入的变化之间的比率。与偏移误差相似,在两次积分后,随着时间推进,其造成的位移误差也会不断积累。第三种误差是背景白噪声,如果不给予纠正,也会导致没法再跟踪自动驾驶车辆的位置。

为了纠正这些误差,必须对 IMU 传感器进行校准,找出偏移误差、比例误差,然后使用校准参数对 IMU 传感器原数据进行修正。但复杂的是,IMU 传感器的误差也会随着温度而变化,即使校准得再好,随着时间的推进,位移的误差还是会不断积累,所以,很难单独使用 IMU 传感器对自动驾驶车辆进行定位。

纵使有多路径等问题,GPS 是一种相对精准的定位传感器,但更新频率低,并不能满足实时计算的要求。而 IMU 传感器的定位误差会随着运行时间增长,因其是高频传感器,在短时间内可以提供稳定的实时位置更新。所以,只要找到一个方法能融合这两种传感器的优点,各取所长,就可以得到实时与精准的定位。

目前,使用最广泛的定位方法当属融合全球卫星导航系统(GNSS)和惯性导航系统(INS)定位方法。GNSS/IMU 组合定位技术的出现弥补了 GPS 定位的不足,两者相辅相成,可以让自动驾驶汽车获得最准确的定位信息。车辆是在复杂的动态环境中行驶,尤其在大城市,GPS 多路径反射的问题会很明显。这样得到的 GPS 定位信息很容易就有几米的误差。对于在有限宽度高速行驶的汽车来说,这样的误差很有可能导致交通事故。因此,必须借助其他传感器来辅助定位,增强定位的精度。另外,由于 GPS 的更新频率低(10Hz),在车辆快速行驶时很难给出精准的实时定位。IMU 是检测加速度与旋转运动的高频(1kHz)传感器,对 IMU 传感器数据进行处理后可以实时得出车辆的位移与转动信息,但 IMU 传感器自身也有偏差与噪声等问题影响结果。而通过使用基于卡尔曼滤波的传感器融合技术,可以融合 GPS 与 IMU 传感器数据,各取所长,以达到较好的定位效果,如图 7-14 所示。

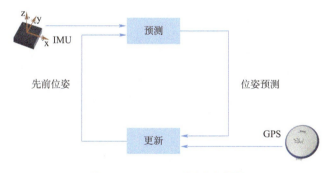

图 7-14　GNSS/IMU 组合定位原理

GNSS/IMU 组合定位涉及复杂的坐标系转换,需要先对惯导系统做初始校准。一般是借助参考导航系统(如 GNSS)给惯导系统一个初始位置值和初始速度值,其目的是建立地理坐标系和地球坐标系的初始坐标转换矩阵,然后,通过 IMU 本身的测量值或借助测量仪器(倾角仪或双天线高精度 GPS 定向系统)获得初始姿态角(IMU 输出的是载体坐标系相对于当地水平导航坐标系的姿态角,也叫欧拉角),对四元数和坐标转换矩阵进行初始化。

对于室内定位系统,需将自定义的局域直角坐标系作为导航坐标系,一般选择定位区域的某个角作为原点,边界线作为 x 轴,右手准则确定 y 轴,垂直地面向上作为 z 轴。由于二者都是直角坐标系但坐标系的原点和方向不一样,需要进行原点位移和坐标轴旋转,因此也需要初始对准。初始对准结束后进入惯导推算过程,读取 IMU 的角速度测量值更新四元数和姿态变换矩阵,进而更新速度和位置,最后还可以将速度和位置转换到其他目标坐标系上进行表达。

卡尔曼滤波器可以从一组有限的、包含噪声的物体位置的观察序列预测出物体的位置坐标及速度。它具有很强的鲁棒性,即使对物体位置的观测有误差,根据物体历史状态与当前对位置的观测,也可以较准确地推算出物体的位置。卡尔曼滤波器运行时主要分两个阶段:预测阶段基于上个时间点的位置信息去预测当前的位置信息;更新阶段通过当前对物体位置的观测去纠正位置预测,从而更新物体的位置。举个具体例子,假设你家停电,没有任何灯光,你想从客厅走回卧室。你十分清楚客厅与卧室的相对位置,于是你在黑暗中行走,并试图通过计算步数来预测当前位置。走到一半时,你摸到了电视机。由于你事先知道电视机在客厅中的大致位置,你可以通过你印象中电视机的位置去更正你对当前位置的预测,然后,在这个调整过的更加准确的位置估计的基础上继续依靠计算步数向卧室前行。依靠计算步数与触摸物体,你最终从客厅摸黑走回了卧室,这背后的道理就是卡尔曼滤波器的核心原理。

使用卡尔曼滤波器对 IMU 传感器与 GPS 数据进行融合与上面给出的例子很相似。这里 IMU 传感器相当于数步数,而 GPS 数据相当于电视等参照物的位置。首先,在上一次位置估算的基础上使用 IMU 传感器对当前的位置进行实时预测。在得到新 GPS 数据前,只能通过积分 IMU 传感器的数据来预测当前位置。但 IMU 传感器的定位误差会随着运行时间增长,所以,当接收到新的比较精准的 GPS 数据时,可以使用这个 GPS 数据对当前的位置预测进行更新。通过不断地执行这两个步骤,可以取两者所长,对自动驾驶车辆进行准确实时定位。假设 IMU 传感器的频率是 1kHz,而 GPS 的频率是 10Hz,那么每两次 GPS 更新之间,可以使用 100 个 IMU 传感器数据点进行位置预测。

GNSS/IMU 组合定位系统包含了三个部分,一个相对精准但是低频更新的 GPS,一个高频更新但是精度随着时间流逝而越发不稳定的 IMU 传感器以及一个基于卡尔曼滤波器的数学模型去融合这两种传感器,各取所长,以达到又快又准的定位效果。但是,由于自动驾驶对可靠性和安全性要求非常高,所以,除了 GPS 与 IMU 传感器外,通常还会使用 LiDAR 点云与高精地图匹配以及视觉里程计算法等定位方法,让各种定位法互相纠正,以达到更精准的效果。

7.3.5 SLAM/IMU 组合定位技术

SLAM 技术是指在没有环境先验信息的情况下,搭载特定传感器的主体于运动过程中建立环境的模型,同时估计自身运动的技术,目前已在机器人、无人驾驶、AR/VR 领域占有重要地位。而以相机为主传感器的视觉 SLAM 由于相机价格低廉、体积小且更符合人类对外界环境的感知,随着近年来相机技术、计算性能的进步也得到了广泛应用。

在经典的视觉 SLAM 框架中,主要由前端视觉里程计(Visual Odometry,VO)、后端优化(Optimization)、回环检测(Loop Closing)、建图(Mapping)这四部分组成。前端视觉里程计主要任务是估算相邻图像间相机的运动以及恢复出局部地图。后端优化的主要任务是接受不同时刻前端视觉里程计计算的相机位姿以及回环检测的信息，对其进行优化处理以得到全局一致的轨迹和地图。回环检测模块主要任务是判断系统输入的当前帧是否与之前处理过的帧相同，即检测移动主体是否到达了之前到达过的位置。建图模块则会根据估计的相机轨迹及恢复的地图点构建与任务要求相对应的地图，可以是拓扑地图、点云地图、语义地图等。

自动驾驶车辆智能导航目标的实现依赖于自动驾驶车辆传感器对真实位置和环境的感知，因此 SLAM 得到了广泛的关注。经过从 20 世纪 90 年代的初步发展到如今的深入探索，SLAM 技术已经形成了一个成熟度非常高的框架。SLAM 的核心问题是定位和地图绘制。基于视觉信息的自动驾驶车辆自定位需要依靠对环境信息的获取和分析，然后通过逆向推理来判断自动驾驶车辆在相邻图像之间的运动，称为视觉里程计。建图工作和定位工作同时完成，将具有所计算的相对位置关系的相邻图像融合以获得 2D 或 3D 环境视觉信息。在此基础上，通过投影到地面并网格化，生成 2D 导航地图。SLAM 问题的核心可以归结为当前时刻的状态估计和预测，而进行状态估计之前必须观测状态估计所需的位置或姿态信息以及掌握一些实际的模型。在此条件的限制下，传感器显得尤为重要。虽然从数学模型上分析这个问题并不复杂，但是现实场景是多变且杂乱的，会出现千奇百怪的问题。在特征纹理变化非常不明显、气温骤变、曝光量大、车载条件下惯性测量单元退化等情况下，单一传感器下的 SLAM 方法容易失效，鲁棒性不强。对于一些极端场景，单一的传感器的局限性会逐渐放大，会给实际应用造成极大的困惑。

SLAM 融合 IMU 可以克服纯视觉 SLAM 的缺点，互补 IMU 的优势和纯视觉 SLAM 的优势。SLAM/IMU 组合定位技术可以解决纯视觉 SLAM 存在的一些问题：

（1）运动过快的场景下，相机会出现图像模糊，或者两帧图像之间的重叠区域太少甚至没有，造成无法基于两帧图像中相同点和不同点测算运动；这种情况下，IMU 可以补充发挥作用，继续提供可靠的 $(\boldsymbol{R},\boldsymbol{t})$ 估算。

（2）纯视觉难以处理动态场景，环境变化时，会误认为自己在运动，而 IMU 则能够感受到自己运动，避免运动误判。

（3）视觉在纹理丰富的场景中可以正常工作，然而遇到玻璃、白墙等特征稀少的场景时就无法正常工作。

（4）另外视觉还受光线条件影响和限制。

SLAM 技术是自动驾驶视觉领域的研究的重中之重，是自动驾驶车辆运动的眼睛，同时也是自动驾驶车辆的运动控制单元的主控之一。但是只参照单一传感器信息的视觉导航系统方法过于依赖自动驾驶车辆所处地图环境的参数信息。由于场景纹理变化不明显，在光照条件下变化剧烈，动态场景性能差以及传感器采样频数较小，一些场景信息变化快速的情况无法得到正确的考量。而 IMU 可以高帧率输出来自传感器本身测量的加速度和角速度，可以不受环境影响，但是其漂移严重。针对这个问题，SLAM/IMU 组合定位技术可以实现在未知的环境中的具有高鲁棒性和精确性定位，并且为导航系统提供与之相对应的导航地图。

针对这些问题，Research on SLAM System Based on Binocular Vision and IMU Information

论文提出能够在未知环境下实现鲁棒、准确的定位,并提供相应的导航地图的方法。主要有以下几点贡献:

(1)对于视觉信息的预处理部分,在传统算法的基础上,加入图像的光照均衡,使图像适应光照剧烈变化的环境。

(2)在视觉前端部分,从图像中提取 Shi-Tomas 特征点,利用 KLT 光流法跟踪特征点,根据特征点的坐标估计摄像机姿态和运动路径。同时,为了提高算法的准确性,在前端增加了环路检测。

(3)采用 BREF 特征描述符描述图像特征,用开源库 DBoW2 完成图像相似性判断和回环检测。

(4)在推导惯性测量单元预积分公式的基础上,得到了惯性测量单元推导下信息与当前对齐的状态下估计的结果,同时推导了误差状态下惯性测量单元的状态方程,并将两者信息融合,构建了融合惯性测量单元信息的双目视觉定位导航系统。

VINS-Mono 是基于单目视觉惯性系统的实时 SLAM 框架,是目前非常先进的单目 VIO 算法,更是视觉与 IMU 的融合中的经典之作,其定位精度可以媲美 OKVIS,而且具有比 OKVIS 更加完善和鲁棒的初始化以及闭环检测过程,代码在 Linux 上运行,并与 ROS 完全集成。VINS-Mono 主要用于自主无人机的状态估计和反馈控制,但它也能够为 AR 应用提供精确的定位。

前端基于 KLT 跟踪算法,后端基于滑动窗口的优化(采用 ceres 库),基于 DBoW 的回环检测。

整体框架分为五部分:

(1)观测值数据预处理:包含图像数据跟踪 IMU 数据预积分;

(2)初始化:包含单纯的视觉初始化和视觉惯性联合初始化;

(3)局部 BA 联合优化和重定位:包含一个基于滑动窗口的 BA 优化模型;

(4)全局图优化:只对全局的位姿进行优化;

(5)回环检测。

虽然 IMU 长时间使用有非常大的累积误差,但是在短时间内,其相对位移数据又有很高的精度,所以当视觉传感器失效时,融合 IMU 数据,能够提高其定位的精度。与此同时,视觉和惯性测量的互补特性,使它们特别适合融合,而鲁棒性和准确的定位与地图绘制是任何移动机器人都需要解决的主要需求。此外,这两种传感器在大多数智能手机中都有,融合可以有效解决移动手机上的视觉-惯性同时定位与制图。

7.3.6 组合定位误差分析

在多传感器融合系统中,来自多个传感器的数据通常要变换到相同的时空参照系中。但由于存在量测误差直接进行变换很难保证精度来发挥多传感器的优越性,因此在对多传感器数据进行处理时需要寻求一些传感器的配准算法,但配准误差也随之而来。

多传感器配准的主要误差来源有:

(1)传感器的误差,也就是传感器本身因制造误差带来的偏差。

(2)各传感器参考系中量测的方位角、高低角和斜距偏差。通常是因量测系统解算传感器数据时造成的误差。

（3）相对于公共坐标系的传感器的位置误差和计时误差。位置误差通常由传感器导航系统的偏差引起,而计时误差由传感器的时钟偏差所致。

（4）各传感器采用的定位算法不同,从而引起单系统内局部定位误差。

（5）各传感器本身的位置不确定为融合处理而进行坐标转换时产生偏差。

（6）坐标转换的精度不够,为了减少系统的计算负担而在投影变换时采用了一些近似方法(如将地球视为标准的球体等)所导致的误差。

由于以上原因,同一个目标由不同传感器定位产生的航迹基有一定的偏差。这种偏差不同于单传感器定位时对目标的随机量测误差,它是一种固定的偏差(至少在较长时间段内不会改变)。对于单传感器来说,目标航迹的固定偏差对各个目标来说都是一样的,只是产生一个固定的偏移,并不会影响整个系统的定位性能。而对于多传感器系统来说,本来是同一个目标的航迹,却由于互相偏差较大而被认为是不同的目标,从而给航迹关联和融合带来了模糊和困难,使融合处理得到的系统航迹的定位精度下降,丧失了多传感器处理本身应有的优点。

第 8 章
基于车路协同的高精度定位技术

近年来,机动车保有量的快速增长带来了道路交通拥堵、安全事故频发的负面影响。发展车辆道路协调或车辆联网技术可以更好地促进自动驾驶和智能交通的发展。车路协同系统(Vehicle Infrastructure Cooperative Systems,VICS)是指运用当下先进的无线通信技术、传感器技术、人工智能技术等,实现车与车、车与路端设备、车与人的信息交互,从而改善行车安全、提高通行效率。车路协同技术是未来交通领域的重要研究内容,它将成为智能交通领域的新趋势,各大厂商、研究机构等都对车路协同系统开展了大量研究。定位是车辆道路协调系统的基础,反之,车路协同的信息也可以帮助定位。

8.1 基于车路协同的高精度定位技术概述

8.1.1 车路协同技术概述

随着城市规模的不断扩大、人口的不断增长和交通拥堵的加剧,仅靠加快道路建设来建设一个便捷高效的交通系统变得越来越困难。在5G时代,道路作为城市与车辆的连接点,也成为通信网络、云计算和智能传感器集成创新的交叉点。如何利用新技术提高城市智能化水平,提高城市路网与车辆的协同效率和安全性,从而减少城市拥堵,改善出行体验,成为技术改变生活的新机遇和挑战。

车联网是物联网技术在交通运输系统领域的典型应用。它以内部网、车间网、车载移动互联网为基础,集成了传感器、无线射频识别(Ratio Frequency Identification,RFID)、自动控制、数据挖掘等相关技术,根据约定的通信协议和标准,车载和 X 射线(X:道路、汽车、行人、互联网)能够在建立连接的过程中,实现了汽车与移动网络之间的即时通信。车辆道路协调是将现代通信技术、传感器检测技术等结合,以获取车辆的实时状态信息和道路环境信息。最后,通过车与车、车与路之间的信息相互共享,实现车与基础设施之间的协调合作和智能化的目标,从而实现系统资源的优化利用、提高道路交通安全、缓解交通拥堵的愿景。

车路协同的技术内涵主要体现在以下三点,强调人车道路系统之间的智能协作,强调大范围区域的联网和联合控制,强调多模式交通网络和信息交互的利用。车辆道路协同技术是信息技术、汽车和交通产业融合的产物。因此,车联网等同于车路协同,两者都强调驾驶车辆通过与网络的动态移动通信来接收道路环境信息,从而进一步提高驾驶的安全性和效率。

车路协同的关键技术之一是高精度定位,特别是车辆的实时定位。速度和行驶方向是车辆安全应用中最重要的数据,如避碰和导航。因此,低成本、动态、高可靠性的定位是这类应用必须满足的条件,同时也满足低成本、高精度全天候的要求。

智能车路协同系统(Intelligent Vehicle Infrastructure Cooperative Systems,IVICS)简称车路协同系统,是智能交通系统(ITS)的最新发展方向。智能车路协同系统主要是通过多学科交叉与融合,采用无线通信、传感探测等先进技术手段,实现对人、车、路的信息的全面感知和车辆与基础设施之间、车辆与车辆之间的智能协同和配合,达到优化并利用系统资源、提高道路交通安全和效率、缓解道路交通拥挤的目标,从而推动交叉学科新理论、新技术、新应用等的产生与发展。简言之,车路协同的实质就是将控制指挥方案与道路交通条件的需求相匹配,实现交通的安全、环保、高效。车路协同系统作为智能交通系统的重要子系统备受国内外科研人员的关注,同时,也是世界上交通发达国家研究、发展和应用的热点。

8.1.2 基于车路协同的高精度定位技术概述

在所有用于定位的车载设备中,最常见的就是GPS定位装置。GPS定位精度受环境条件影响较大,且其只能定位,不能通信,因此,并不严格属于车路协同系统。后来,随着无线射频识别(Ratio Frequency Identification,RFID)技术的成熟,给车辆定位带来了新的启发,该技术在车辆通信模块上逐渐开始集成。但是RFID只有识别和被识别的功能,能够产生的交互信息有限,算不上是智能的信息交互系统。而最早进行测试的真正意义上的车路协同通信系统是由美国开始使用的专用短距离通信(Dedicated Short Range Communication,DSRC)通信技术,也是当前的车载专用无线网络技术。该技术可以在小范围内快速接入网络,实现车辆之间以及车路之间的实时信息交互。

GNSS根据多颗卫星的伪距离测量来计算其位置,但其结果误差较大,难以满足高精度定位技术的要求。因此,学者们在全球导航卫星系统技术的基础上,采用了多种技术,如精密单点定位(Precise Point Positioning,PPP)、实施动态测量学(Real Time Kinematics,RTK)以及传感器融合(Sensor Fusion)等技术,但这些技术都引入了较大的成本,也有学者想在原先成本的基础上增加定位精度。

目前,较为前沿的研究中,来自剑桥大学的Shen教授团队的工作比较具有开创性和代表性。该团队的研究初衷在于,不增加成本的前提下,通过和其他技术的组合,如地图协同匹配,消除GNSS带来的误差,以提高定位精度。例如,Shen在2017年的一项研究中提出了Rao-Blackwellized粒子滤波(RBPF)的车辆协同定位技术。他们利用Rao-Blackwellized粒子滤波联合估计伪距离和车辆位置的共同偏差,并通过多假设拒绝检测(Multi-Hypothesis Detection-Rejection)方法减轻了引起特定误差的多路径偏差。在同年的另一项研究中,该团队介绍了一种基于车载自组网的分布式协同地图匹配融合机制。作者采用了分散坐标测量机(decentralized CMM)和半互穿协作网络(Semi-interpenetrating vehicle networks),减小了参与换向的车辆数量,得到连接节点数量稀疏的稀疏网络,并减小常见的全球导航卫星系统误差。

8.2 基于车路协同的高精度定位研究实例

目前,基于车路协同的高精度定位技术尚处于研究阶段,还没有成熟的应用。本节以两个研究实例简介,作为基于车路协同的高精度定位技术的前沿发展介绍。

8.2.1 一种基于Rao-Blackwellized粒子滤波的车辆协同定位技术

8.2.1.1 概述

全球导航卫星系统根据多颗卫星的伪距测量来计算接收机的位置。伪距所包含的误差,可分解为常见误差(卫星时钟误差、电离层和对流层延迟)和非常见误差(接收机噪声、接收机时钟误差和多径误差)。单波段接收机的名义伪距精度约为10~20m,导致数米的位置误差。如果不进一步改进,这种粗糙的全球导航卫星系统误差对于很多安全功能来说都太大了,无法精确稳定地识别车辆车道。

差分全球导航卫星系统(Differential GNSS,DGNSS)是对全球导航卫星系统的一种改进,它通过固定参考台站网络来校正常见的偏差,从而达到亚米级精度。此外,RTK技术可以实现厘米级精度,该技术使用载波相位测量来提供实时校正。然而,这些技术依赖于昂贵的基础设施。Shen在他们的研究中探索了一种替代低成本的解决方案,通过仅使用粗糙的全球导航卫星系统测量从一组连接的车辆车道水平的精确定位。具体来说,他们利用Rao-Blackwellized粒子滤波(RBPF)联合估计伪距离和车辆位置的共同偏差,并通过多假设拒绝检测(Multi-Hypothesis Detection-Rejection)方法减轻了引起特定误差的多路径偏差。

在这项研究之前,Shen等人通过贝叶斯滤波方法来解决从一组车辆的伪距测量中推断真实车辆位置以及全球导航卫星系统常见偏差的问题。在Rao-Blackwellized粒子滤波器(RBPF)中,共同偏差和车辆位置之间的相关性隐含地通过粒子的多样性建模。因此,不需要显式的数据融合。多径偏差的影响是通过基于统计检验的检测抑制方法来减轻的。粒子滤波器的结构允许对多路径偏差的检测进行多个假设,从而使检测更加鲁棒。此外,粒子滤波器具有足够的灵活性,可以直接处理道路约束,即根据道路约束操纵粒子权值。该方法还通过预测更新过程充分利用了时间相关性,消除了常见偏差和车辆状态变量在关节空间中的不可能配置状态,大大降低了估计方差。该算法的计算复杂度随车辆数量的线性变化,使得该算法十分高效。

8.2.1.2 方法细节

图8-1显示了利用动态贝叶斯网络(Dynamic Bayesian Network,DBN)来说明协同地图匹配问题的结构,其中只包含两个车辆i_1和i_2。C代表一系列的伪距偏差,X是由车辆位置决定的车辆状态向量,Z表示有全球导航卫星系统观测到的伪距偏差集合,下标代表时间。有向边表示节点变量之间的因果关系。例如,伪距$Z_t^{i_1}$是由车辆状态$X_t^{i_1}$和伪距偏差C_t决定的。由此,$X_t^{i_1}$和对$Z_t^{i_1}$的观测以及C_t有关,网络中所有车辆的状态通过与伪距共同偏差的相关来相互关联。这种相关性是通过公共偏差节点从一个车辆状态到另一个车辆状态的路径编码的。如果给定了共同偏差,那么路径就会被阻塞,表明如果给定了共同偏差,那么,所有车辆的状态都是相互独立的。

本项研究提出了以下假设:

(1)不同车辆的非常见误差不相关;

(2)一般偏差会随着时间慢慢改变;

(3)车辆的垂直位置可以从数字地图上以合理的精度得到。

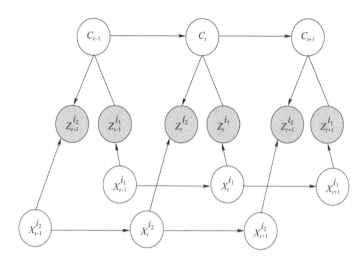

图 8-1 动态贝叶斯网络示意图

基于假设(1)和动态贝叶斯网络图,作者得到了伪距离共同偏差和伪距离观测条件下的车辆状态的联合后验分布,RBPF 利用其中的条件独立性来有效地推断伪距离常见偏差和给定伪距离观测的车辆状态。

在状态预测阶段,作者使用一节高斯-马尔科夫过程模拟了一般偏差的时间变化,在经过多径抑制和测量更新之后,对得到的结果加上地图约束,最终实现了车辆状态的预测-更新。

8.2.1.3 结论

Shen 的这份研究提出了一种 Rao-Blackwellized 粒子滤波器,用于同时估计全球导航卫星系统共同误差和利用地图匹配进行车辆协同定位。根据仿真和实验结果可以得出以下结论。

(1)该方法通过预测更新过程充分利用了常见偏差和车辆位置之间的时间相关性,使得估计协方差比之前提出的算法大幅下降。

(2)该方法几乎完全消除了常见的慢变定位偏差,比自定位算法和现有三坐标测量机算法具有更高的定位精度。然而,上述方法都不能有效地消除接收机低频部分噪声误差。野外实验定位误差在 2m 以内。

(3)所提方法对信号阻塞的鲁棒性优于之前的协同地图匹配算法。在信号阻塞程度较低的情况下,该方法仍能有效消除共同偏差,但随着水平精度系数(horizontal dilution of Precision,HDOP)的增加,由于卫星的损耗,定位精度会降低。

8.2.2 一种基于车载自组网的分布式协同地图匹配融合机制

8.2.2.1 概述

全球导航卫星系统是一种利用卫星提供全球覆盖的地理空间定位的导航系统,它允许电子接收机以高精度和时间同步的方式计算其当前位置。在大多数情况下,全球导航卫星系统用于移动应用中,定位误差可达几米,其精度有限。原因两个方面,一是主要由于大气效应,即相关误差,二则是接收机噪声和多径偏移,即非相关误差。为了降低全球导航卫星系统定位误差,许多学者进行了相关研究,如精密单点定位(Precise Point Positioning,PPP)、实时动态定位（Real Time Kinematics，RTK）以及传感器融合等。然而，在不增加硬件和基础设施成本的情况下，几乎没有一种设计能达到预期的融合精度。因此，对于处于安全关键条件下的自动驾驶汽车应用来说，车道水平精度的低成本解决方案是非常重要的。许多研究学者希望能够在不增加成本的前提下提高全球导航卫星系统的定位精度，其中最具特色的是全球导航卫星系统合作定位和协同地图匹配（Cooperative Map Matching，CMM）。

近年的研究是为了在不增加实施成本的情况下提高全球导航卫星系统的定位精度。这些努力带来了一些值得注意的进展，其中最具特色的是全球导航卫星系统合作定位和合作地图匹配。车辆网络提供的额外测量结果带来了新的约束条件，协同地图匹配可以利用这些约束条件来减少常见错误，从而提高定位性能。协同地图匹配的关键要素是将单个车辆收集到的信息结合起来，针对车载自组网中分布式协同地图匹配的融合机制，通过将一组连通车辆的全球导航卫星系统定位与数字地图进行匹配，以提高定位精度。来自剑桥大学的 Shen 等人提供了一个模型来表示复杂的动力学和融合 Rao-Blackwellized 粒子滤波器（Rao-Blackwellized particle filters，RBPFs）作为一个线性动力学系统，并且提出了分布式优化框架以提高分布式协同地图匹配模型的鲁棒性和准确性。

该研究期望通过减少参与换向的车辆数量，得到连接节点数量稀疏的稀疏网络。但是这反过来又会导致较大的定位误差，因为没有足够的道路约束来减轻常见的全球导航卫星系统误差。考虑到这一局限性，作者采用了分散坐标测量机（decentralized CMM）和半互穿协作网络（Semi-interpenetrating vehicle networks），这是一种理想的通信容量和定位精度平衡的解决方案。

在半互穿车辆网络中，每辆车不仅使用邻居的测量值来更新自己的 RBPF 估计，而且融合邻近的 RBPF 估计值。这提供了一种创新的方法，可以在不扩大通信容量的情况下，从非直接连接到接收者的节点中部分获取信息。由于估计通过 RBFP 表示，融合意味着简单地叠加粒子并消除那些不符合道路约束的粒子。只要表示网络的图是连通的，任何节点的信息都可以通过重复的局部融合传播到任何其他节点。理论上平均定位误差比不融合的去中心化协同地图匹配要小得多。此外，如果将融合设计成对某一误差准则进行优化，可以使定位误差最小化。

8.2.2.2 方法细节

首先，定义车辆网络为无向图 $(V,E) \in G$，其中 $V = \{1,2,3,\cdots,N\}$ 是一系列网络中的车辆节点，E 则是网络的边。如果两辆车 i 和 j 在通信范围内，那么在这两个节点中就存在一条边 $(i,j) \in E$。用 x_i 表示车辆 i 的一般误差。

RBPF 使用一个预测 – 更新框架来估计常见的错误。在预测步骤中，通过加入随机高斯噪声的每个粒子来预测车辆的常见位置误差。在更新步骤中，那些与道路约束不相容的粒子有很大的概率被消除。因此，地图匹配后的 RBPF 估计会偏向于粒子服从道路约束的方向。如果每辆车只能使用自己的 GPS 或者只有少数其他车辆的 GPS，那么 RBPF 很可能会由于预测步骤中加入的随机高斯噪声而发散。也就是说，估计的一般误差与基本真理的偏差是没有界限的。

通过对相邻节点估计的公共误差进行反复融合，可以获得更丰富的道路约束信息，从而缓解公共误差估计的发散性。由于每辆车的测量位置和预测位置都将传递到其相邻节点，

假设 N 次融合,其中 N 等于或大于网络直径(任意两个节点之间的最大路径长度),然后每个节点隐式地利用网络中所有节点的"可见"道路约束,因为这些约束被嵌入到节点的 RBDF 中。

该研究将网络 RBPF 估计的演化建模为一个耦合线性系统,用下列方程描述:

$$x_i(t+1) = \sum_{j=1}^{N} a_{i,j}(t) x_j(t) + w_i(t) \tag{8-1}$$

$$a_{i,j}(t) = 0, \forall (i,j) \notin E \tag{8-2}$$

式中:$x_i(t)$——在时间点 t 对于车辆 i 的误差估计;

$w_i(t)$——在该时间点添加的随机高斯噪声。

式(8-1)表示融合后的估计公共误差等于对前一个时间实例的邻近估计和自己估计的加权平均,再加上 RBPF 预测的一些随机噪声。该公式解释了为什么当没有车辆融合其他车辆信息时,RBPF 结果会发散的现象,即令 $a_{i,j} = 0, i \neq j; a_{i,j} = 1$。

式(8-1)留下了选择融合系数 $a_{i,j}$ 的自由,通过选择从邻近车辆中获得的不同数量的粒子信息。通过选择合适的粒子数,使三坐标测量机在整个网络上的平均定位误差最小。即优化:

$$\begin{aligned} J &= \frac{1}{N} \sum_{i=1}^{N} [x_i(t+1) - c(t+1)]^2 \\ &= \frac{1}{N} \sum_{i=1}^{N} [x_i(t+1) - \bar{x}(t+1)]^2 + \frac{1}{N} [\bar{x}(t+1) - c(t+1)]^2 \end{aligned} \tag{8-3}$$

其中 $c(t+1)$ 是在 $t+1$ 时刻的真实误差,$\bar{x}(t+1) = \frac{1}{N} \sum_{i=1}^{N} x_i(t+1)$ 是整个网络的一般误差均值。公式(8-3)的含义是整个网络的平均方差。

进一步地,优化问题可以转化为最小化:

$$\tilde{J} = \frac{1}{N} \sum_{i=1}^{N} [x_i(t+1) - \bar{x}(t+1)]^2 \tag{8-4}$$

其中 $x_i(t+1) = \sum_{j=1}^{N} a_{i,j}(t) x_j(t), a_{i,j}(t) = 0, \forall (i,j) \notin E, 0 \leq a_{i,j}(t) \leq 1$,融合系数 $a_{i,j}(t)$ 由手动设置。

该工作为分布式协同地图匹配提供了一种融合机制,并证明了网络中估计方差与均方差之间的相关性。为了减小误差,必须使方差尽量小。在此基础上,Shen 等人提出了一种通过求解离散二次规划来确定融合权值的优化方法。仿真结果验证了估计方差与均方误差之间的相关性。结果表明,优化后的分布式三坐标测量机比随机分布式三坐标测量机具有更高的精度和鲁棒性,特别是在网络稀疏的情况下。

8.3 基于多智能体协同的高精度地图构建

高精度地图是实现智能驾驶的核心模块,作为对自动驾驶现传感器的有效补充,高精度地图在智能驾驶车辆的定位、决策、预测、控制等阶段都不可或缺。与传统的导航地图相比,高精度地图中包含了道路上的所有特征,并且可以一定程度上预测前方特征,提高识别率,改善智能驾驶系统的性能。同时,在智能驾驶技术路线中,高精度地图的构建、更新和维护一直都是难点。

本节提供了一种基于边缘计算的地图构建和众包模式下的云端地图融合及更新方案。车端边缘计算系统用于处理车载传感器原始数据,对多传感器数据进行融合后传入三维地图构建模块;三维地图构建模块基于深度学习和视觉 SLAM 技术对周围环境进行实时三维建模,并将得到的三维高精度地图定时上传到云端数据平台;数据平台根据局部地图的卫星导航数据对局部地图场景进行粗定位,之后对局部地图进行三维点云分割和点云识别,根据语义信息或特征点信息对局部地图场景进行精细化定位;在精细化定位的基础上利用自动点云配准和点云拼接技术实现云端高精度地图的融合和更新,并将更新后的地图定时发布以供车载平台下载使用。整个方案处理流程如图 8-2 所示。

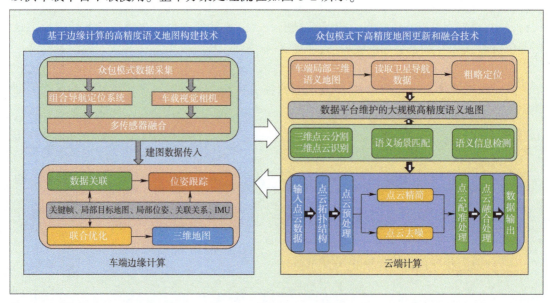

图 8-2 高精度地图构建流程

8.3.1 高精度地图技术发展现状

高精度地图要求绝对精度小于 1m,相对精度至少达到 10~20cm,并且需要包含车道、车道边界、车道中心线、道路指示标志等丰富信息,还需要覆盖道路坡度、曲率、形状、铺设、方向、道路边缘类型、高架物体、防护栏、路边地标等大量目标数据。同时,由于道路交通场景在不同城市不同区域具有多样性,因此,采集并制作高精度地图成为一项需要投入很多人力、物力和财力的任务。

从技术层面来看,如何制作高精度地图一直是技术难点。目前,各相关单位主要使用两种制作方式:大型地图生产商主要基于激光雷达和高精度 GPS 制作高精度地图,这种方法相对成本较高,并且一般需要庞大的地图制作团队;新兴科技公司主要采用低成本的视觉方案,但是主要难点在于技术要求较高。

目前,基于视觉的解决方案使用较多的是结合惯性测量单元 IMU 之后的视觉惯导融合方案,如图 8-3 所示,在该方案中前端提取传感器数据构建模型用于估计相机的位置、姿态,后端根据前端提供的数据进行优化,最后输出具有全局一致性的地图。

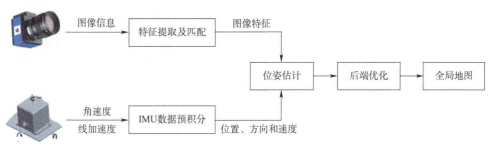

图 8-3　基于视觉惯导融合的高精度地图框架

从国内发展现状来看,依托于新兴科技企业和互联网企业的技术革新,我国的高精度地图产业和技术已经进入初期的快速发展阶段。在市场规模庞大但技术发展尚不成熟的背景下,需要更多的科技企业投入研发力量,共同助力技术进步和产业发展,因此,本项目将针对高精度地图的生成、更新和维护展开技术研究。

相比于国内,国外众多科技公司和地图生产商进入高精图地图领域的时间更早。在 5G 行业落地,各大主机厂商及科技公司纷纷推出 L3 级别以上自动驾驶技术的 2020 年,高精度地图产业也将进入高速发展的黄金阶段。高盛预计到 2025 年全球高精地图市场规模将达到 90 亿美元。高精度地图产业在全球范围内呈现出巨大的商业前景,为避免未来全球高精图地图产业格局再出现核心技术被外国公司垄断的局面。我国各科技企业和研发单位要把握住高精度产业初期的发展机会,加大在智能驾驶和高精度地图产业中的投入力度,并建立起自己在高精度地图领域内的科技竞争力。

8.3.2　基于边缘计算的高精度语义地图构建技术

高精度地图作为智能驾驶必不可少的环节,可以帮助智能驾驶车辆感知复杂的道路信息,为智能驾驶车辆提供实时、高精度的定位,并且可以结合智能路径规划帮助智能驾驶车辆做出正确决策。用于智能驾驶的高精度地图的实时建图、更新和维护是一个巨大的技术障碍,道路交通环境实时、复杂、多样的特性使得高精度地图的数据量巨大,如何高效进行数据的采集、传输和处理制约着高精度地图技术的发展。而随着边缘计算的快速发展,在高精度地图构建中利用车载边缘计算系统进行高精度语义地图的构建成为一个有效的解决方式,如图 8-4 所示。

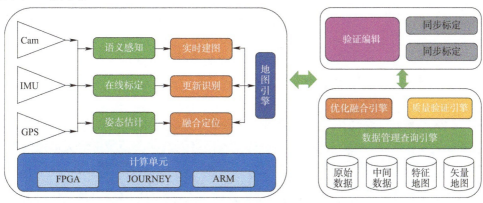

图 8-4　基于边缘计算的高精度地图构建方案

基于边缘计算的高精度语义地图构建主要基于 FPGA 等计算单元结合了多传感器融合技术、SLAM 技术和深度学习技术,来实现道路交通场景的局部三维地图实时构建。配备了视觉相机、IMU 以及卫星导航设备的边缘计算单元,利用多传感器在线标定及融合算法,将来自 IMU、视觉相机和全球卫星导航系统(GPS)的信号进行融合,对车辆的位置姿态和周围环境的三维地图进行最优估计,进而得到实时的局部高精度三维地图。

8.3.2.1 边缘计算硬件环境设计

这里我们将边缘端分为路端和车端两种情况处理。

(1)车端边缘计算硬件平台。

车端边缘计算硬件平台布置在车端,通过对道路交通场景信息的采集实现自身的姿态估计以及地图的构建。车端边缘计算硬件平台包含感知单元、高精度导航定位单元和计算单元,如图 8-5 所示。

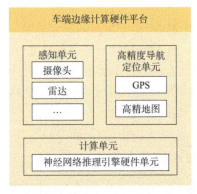

图 8-5　车端边缘计算硬件平台构建方案

感知单元指布置在车端的传感器,包括摄像头和激光雷达等,用于采集车辆周围环境数据。高精度导航定位单元指基于 GPS、IMU、高精度地图等的高精度定位与导航系统,给智能驾驶车提供高精度的车辆即时定位与导航服务。计算单元是指神经网络推理引擎硬件单元,提供高效低耗的深度学习计算平台,实现对上层应用层的支持。

(2)路端边缘计算硬件平台。

路端边缘计算硬件平台将多模态采集传感器和基于边缘计算的建图系统部署在道路交叉口等路端,包含可见光相机阵列以及雷达阵列的多源环境感知系统,以及用于数据获取、解析及配准算法、多源异构融合增强与目标检测算法、动态环境下的语义识别与建图算法的计算服务器。路端边缘计算硬件平台构建方案如图 8-6 所示。

将边缘计算设备部署在路端传感器附近,使得局部高精度地图建图与定位计算在边缘计算设备上完成,在路端实时输出高精度局部三维语义地图。

(3)边缘计算软件平台。

除了边缘计算硬件系统外,还需如图 8-7 所示的软件框架,以进行各个算法的实施。

多源融合增强网络、多源融合感知的目标检测网络以及动态环境中语义地图构建算法以相机、雷达等多模态传感器数据为输入,依托 Pytorch、TensorFlow、Caffe 等开源计算框架为基础进行算法的实施,同时,对边缘计算服务器进行调度,通过软硬件结合的方式实现对算法的实时加速处理。

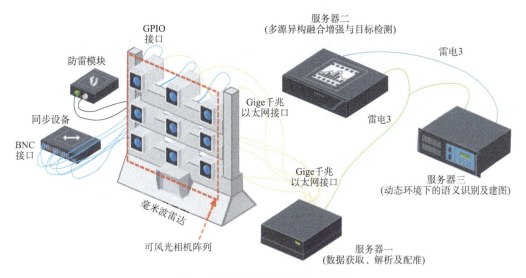

图8-6 路端边缘计算硬件平台构建方案

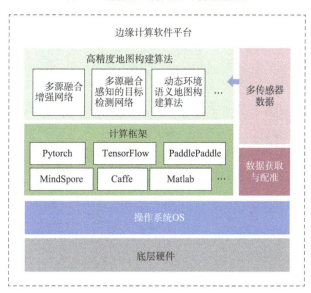

图8-7 边缘计算软件平台构建方案

8.3.2.2 基于边缘计算的高精度语义地图构建

基于边缘计算的高精度语义地图构建的主要流程基于SLAM技术,包括数据采集、语义分析、地图构建和地图融合等四部分,如图8-8所示。

(1)数据采集。

在本节所介绍的解决方案中,智能驾驶车辆主要通过视觉相机、IMU以及GPS采集道路信息,车载边缘计算平台可根据传感器搜集到的信息,将视觉感知数据进行处理解析,输出解析之后的感知数据及结果。选择视觉相机而非激光雷达的原因是视觉相机成本远远低于激光雷达成本,在众包模式下为大量智能驾驶车辆部署昂贵的激光雷达会使得方案的经济性变差而难以落地,为此拟选择经济性更好的视觉相机作为主要传感器。视觉相机采集到的图像信息和IMU采集的运动信息可通过成熟的紧耦合算法进行融合,结合GPS的卫星定位信息可以为后续算法提供充足的信息。

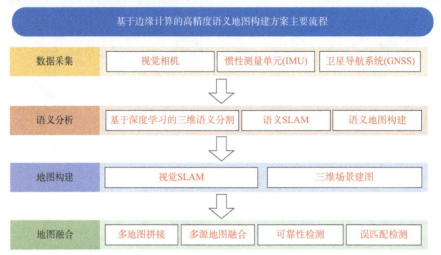

图 8-8　基于边缘计算的高精度语义地图构建方案

(2) 语义分析。

在数据分析方面将采用深度学习与 SLAM 技术相结合的方式，这种技术手段可以发挥深度学习在视觉数据分析与处理方面的优势，并结合 SLAM 中的建图技术以实现高精度地图的实时创建。

将以上两种技术相结合的方式主要有三种：一是使用深度学习方法替换传统 SLAM 中的一个或多个模块（混合式 SLAM）；二是在传统 SLAM 中加入语义信息；三是直接使用端到端的深度学习模型来完成 SLAM 的所有任务。为了保证算法的准确性和运行效率，本章介绍在传统 SLAM 中加入语义信息的模式，对融合后的传感器数据进行语义分析和分割。

(3) 地图构建。

在经过深度神经网络语义分割处理之后，得到了各个带有语义标签的语义分割实例，接下来利用多传感器融合技术和视觉 SLAM 技术建立三维高精度语义地图。其中视觉 SLAM 作为技术框架，技术体系主要包括视觉里程计（Visual Odometry, VO）以及后端优化。

VO 作为视觉 SLAM 的前端具有重要作用，其功能效果将在很大程度上影响定位和建图效果。接受相机采集的图像之后，VO 将提取图像中的特征，在关键帧中提取特征后，VO 将匹配相邻两关键帧中的特征，得到配对后的良好特征，之后 VO 将以一定的原则选择选择关键帧，关键帧机制在保证了估计效果的同时，有效地节省了计算量。在关键帧的基础上，根据匹配的特征点对进行运动估计，初步得到相机的位姿信息；在位姿和特征信息的基础上，VO 通过计算恢复特征点在空间中的三维信息，进而得到点云地图。

在视觉 SLAM 的基础上融合 IMU 数据是近些年比较流行的做法，IMU 在短期内积分所得结果的准确性可以有效消除视觉相机在某些不良条件下的误差，IMU 和相机图像的融合过程主要分为五个部分：估计旋转外参数；利用旋转约束估计陀螺仪 bias 误差；利用平移约束估计重量向量、速度向量以及尺度因子 s；进一步优化重力向量；将轨迹对齐至世界坐标系。经过这五个步骤可以实现 IMU 数据和相机图像的对齐，然后再构造基于紧耦合的优化问题，就可以实现两传感器数据的融合。

8.4　基于车路协同的高精度定位发展方向

车辆定位问题的一个常见解决方案是全球导航卫星系统,它从伪距离测量中计算车辆的绝对位置。伪距离测量值与接收机与卫星之间的实际距离不同。这种差异导致了定位误差,定位误差可分解为卫星时钟误差、电离层和对流层延迟引起的常见误差和接收机噪声和多径偏差引起的非常见误差。单波段接收机的标称精度为 $10\sim20m$,导致数米的位置误差。因此,单靠低成本的 GNSS 接收机难以稳健地实现车道级精度。差分 GNSS(Differential GNSS,DGNSS)是对 GNSS 的一种改进,它通过修正固定参考台站网络的共同偏差,将定位精度提高到亚米级。厘米级精度可通过 RTK 技术实现,该技术使用载波相位测量来提供实时校正。然而,这些技术依赖于昂贵且不易获得的基础设施。因此,开发低成本的车道级精确定位解决方案是非常有价值。

目前,大多数学者的努力都在不增加成本的前提下,期望减小全球导航卫星系统带来的误差,提高定位精度。在协同地图匹配、多车协同的基础上,研究方向还包括非贝叶斯粒子方法(nonBayesian particle-based approach)、Rao-Blackwellized 粒子滤波的贝叶斯方法、半互穿协作网络等。由于基于车路协同的高精度定位研究较为前沿,目前,大多数方法都处于理论研究阶段,是未来高精度定位的主要研究方向。

参考文献

［1］曹冲.全球卫星导航系统发展与中国北斗系统建设［J］.科学,2018.70(03):21-24+2+4.

［2］中国卫星导航系统办公室.北斗卫星导航系统发展报告(3.0 版)［EB/OL］.［2019-05-26］.http://www.beidou.gov.cn/xt/gfxz/201812/P020181227529525428336.pdf.

［3］HAYES D. Galileo programme status update［EB/OL］.［2019-05-26］.http://groups.itu.int/Portals/19/activeforums_Attach/GalileoUpdate.pdf.

［4］王华云,赵成斌.网络 RTK 技术［J］.科技创新导报,2012,000(035):56-57.

［5］Wang M,Wang J,Dong D,et al.(2018 a) Comparison of three methods for estimating GPS multipath repeat time［J］. Remote Sensing 10(2):6. doi:10.3390/rs10020006

［6］Dong D,Wang M,Chen W,et al. Mitigation of multipath effect in GPS short baseline positioning by the multipath hemispherical map［J］. J Geodesy,2016,90(3):255-262.

［7］Bradbury J,Ziebart M,Cross P A,et al. Code Multipath Modelling in the Urban Environment Using Large Virtual Reality City Models:Determining the Local Environment［J］. Journal of Navigation,2006,60(01):95-105.

［8］Elie A,Karim D,De Boer Jean-Rémi,et al. A Correlator-Based Multipath Detection Technique for a GPS/GNSS Receiver［J］. IET Radar Sonar Navigation,2018,12(7):783-793.

［9］Hsu LT,Jan SS,Groves PD,Kubo N. Multipath mitigation and NLOS detection using vector tracking in urban environments［J］. GPS Solut,2015,19(2),249-262.

［10］Keller,J B. Geometrical theory of diffraction［J］. Josa,1962,52(2):116-130.

［11］Luo Y,Wang Y Q,Wu S L,et al. Multipath effects on vector tracking algorithm for GNSS signal［J］. ence China,2014,57(10):102312-102312.

［12］Kempe,V.. Inertial MEMS Principles and Practices［M］. Cambridge,U. K.:Cambridge University Press,2011.

［13］GROVES PAUL D. Inertial Navigation［M］//Principles of GNSS,Inertial,and Multisensor Integrated Navigation Systems. 2nd Edition. Artech House,2013:1-2.

［14］付梦印.陆用惯性导航技术［M］.北京:科学出版社,2017.

［15］王新龙.惯性导航基础［M］.2 版.版.西安:西北工业大学出版社,2019.

［16］郭立东.惯性器件及应用实验技术［M］.北京:清华大学出版社,2016.

［17］高钟毓.惯性导航系统技术［M］.北京:清华大学出版社,2012.

［18］梅炜.工程测绘中激光雷达测绘技术探讨［J］.工程技术研究,2020,5(5):55-56.

［19］高翔,张涛,颜沁睿,等.视觉 SLAM 十四讲:从理论到实践［M］.北京:电子工业出版社,2017.

［20］Kalman R E. A New Approach To Linear Filtering and Prediction Problems［J］. Journal of Basic Engineering,1960,82D:35-45.

［21］Li B,Zhang T,Xia T. Vehicle detection from 3d lidar using fully convolutional network［J］.

arXiv preprint arXiv:1608.07916,2016.

[22] Chen X,Ma H,Wan J,et al. Multi-view 3d object detection network for autonomous driving [C]//Proceedings of the IEEE conference on Computer Vision and Pattern Recognition. 2017:1907-1915.

[23] Zhou Y,Tuzel O. Voxelnet:End-to-end learning for point cloud based 3d object detection [C]//Proceedings of the IEEE conference on computer vision and pattern recognition. 2018:4490-4499.

[24] Yan Y,Mao Y,Li B. Second:Sparsely embedded convolutional detection[J]. Sensors, 2018,18(10):3337.

[25] Yang B,Luo W,Urtasun R. Pixor:Real-time 3d object detection from point clouds[C]// Proceedings of the IEEE conference on Computer Vision and Pattern Recognition. 2018: 7652-7660.

[26] Qi C R,Yi L,Su H,et al. Pointnet + + :Deep hierarchical feature learning on point sets in a metric space[J]. arXiv preprint arXiv:1706.02413,2017.

[27] Shi S,Wang X,Li H. Pointrcnn:3d object proposal generation and detection from pointcloud [C]//Proceedings of the IEEE/CVF conference on computer vision and pattern recognition. 2019:770-779.

[28] Yang Z,Sun Y,Liu S,et al. 3dssd:Point-based 3d single stage object detector[C]//Proceedings of the IEEE/CVF conference on computer vision andpattern recognition. 2020: 11040-11048.

[29] Lang A H,Vora S,Caesar H,et al. Pointpillars:Fast encoders for object detection from point clouds[C]//Proceedings of the IEEE/CVF Conference on Computer Vision and Pattern Recognition. 2019:12697-12705.

[30] Chen Y,Liu S,Shen X,et al. Fast point r-cnn[C]//Proceedings of the IEEE/CVF International Conference on Computer Vision. 2019:9775-9784.

[31] He C,Zeng H,Huang J,et al. Structure aware single-stage 3d object detection from point cloud[C]//Proceedings of the IEEE/CVF Conference on Computer Vision and Pattern Recognition. 2020:11873-11882.

[32] Redmon J,Farhadi A. YOLO9000:better,faster,stronger[C]//Proceedings of the IEEE conference on computer vision and pattern recognition. 2017:7263-7271.

[33] Tian Z,Shen C,Chen H,et al. Fcos:Fully convolutional one-stage object detection[C]// Proceedings of the IEEE/CVF international conference on computer vision. 2019: 9627-9636.

[34] 激光雷达原理介绍,https://zhuanlan.zhihu.com/p/348745098.

[35] Cadena, Cesar, et al. Simultaneous Localization And Mapping: Present, Future, and the Robust-Perception Age. arXiv preprint arXiv:1606.05830 (2016).

[36] Schonberger, Johannes L. , and Jan-Michael Frahm. "Structure-from-motion revisited." In Proceedings of the IEEE Conference on Computer Vision and Pattern Recognition. 2016

(4104-4113).

[37] Wu, Y., F. Tang, and H. Li. "Image-based camera localization: an overview." Visual Computing for Industry Biomedicine and Art 1.1(2018).

[38] Qin, Tong, Peiliang Li, and Shaojie Shen. "Vins-mono: A robust and versatile monocular visualinertial state estimator." IEEE Transactions on Robotics 34.4 (2018): 1004-1020.

[39] Campos, Carlos, et al. "ORB-SLAM3: An accurate open-source library for visual, visual-inertial and multi-map SLAM." arXiv preprint arXiv:2007.11898 (2020).

[40] [Chen, Yu, et al. "Graph-based parallel large scale structure from motion." Pattern Recognition 107 (2020): 107537.

[41] 杨帆. 浅谈卫星差分导航定位技术[J]. 科学与信息化, 2019, 000(016): 28.

[42] X Yue et al, "A LiDAR Point Cloud Generator: from a Virtual World to Autonomous Driving", arXiv 1804.00103, 2018.

[43] Karsch, Kevin & Liu, Ce & Kang, Sing Bing. (2019). DepthTransfer: Depth Extraction from Video Using Non-parametric Sampling.

[44] Liu, Miaomiao & Salzmann, Mathieu & He, Xuming. (2014). Discrete-Continuous Depth Estimation froma Single Image. Proceedings of the IEEE Computer Society Conference on Computer Vision and Pattern Recognition. 10.1109/CVPR.2014.97.

[45] Cao, Yuanzhouhan & Wu, Zifeng & Shen, Chunhua. (2016). Estimating Depth From Monocular Images as Classification Using Deep Fully Convolutional Residual Networks. IEEE Transactions on Circuits and Systems for Video Technology. PP. 10.1109/TCSVT.2017.2740321.

[46] Zheng L, Yang Y, Tian Q. SIFT meets CNN: A decade survey of instance retrieval[J]. IEEE transactions on pattern analysis and machine intelligence, 2018, 40(5): 1224-1244.

[47] Ma J, Ma Y, Li C. Infrared and visible image fusion methods and applications: A survey[J]. Information Fusion, 2019, 45: 153-178.

[48] Fuentes-pacheco J, Ruiz-ascencio J, Rendón-mancha J M. Visual simultaneouslocalization and mapping: a survey[J]. Artificial Intelligence Review, 2015, 43(1).

[49] Fan B, Kong Q, Wang X, et al. A Performance Evaluation of Local Features for Image Based 3D Reconstruction[J]. arXiv preprint arXiv:1712.05271, 2017.

[50] Mur-artal R, Montiel J M M, Tardos J D. ORB-SLAM: a versatile and accurate monocular SLAM system[J]. IEEE transactions on robotics, 2015, 31(5): 1147-1163.

[51] Deschaud J E. IMLS-SLAM: Scan-to-model matching based on 3D data[C]//2018 IEEE International Conference on Robotics and Automation(ICRA). IEEE, 2018: 2480-2485.

[52] Elbaz G, Avraham T, Fischer A. 3D point cloud registration for localization using a deep neural network auto-encoder[C]// Proceedings of the IEEE conference on computer vision and pattern recognition. 2017: 4631-4640.

[53] Dubé R, Gollub M G, Sommer H, et al. Incremental-segment-based localization in 3-d point clouds[J]. IEEE Robotics and Automation Letters, 2018, 3(3): 1832-1839.

[54] Domdouzis K, Kumar B, Anumba C. Radio-Frequency Identification (RFID) applications: A brief introduction[J]. Advanced Engineering Informatics, 2007, 21(4): 350-355.

[55] Alarifi A, Al-Salman A M, Alsaleh M, et al. Ultra wideband indoor positioning technologies: Analysis and recent advances[J]. Sensors, 2016, 16(5): 707.

[56] 田晓燕. 射频通信网络及其定位技术研究[D]. 电子科技大学, 2013.

[57] 张鲁川, 董磊. 浅析 UWB 定位技术的应用[J]. 科技创新与应用, 2015 (19): 285-285.

[58] 徐亚楠, 蔡超, 杨立辉, 冯瑜瑶. 蜂窝网无线定位技术研究及实践[J]. 邮电设计技术, 2021 (10): 33-37.

[59] Liu, Jingnan; Zhan, Jiao; Guo, Chi; Li, Ying; Wu, Hangbin. Huang, He. Data logic structure and key technologies on intelligent high-precision map. [J] Cehui Xuebao/Acta Geodaetica et Cartographica Sinica, v48, n8, p939-953, August 1, 2019.

[60] Tsushima F, Kishimoto N, Okada Y, et al. Creation of High Definition Map for Autonomous Driving[J]. The International Archives of Photogrammetry, Remote Sensing and Spatial Information Sciences, 2020, 43: 415-420.

[61] Chao P, Xu Y, Hua W, et al. A survey on map-matching algorithms[C]//Australasian Database Conference. Springer, Cham, 2020: 121-133.

[62] Zhu L, Holden J R, Gonder J D. Trajectory segmentation map-matching approach for large-scale, high-resolution GPS data[J]. Transportation Research Record, 2017, 2645(1): 67-75.

[63] Zuo X, Geneva P, Lee W, et al. Lic-fusion: Lidar-inertial-camera odometry[C]//2019 IEEE/RSJ International Conference on Intelligent Robots and Systems (IROS). IEEE, 2019: 5848-5854.

[64] Xingxing Zuo, Patrick Geneva, Yulin Yang, Wenlong Ye, Yong Liu, and Guoquan Huang. Visual-Inertial Localization with Prior LiDAR Map Constraints, IEEE/RSJ International Conference on Intelligent Robots and Systems (IROS), 2019.

[65] Xingxing Zuoz, Patrick Genevaz, Yulin Yang, Wenlong Ye, Yong Liu, and Guoquan Huang. Learning Depth from Monocular Videos using Direct Methods, 2019 IEEE/RSJ International Conference on Intelligent Robots and Systems (IROS).

[66] Barfoot, T. (2017). Linear-Gaussian Estimation. In State Estimation for Robotics (pp. 35-87). Cambridge: Cambridge University Press. doi:10.1017/9781316671528.004

[67] 杨洋. GPS/SINS 深组合导航中的关键技术研究[D]. 2013.

[68] 马争光, 赵永国, 刘成业, 等. 激光和视觉融合 SLAM 方法研究综述[J]. 计算机测量与控制, 2019, 27(3): 6.

[69] 杨志芳, 潘忠运. 视觉与惯性传感器融合的室内导航算法研究[J]. 自动化与仪表, 2021, 36(10): 6.